中国高等教育学会劳动教育专业委员会
教育部劳动教育与劳动实践课程虚拟教研室
中国劳动关系学院劳动教育学院（劳动教育研究院）
中国教育科学研究院劳动与社会实践教育研究所

智库成果

中国劳动教育发展报告
（2024）

ANNUAL REPORT ON THE DEVELOPMENT OF CHINA'S LABOR EDUCATION (2024)

名誉主编／刘向兵　李　珂　王晓燕

主　编／党印　曲霞　杨颖东

社会科学文献出版社
SOCIAL SCIENCES ACADEMIC PRESS (CHINA)

—— 党 印 ——

中国劳动关系学院劳动教育学院（劳动教育研究院）副院长、副教授，在《中国高教研究》《中国高等教育》《经济研究》等刊物发表 100 余篇学术论文和评论文章，在《经济学家茶座》《教育家茶座》发表 20 余篇散文随笔。主持国家社科基金课题、北京市教委课题和教育部产学合作育人课题各 1 项，独著 1 部学术著作，合著 2 部学术著作，主编《职业与劳动——大学生劳动教育》《新时代劳动教育 100 问》等劳动教育教材和普及读物。

—— 曲 霞 ——

中国劳动关系学院劳动教育学院（劳动教育研究院）副院长、副研究员，主持国家哲学社会科学基金项目、北京市本科教学改革创新项目、中国博士后面上基金项目等相关课题 10 余项，作为核心成员深度参与了教育部《大中小学劳动教育指导纲要（试行）》的文件研制工作，在《中国高教研究》《中国高等教育》《教育学报》等核心期刊发表论文 30 余篇。

—— 杨颖东 ——

中国教育科学研究院劳动与社会实践教育研究所副所长、副研究员，在《教育研究》《教育发展研究》《比较教育研究》等期刊发表学术论文 20 余篇，参与撰写《砥砺十年铸华章：中国教育改革发展报告（2010-2020）》《区域教育综合改革新论》等著作 5 部，主持"义务教育地方课程的价值定位及实现路径"等课题 5 项，参与各类教育科研课题研究和决策服务研究共 20 余项。

前　言

在历史的浪潮中，劳动教育始终扮演着促进个体发展、推动社会进步的重要角色。《中国劳动教育发展报告》旨在记录劳动教育的发展历程，为当下开展劳动教育提供理论和实践参考，为未来开展劳动教育提供回溯与反思的载体，以探寻劳动教育更好的发展方向和改革之路。

从 2020 年开始，中国劳动关系学院每年领衔推出一本年度报告，呈现在各位读者面前的是第四本年度报告。本报告延续了前三本报告关注的主题，并在报告内容和风格上做了进一步优化。一是将之前的政策分析、实践基地、出版物和综合评价等整合为总报告，将之前的学术研究内容由一章扩展到四章，并新增国家及省部级劳动教育教学成果奖案例及评析；二是在体例风格上，改变以往并列排序的方式，调整为总报告、学术研究、实践推进和案例评析四大模块，将相关内容分别整合于各模块中。

2023 年，中国劳动教育在政策推进、理论研究和实践形态等多个维度均取得了长足的进步。政策层面，各级政府对劳动教育的重视程度不断提升，相关政策文件的出台为劳动教育的实施提供了明确的指导和有力的支持。理论研究层面，学者们深入探讨劳动教育的本质、价值和实践路径，不断丰富劳动教育的理论内涵。实践层面，各级各类学校积极创新劳动教育模式，探索劳动教育必修课的开设方式，开展丰富多彩的劳动教育活动，使学生在课程中学习通用劳动科学知识，在实践中体验劳动的价值，综合培养劳动精神面貌、劳动价值取向和劳动技能水平。与此同时，2023年多项劳动教育教学成果奖的推出，也将为各级各类学校持续提升劳动育人质量发挥重要的引领示范作用。

今年的报告延续往年团队的大部分成员及所在单位，作者分别来自中国劳动关系学院、中国教育科学研究院、西北农林科技大学、池州学院、深圳职业技术大学、浙江经贸职业技术学院、北京市昌平职业学校、河北省邢台市清河县教育局、河北省邢台市清河县县直第一小学等。具体分工如下。总报告即第1章由党印总体负责，作者为党印、谢颜、杨阳、黄国萍、沈丽丽、陈琼、左唳鹤。学术研究篇由曲霞总体负责，第2章作者为曲霞，第3章作者为胡玉玲、果玉甜，第4章作者为陈婷婷、杨鑫刚，第5章作者为张清宇。实践推进篇由王晓燕、杨颖东总体负责，第6章作者为王晓燕、杨颖东、郑小玉、邢碧倩、王玲、李秀华，第7章作者为朱颖、朱厚颖、丁莹莹、宋艳艳、郑祖威、张毅哲，第8章作者为张楠、吴磊、赵静、甄玉荷。案例评析篇由曲霞总体负责并进行案例评析。在案例选取上，第9章面向基础教育，选择了重庆市人民小学和郑州高新区艾瑞德学校的成果奖案例；第10章面向职业教育，选择了山东省潍坊商业学校和重庆工业职业技术学院的成果奖案例；第11章面向高等教育，选取来自中国劳动关系学院和池州学院两所普通高等学校的成果奖案例。全书由党印、曲霞、杨颖东统稿，刘向兵、李珂、王晓燕审定。

本报告得到教育部学生服务与素质发展中心、中国教育科学研究院劳动与社会实践教育研究所、中国劳动关系学院劳动教育学院（劳动教育研究院）、中国高等教育学会劳动教育专业委员会、教育部劳动教育与劳动实践课程虚拟教研室、北京市新时代卓越劳动教育专业人才联合培养平台等多家单位和机构的指导、支持和帮助，在此表示衷心感谢！在劳动教育的征程上，我们携手同行，共同期待一个更加美好的未来。我们希望通过《中国劳动教育发展报告（2024）》的编写和发布，为政策制定者、教育工作者、研究人员以及所有关心劳动教育的人士提供有益的参考。我们也相信，只要各界坚持不懈，劳动教育一定能够在中国这片古老的土地上焕发出新的生机与活力，为培养更多具有社会责任感、创新精神和实践能力的全面发展人才提供支持，为推动教育强国建设、实现中华民族伟大复兴的中国梦做出更大贡献！

目　录

实践推进篇

案例评析篇

总报告

1 2023年中国劳动教育总体进展报告

1.1 社会层面的关注热度

2020 年《中共中央 国务院关于全面加强新时代大中小学劳动教育的意见》发布以来，各级各类政策不断完善，劳动教育各方面不断取得进展，全社会持续关注劳动教育，主要体现之一是在网络上搜索劳动教育方面的新闻或相关信息。以百度指数"劳动教育"为参照，该指数显示互联网用户对关键词"劳动教育"的搜索关注程度及持续变化情况，涵盖电脑搜索和移动端搜索两种来源。图 1-1 显示，第一，自 2020 年下半年"劳动教育"百度指数公开可查后，该指数在每年寒暑假期间均呈规律性下降，出现规律性低谷，在春季学期和秋季学期均出现上升并出现多个波峰。第二，2021 年的指数均值和高点都高于 2020 年，2022 年的指数均值和高点进一步高于 2021 年，2023 年上半年的指数趋势与 2022 年下半年持平，2023 年下半年的指数均值明显低于上半年。从 2023 年下半年开始，全社会对劳动教育的搜索关注小幅减少，并在 2024 年上半年继续减少。

对比全社会对劳动教育、德育、美育和体育的关注情况，百度指数显示，在同样的时间区间，全社会对体育的关注最多，"体育"指数明显大于另外三个指数（见图 1-2）。

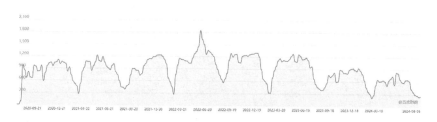

图 1-1 2020 年以来百度指数"劳动教育"的变化趋势

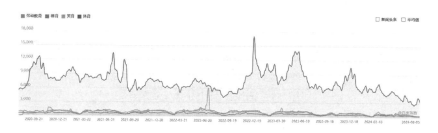

图 1-2 2020 年以来百度指数"劳动教育""德育""美育""体育"的变化趋势对比

对比"劳动教育""德育""美育"的百度指数（见图 1-3），在同样的时间区间内，"德育"的指数普遍低于"劳动教育"和"美育"，"美育"指数在个别时间高于"劳动教育"指数；"劳动教育"指数在 2020年秋季学期至 2023 年的秋季学期，每个学期均有一段时间超过"美育"指数，这在 2022 年和 2023 年表现最明显。从 2023 年下半年开始，"劳动教育"指数、"德育"指数和"美育"指数均呈下降趋势，与此同时，"劳动教育"指数从 2024 年春季开始鲜有超过"美育"指数，其高于"德育"指数的差距也在缩小，进一步表明劳动教育的搜索热度在降低。

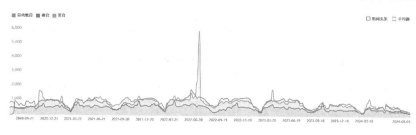

图 1-3 2020 年以来百度指数"劳动教育""德育""美育"的变化趋势对比

1.2　劳动教育政策概览

2023 年以来，中央和地方政府在已有政策的基础上，继续出台多项关于劳动教育的政策，明确劳动教育的目标、内容、途径和评价方式等，为各级各类学校开展劳动教育提供了基本遵循。同时，各地教育部门也根据本地实际情况，制定了相应的实施方案和配套政策，确保劳动教育政策落到实处。2023 年以来，各省、自治区、直辖市及各级地方政府、教育部门继续落实新时代劳动教育有关要求，多地持续出台了劳动教育相关文件（见表 1-1），劳动教育政策进一步细化和具体化。

表 1-1　2023 年以来的部分劳动教育政策文件

序号	发文单位	文件名称	发文时间
1	山东省教育厅	《关于印发加强普通中小学劳动教育若干措施的通知》	2023 年 3 月
2	山东省济宁市教育局	《关于进一步加强普通中小学劳动教育的通知》	2023 年 4 月
3	江苏省苏州市太仓市教育局	《常态化开展中小学校内"劳动周"实践活动实施方案》	2023 年 5 月
4	江苏省镇江市京口区教育局	《京口区关于全面加强中小学劳动教育工作的指导意见》	2023 年 9 月
5	江苏省常州市第十七届人民代表大会常务委员会	《常州市劳动教育促进条例》	2023 年 7 月
6	江西省教育厅、江西省发展改革委、江西省财政厅	《关于印发江西省基础教育扩优提质行动实施方案的通知》	2024 年 10 月
7	福建省教育厅	《关于做好 2024 年中小学德育和劳动教育有关工作的通知》	2024 年 3 月
8	江苏省宿迁市中共泗洪县委、泗洪县人民政府	《关于全面加强新时代中小学劳动教育的实施方案》	2024 年 4 月

序号	发文单位	文件名称	发文时间
9	福建省教育厅、福建省发展和改革委员会、福建省财政厅	《福建省新时代基础教育扩优提质行动计划实施方案》	2024 年 6 月
10	海南省教育厅	《关于印发〈海南省劳动教育示范学校评选认定暂行管理办法〉〈海南省劳动教育实践基地评选认定暂行管理办法〉的通知》	2024 年 6 月
11	福建省财政厅、福建省教育厅	《关于下达 2024 年思想政治和体育美育劳动教育专项资金的通知》	2024 年 7 月

2023 年以来，劳动教育政策在数量上增长速度减缓，但在内容上不断完善，注重与德育、智育、体育、美育的有机融合，强调劳动教育的实践性和创新性。总体上呈现如下四点特征。

第一，政策注重法治建设。随着全社会对劳动教育工作的日益重视，以及新时代对培养德智体美劳全面发展的社会主义建设者和接班人的迫切需求，各地将劳动教育纳入法治化轨道，旨在通过地方性法规的制定和实施，为劳动教育提供有力的制度保障和支持。2023 年，江苏省常州市出台和实施《常州市劳动教育促进条例》，这是全国首部劳动教育领域立法、全国首部劳动教育领域地方性法规，对于推动全国劳动教育工作的深入开展具有重要意义。它不仅为劳动教育提供了法律保障和支持，还促进了家庭、学校、社会在劳动教育方面的协同合作和资源共享。该条例的出台也是常州市在教育改革和创新方面的一次重要尝试和探索，为全国其他地区提供了有益的借鉴和参考，标志着劳动教育政策在劳动教育法治化、系统化和科学化发展方面迈出了重要一步，对于实现劳动教育法治化、系统化和科学化具有重要意义。

第二，政策注重五育融合。各级地方政府对于劳动教育工作高度重视，认识不断深化，从单一出台推进、加强劳动教育宏观政策，到逐步认识劳育在五育中的地位，近年来纷纷出台有关政策，促进五育融合、五育并举。福建省教育厅发布了《关于做好2024年中小学德育和劳动教育有关工作的通知》，要求补齐劳动教育短板，落实劳动教育要求，指导学校常态化开展家务劳动、校园劳动和社会劳动，积极参与全国中小学劳动教育实验区建设，总结推广典型案例和创新做法；健全协同育人机制，家庭、学校、社会共同担负教育学生健康成长的责任。江西省教育厅、江西省发展改革委和江西省财政厅联合出台《关于印发江西省基础教育扩优提质行动实施方案的通知》，明确提出建立健全劳动教育"一校一清单"制度，强化劳动实践，发掘整合校内校外活动场所资源，广泛开展丰富多彩的体美劳活动。

第三，政策注重部门联合，注重经费支撑。2023年以来的劳动教育政策多是多部门联合发布的，政府加大对劳动教育实践基地建设的财政投入，通过专项资金、项目补贴等方式，支持基地建设硬件设施、师资力量和课程资源等。福建省财政厅、福建省教育厅联合出台了《关于下达2024年思想政治和体育美育劳动教育专项资金的通知》，专门列出了劳动教育专项资金的数额和执行要求。《常州市劳动教育促进条例》规定，中小学按不低于年度学生人均公用经费总额的3%安排劳动教育经费。福建省教育厅、福建省发展和改革委员会、福建省财政厅联合下发的《福建省新时代基础教育扩优提质行动计划实施方案》明确规定，坚持五育并举，全面发展素质教育；实施劳动教育强基计划，加强劳动实践基地建设、质量监控与督导评价。这些政策的制定和发布体现了部门间的紧密合作与协调。

第四，政策注重保障机制。为确保劳动教育政策的有效实施，多省健全了劳动教育工作保障机制，定期对劳动教育政策的实施情况进行监督检查，确保政策落到实处。不少省份建立专门的工作机构或领导小组，负责统筹协调劳动教育工作。这些机构通常由教育、人社、财政等多个部门组成，形成合力共同推进劳动教育发展。河北省在全国率先成立"河北省学校劳动教育教学指导委员会"，制定了《河北省大中小学劳动教育课程建设评价指标体系》。各市县也相继成立了本地劳动教育教学指导委员会，省市县三级劳动教育服务指导体系初步建成，强化了对各级各类学校劳动教育的专业指导。同时，各地、各级政府部门都非常重视劳动教育实践基地建设，山西、江西、湖南、福建等省份连年公布当地劳动教育实践基地、劳动教育示范学校名单等，合理规划劳动教育实践基地的布局，确保每个地区、每所学校都能享受到劳动教育的资源和机会。

总体而言，劳动教育政策的出台和实施是教育改革的重要推动力，体现了国家和政府对培养德智体美劳全面发展的社会主义建设者和接班人的高度重视和坚定决心。展望未来，劳动教育政策还需进一步深化和完善。一是要进一步加强政策宣传、指导和解读工作，提高各级教育部门和学校对劳动教育的重视程度和认识水平，提高社会各界对劳动教育的认识和支持。二是要出台加强师资队伍建设、促进专业人才培养和评价体系建设等更加细分、深化的政策。三是要扩大政策覆盖面，劳动教育政策体系的覆盖面不仅仅是学校，随着劳动教育工作的发展，劳动教育已逐渐渗透到社会各个领域，劳动教育不仅仅是教育部门的责任，更要加强学校、家庭和社会的协同合作，共同推动劳动教育深入开展。四是要完善相关配套措施和制度保障，需要加大政策执行力度和监督检查力度，各级政府和教育行政部门应明确各自在劳动教育中的责任，建立责任追究机制。将劳动教育实施情况纳入政府和教育行政部门的督查考核范围，定期对各地、各学校的劳动教育实施情况进行督查考核，对表现突出的给予表彰奖励，对落实不力的进行通报批评和问责，确保各项政策得到执行、各项措施落到实处。

1.3 劳动教育支撑力量发展概况

1.3.1 劳动教育平台或机构建设情况

从 2020 年开始，各地新设了多类劳动教育平台或机构，以推进劳动教育的研究、教学和组织工作。本报告基于互联网公开信息，通过多个搜索引擎检索各类劳动教育平台或机构的成立信息，据不完全统计，2020~2023 年新设立各类劳动教育平台或机构共 86 个（见图 1-4）。2020 年和 2021 年新设数量呈井喷态势，2022 年虽有减少，但 2023 年再次增加。总体而言，这四年各类劳动教育平台或机构大量涌现，成为推动劳动教育发展的重要力量。

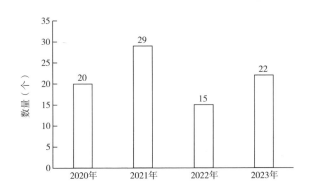

图 1-4 2020~2023 年新设劳动教育平台或机构的数量

分省份看，共有 24 个省（区、市）在 2020~2023 年新设了劳动教育平台或机构（见图 1-5），其中，北京和山东的新设平台或机构数量最多，均为 10 个，浙江紧跟其后，新设数量为 9 个，四川、河北、河南、陕西的新设数量分别为 7 个、6 个、5 个、5 个，甘肃、广西、海南等多个省份分别有 1 个。

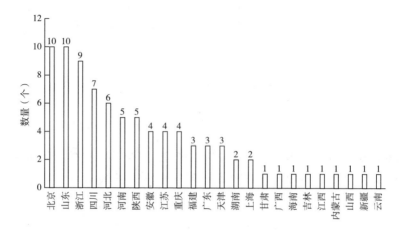

图1-5 2020~2023年各省（区、市）新设劳动教育平台或机构的数量

在平台或机构类型方面，从级别来看，既有全国层面的，也有省、市、县和学校层面的。全国层面的如教育部劳动教育与劳动实践课程虚拟教研室、中国高等教育学会劳动教育专业委员会、中国教育学会劳动教育分会、中国人口文化促进会劳动教育分会、中国关心下一代工作委员会教育中心劳动教育专业委员会等；省级层面的如河南省中小学劳动教育研究指导中心、福建省学校劳动教育指导委员会、江苏省高等教育学会劳动教育研究委员会、湖南省教育学会劳动教育研究专业委员会等；市级层面的如韶关市中小学劳动教育专业委员会、淮南市中小学劳动教育协会、龙岩市劳动教育教学指导委员会等；县级层面的如平阳县中小学劳动教育指导中心；学校层面的如多家大学成立的劳动教育研究院或劳动教育研究中心。

从性质来看，包括：劳动教育的协会、学会或委员会，如中国高等教育学会劳动教育专业委员会、浙江省教育学会劳动教育分会、河北省劳动教育教学指导委员会、山东省普通中小学劳动教育教学指导委员会、湖南省教育学会劳动教育研究专业委员会、龙岩市劳动教育教学指导委员会、淮南市中小学劳动教育协会等；劳动教育的各类联盟或共同体，如中国大中小学劳动教育联盟、杭州新时代劳动教育研究联盟、南通市中小学劳动教育联盟、安宁市职业院校劳动教育联盟、宁波市海曙区劳动教育共同体等；省级和学校层面的研究机构，如临渭区中小学劳动教育研究中心、中国劳动关系学院劳动教育研究院、西南大学劳动教育研究院、北京城市学院劳动教育研究院、常州新时代劳动教育研究院、江西师范大学新时代劳动教育研究中心等；学校层面的劳动教育学院，如中国劳动关系学院劳动教育学院、淄博职业学院劳动教育学院等。

1.3.2 劳动教育实践基地建设情况

新时代劳动教育特别强调动手实践，出力流汗。劳动教育实践基地是开展各类劳动实践的重要场所。近年来，各地涌现出大量劳动教育实践基地，开展丰富多彩的劳动教育实践活动。本报告基于企查查网站，统计近年来新注册成立的劳动教育实践基地数量。图1-6和图1-7显示，2023年各地新注册成立46个劳动教育实践基地，少于2022年，这些基地主要集中于云南、山东、山西、四川等省份。①

---

① 笔者在企查查网站搜索名称中包含"劳动教育基地""劳动技术教育""劳动教育""实践基地""综合实践"的机构，从业务范围中搜索包含"劳动教育""劳动实践""劳动教育基地""实践基地""劳动基地""劳动技术""劳动技能""劳技""劳动生产""社会实践""生产实践""综合实践""研学实践""研学旅行""研学""精神"的机构，剔除其他机构，得到各年新设机构的注册信息。由于调整统计口径和企查查更新信息，图1-6的数据与之前两份年度报告的数据结果略有出入。

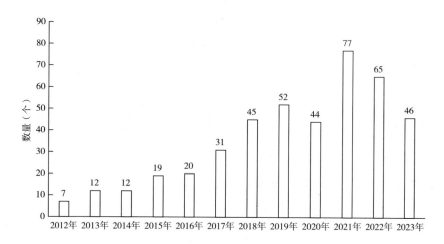

图 1-6　2012 年以来新注册成立的劳动教育实践基地数量

资料来源：企查查，作者整理。

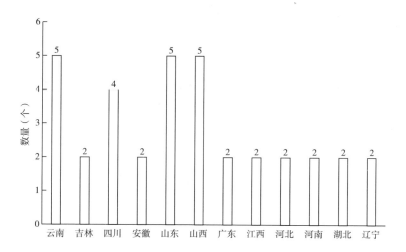

图 1-7　2023 年部分省份新注册成立的劳动教育实践基地数量

注：2023 年共 46 个，少于 2 个的省份不在本图显示。

资料来源：企查查，作者整理。

　　研学实践与劳动实践密切相关，一些研学旅游机构也开展与劳动实践有关的业务。图 1-8 和图 1-9 显示，2023 年各地新注册成立 1062 个研学旅游机构或基地，数量大幅超过 2022 年，山东、广东、重庆、河南、湖南等省（市）新设数量名列前茅。[①]

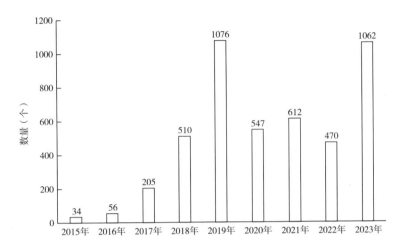

图 1-8　2015 年以来新注册成立的研学旅游机构或基地数量

资料来源：企查查，作者整理。

1.3.3　劳动教育师资培训情况

开展劳动教育需要专门的师资。为壮大师资力量、提升育人水平，近年来各地区、各级各类学校及相关协会或学会开展了丰富多样的劳动教育师资培训。本报告基于互联网公开信息，运用多个搜索引擎检索"劳动教育教师培训""劳动教育师资研修""劳动教育骨干研修""劳动教育国培计划"等与师资培训相关的信息，统计 2023 年劳动教育师资培训班的数量和人数信息。据不完全统计，2023 年各

[①] 笔者在企查查网站搜索名称中包含"研学旅行"或"研学实践"的机构，从业务范围中搜索包含"劳动教育""劳动实践""劳动教育基地""实践基地""劳动基地""劳动技术""劳动技能""劳技""劳动生产""社会实践""生产实践""综合实践""研学实践""研学旅行""研学""精神"的机构，剔除其他机构，得到各年新设机构的注册信息。由于调整统计口径和企查查更新信息，图 1-8 的数据与之前两份年度报告的数据结果略有出入。

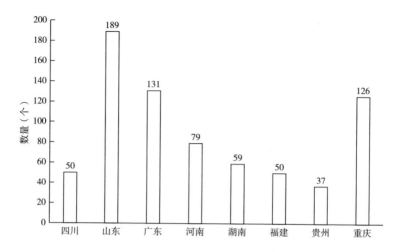

图 1-9　2023 年部分省份新注册成立的研学旅游机构或基地数量

注：2023 年共 1062 个，少于 30 个的省份不在本图显示。

资料来源：企查查，作者整理。

类劳动教育师资培训班共 136 个，按平均每个班 80 人估计，学员人数超过万人。这些培训班中，小规模培训普遍由某学校、学校的某学院或某部门主办，通常在 20 人以下；中等规模培训普遍由某地区教育协会、教学委员会或培训中心主办，人数从几十人到几百人不等；大规模培训普遍由全国性劳动教育专业委员会或协会主办，单次培训的参加人数经常超过千人。其中，劳动教育"国培计划"是劳动教育师资培训的国家级项目，该计划从 2020 年开始实施，已逐步覆盖多个省份，每个培训班均历时几个月，包括线上培训、线下培训和现场观摩等环节，以体系化的课程设计和教学内容，为多地大中小学培养了急需的劳动教育教师和管理人员。

1.3.4　劳动教育出版物情况

开展劳动教育需基于政策要求、育人规律和社会现实等，为因地制宜开展劳动教育，充分发挥其育人功能，需加强研究，撰写专业论文，出版学术专著，提供专门教材和普及读物等。新时代以来，尤其是2018年全国教育大会以来，各类劳动教育成果如雨后春笋般涌现。本报告从中国知网检索相关论文刊发情况，从"国家出版发行信息公共服务平台"检索劳动教育领域的图书出版情况，并进一步结合京东网站和当当网站提供的图书简介、目录和样章信息，分析本领域图书的内容和特点。

1.3.4.1　劳动教育出版物种类

第一，各类论文。在中国知网对篇名中含"劳动教育"的文献进行精确检索，以2018年为时间节点，之前每年普遍只有几篇或几十篇文献，之后，从2019年的586篇增长到2020年的1817篇，2021年和2022年连创新高，分别达到3365篇和3675篇，2023年再上新台阶，达到创纪录的4223篇（见图1-10）[①]。总体上，2018~2023年呈爆发式增长趋势，这些文献包括学术期刊论文、硕博论文、会议论文、报纸文章等，增长点主要来源于学术期刊论文和会议论文。

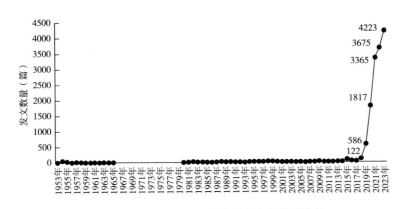

图1-10　1953~2023年劳动教育发文数量趋势

第二，各类教材。教材是劳动教育的重要依托之一。从2020年开始，不少高校、中小学及职业院校陆续出版相关的劳动教育教材，

[①]　查询时间为2024年7月20日。

教材数量在短时间内达到数百本（见图1-11）。例如，中国劳动关系学院率先出版我国首部高校劳动教育通识教材《劳动通论》；湖北教育出版社、湖南教育出版社、江西美术出版社、长江少年儿童出版社等发行了小学学段、初中学段和高中学段的劳动教育教材；高等教育出版社、中国人民大学出版社、机械工业出版社、人民交通出版社等出版了大量高等教育和职业教育的劳动教育教材。分学段来看，基础教育学段的教材数量远远大于其他学段的教材数量。但随着时间推移，面向普通高校学段的教材出版数量也快速增加，在2023年，面向普通高校学段的教材已经占比超过50%（见图1-12）。整体而言，这些教材涵盖了不同学段的劳动教育内容，主要包括劳动实践、社会服务、职业技能等方面的知识。此外，许多教材还加入了环保、可持续发展等元素，让学生在劳动教育中培养正确的价值观和社会责任感。

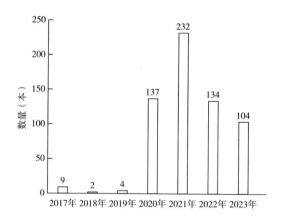

图1-11　2017年以来劳动教育教材数量

第三，学术著作。随着劳动教育研究的深入，相关学术著作也不断增加。据笔者检索统计，2019～2023年共出版24本劳动教育学术专著，各年分别为2本、5本、4本、8本、5本。其中不少著作引起

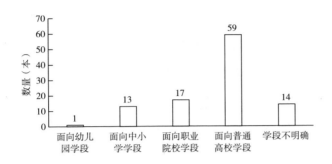

图 1-12　2023 年劳动教育教材分学段统计

广泛关注，例如，刘向兵等所著的《新时代高校劳动教育论纲》、李珂所著的《嬗变与审视：劳动教育的历史逻辑与现实重构》、檀传宝所著的《劳动教育论要：现实畸变与起点回归》、班建武所著的《新时期劳动教育理论体系建构研究》等。这些著作不仅探讨了劳动教育的理论基础、历史发展，还针对当前劳动教育发展面临的问题与挑战进行了深入的分析。这些著作为教育工作者和研究者提供系统的理论基础和相关实践案例，并促进劳动教育的学术发展和政策实践。

第四，案例研究。案例研究是劳动教育出版物中不可忽视的部分。近年来，各类学校和机构纷纷发布了劳动教育的优秀案例，分享在实际操作中积累的经验和教训。例如，新华出版社出版发行的《新时代劳动教育理论与实践》、姚训琪所著的《劳动教育的乡村表达：高中"三同"劳动教育课程的建构与实践》、上海市中小学幼儿教师奖励基金会等编写的《拨动学生心弦的艺术：上海市中小学"劳动教育"获奖论文选编》等。这些案例通常涉及具体的劳动教育活动，如义务服务、实习实践等，帮助教育工作者更好地理解劳动教育的实施方法。在 2023 年，劳动教育案例研究进一步拓展到幼教领域，例如，何成文所著的《新时代幼儿园劳动教育活动案例精选》等。这些案例的结集出版更加有助于幼小中大一体化开展劳动教育。

第五，指导手册。为了帮助教师开展劳动教育，许多机构出版了指导手册。例如，任国友、安博、岳建伟编著的《中小学劳动教育安全指南》，景通桥主编的《新时代青少年劳动教育实践手册》，施盛威和张毅驰所编的《新时代大学生劳动教育实践指导》等。这些手册通常包括劳动教育的实施步骤、活动设计、评价标准等，旨在帮助教师提高劳动教育的实施效果。通过系统的指导，教师能够更自信地在课堂上开展劳动教育活动。部分手册还通过丰富的案例和真实的劳动体验，对培养学生的动手能力、团队合作精神和责任感进行了深入探讨，鼓励学生在实践中锻炼自我，激发创造力。同时，一些手册还为如何在校内外开展劳动教育活动提供了指导，强调了家庭、学校和社会三方的协同作用。与案例研究发展趋势一致，在 2023 年，劳动教育相关指导手册也进一步向幼教领域拓展，例如，俞沈江所著的《爱上劳动 点亮未来：幼儿园劳动教育课程实践》等。这使劳动教育在幼小中大一体化的框架下，能够通过全方位、系统化的发展，助力培养既具备扎实文化知识，又具有实际操作能力且社会责任感强的复合型人才，为青少年终身发展打下坚实基础。

第六，普及读物。劳动教育普及读物旨在帮助学生树立正确的劳动观念，增强劳动意识，培养实践能力。例如，教育部职业技术教育中心研究所编的《劳动教育读本》，梁辉、刘良军所编的《新时代劳动教育读本》，党印主编的《新时代劳动教育 100 问》等。这些读物涵盖了劳动教育的重要性、历史背景以及在现代社会中的应用，强调了劳动不仅是创造物质财富的过程，更是道德、心理、文化教育的重要组成部分。普及读物不仅为劳动教育提供了理论溯源，更为学生展示了劳动的价值和乐趣，引导他们在劳动中找到自我、提升自我，为未来发展打下坚实的基础。

1.3.4.2 劳动教育出版物内容

综观上述几类出版物，涵盖各个学段，且具有丰富的内容，主要包括以下几个方面。

第一，劳动教育的理论基础。大多数劳动教育出版物引用了教育学、心理学、社会学等多学科的理论，探讨劳动教育的定义、意义及其在德智体美劳全面发展中的作用。许多出版物详细论述了劳动教育的核心概念，如"劳动意识""劳动习惯"等，引导教育工作者理解劳动教育的本质。

第二，劳动实践的设计与实施。为了增强学生的实践能力，劳动教育出版物中往往包含大量的实践活动设计范例。这些活动设计强调理论与实践相结合，让学生在参与中学习知识，如种植、家务劳动、社会服务等。这类内容不仅丰富了劳动教育的形式，也让学生真正体验到劳动带来的乐趣和成就感。在讨论劳动教育实践时，这类出版物会提供多种教学方法和策略，包括如何设计劳动教育课程，如何将劳动与其他学科相结合，以及如何利用校内外资源丰富劳动教育的内容，强调教师的角色，探讨教师在劳动教育中的引导和支持作用。

第三，劳动教育的评价与反馈。评价是劳动教育过程中不可或缺的一环。近年来，许多劳动教育出版物对劳动教育的评价标准进行了细致的探讨。这些评价不仅仅关注学生的参与情况，还关注他们在活动中的表现、收获和反思等，以全面考察劳动教育的效果。有效的劳动教育需要科学的评价标准。此外，劳动教育出版物还会讨论不同的评价方法，包括定性评价与定量评价。在此基础上，如何利用评价结果进行教育改善，提升教育效果也是一个重要内容。读者可以了解如何通过评价反馈不断优化劳动教育课程与活动设计，使其更符合学生的成长需求。

第四，结合时代主题的劳动教育。随着社会的发展，劳动教育出版物越来越注重将劳动教育与时代主题相结合。例如，许多出版物探讨了在数字化、智能化背景下，如何通过劳动教育培养学生的创新能力和解决问题的能力。同时，这类出版物也强调了在生态文明建设中的劳动教育，引导学生关注环保、可持续发展等当今世界的重要议题。在此基础上，劳动教育出版物通常会对劳动教育的未来发展进行展望，探讨随着社会的发展和科技的进步，劳动教育将面临的新的机遇与挑战。例如，如何借助信息技术丰富劳动教育的形式与内容，如何适应新兴产业对于人才素质的要求等，都是读者希望深入探讨的话题。

1.3.4.3 劳动教育出版物特点及趋势

首先，参与性与实践性增强。劳动教育出版物体现出较强的参与性与实践性，内容不再是单纯的知识传授，而是更多关注学生的参与体验和实践活动。这种转变符合教育发展的新趋势，有助于学生在真实的情境中进行学习。

其次，内容更加多元化。不同于以往以单一形式为主的《劳动技术》等劳动教育出版物，近年来劳动教育出版物更趋向于多元化的内容呈现，包括案例、理论、活动设计、评价反馈等多方面的内容，为教育工作者提供了更加全面的参考。

再次，聚焦新时代教育需求。在这个信息化、智能化的时代，劳动教育不仅是提升学生综合素质的重要途径，也是培养他们适应社会发展的必要手段。因此，劳动教育出版物逐渐与新时代的教育需求紧密结合。许多出版物不仅强调了社会主义核心价值观的重要性，而且关注如何将这些价值观嵌入到劳动教育的实施中，培养学生的社会责任感和公民意识。

最后，劳动教育出版物内容丰富、形式多样，为劳动教育的发展提供了良好的理论支持与实践指导。这些出版物在推动劳动教育改革与创新的同时，也为教育工作者提供了宝贵的经验与借鉴。未来，劳动教育仍需不断探索，更好地结合社会变化与学生需求，为培养全面发展的社会主义建设者和接班人贡献力量。

1.4 大中小学劳动教育评价的实践进展

2023 年度大中小学劳动教育评价在体系构建、方式创新、过程关注、结果应用以及社会参与等方面取得了显著进展，为学生劳动素养全面提升奠定了坚实基础。

1.4.1 中小学劳动教育评价的实践进展

1.4.1.1 评价机制建设情况

各地教育行政部门积极响应国家号召，纷纷行动起来，将劳动教育评价工具的研发与实施视为推动劳动教育高质量发展的关键环节（见表 1-2）。在这一过程中，各部门不仅注重评价内容的全面性、科学性与可操作性，还积极探索多元化评价方式，力求真实反映学生在劳动教育中的成长与变化。

表 1-2　部分省（区、市）中小学劳动教育评价政策文件一览

序号	发布单位	文件名称	发布时间
1	江西省教育厅、中共江西省委组织部、中共江西省委机构编制委员会办公室、江西省发展和改革委员会、江西省财政厅、江西省人力资源和社会保障厅	《江西省义务教育质量评价实施办法（试行）》	2023 年 1 月
2	陕西省教育厅、中共陕西省委组织部、中共陕西省委机构编制委员会办公室、陕西省发展和改革委员会、陕西省财政厅、陕西省人力资源和社会保障厅	《陕西省义务教育质量评价实施细则》（陕教〔2023〕2 号）	2023 年 1 月
3	广西壮族自治区桂林市教育局	《桂林市中小学生劳动素养评价方案（试行）》（市教规范〔2023〕1 号）	2023 年 2 月

续表

序号	发布单位	文件名称	发布时间
4	山东省教育厅	《加强普通中小学劳动教育若干措施的通知》（鲁教基字〔2023〕2号）	2023年4月
5	江苏省苏州市太仓市教育局	《新时代太仓市中小学校劳动教育评价实施细则》	2023年5月
6	广西壮族自治区桂林市教育局	《桂林市2023年春季学期劳动教育期末检测方案》（市教办〔2023〕8号）	2023年6月
7	广东省委教育工作领导小组	《广东省加强大中小学劳动教育行动计划》（粤教育发〔2023〕2号）	2023年6月
8	黑龙江省教育厅	《黑龙江省义务教育阶段学生综合素质评价工作方案（试行）》	2023年9月

多地教育部门纷纷出台相关政策文件，旨在加强劳动教育的评价与考核。北京市教委正在研究制定《全面加强新时代劳动教育的评价标准》（高校版和中小学版），注重其可检查、可量化、可评估的特性。[①] 河北省完善劳动教育考核评价体系，注重过程性评价与结果性评价相结合，制定《大中小学劳动教育状况评价指标体系》，各地市制定了《学生劳动实践评价手册》，设置劳动教育目标清单和成长档案，做好平时表现评价、学段综合评价和劳动素养监测，形成"监测—反馈—导向"的良性动态评价模式，并开发信息化平台进行一站式管理。[②] 广西壮族自治区桂林市教育局对劳动教育的评价内容和方法做出详细规定，强调中小学校要将劳动素养评价记入学生期末评

[①] 李祺瑶：《劳动教育将有科学评价标准》，《北京日报》2023年5月6日。

[②] 《河北省扎实推进新时代劳动教育》，教育部官网，http：//www.moe.gov.cn/jyb _xwfb/s6192/s222/moe_1734/202312/t20231207_1093506.html。

价、综合素质评价档案，并统一开展劳动教育期末检测。

多个省（区、市）积极将劳动教育纳入学生综合素质评价体系，并制定了相应的评价工作方案或实施细则。黑龙江省明确将劳动与社会实践纳入评价范畴，关注学生动手能力和实际体验，强调关注学生对劳动的尊重、热爱劳动的态度、劳动习惯的养成、劳动技能的掌握以及参与各类劳动活动的表现。江西省要求学生发展质量评价明确包含劳动与社会实践等五个关键领域。山东省强调完善劳动素养评价机制，将劳动素养纳入综合素质评价体系，并鼓励利用现代信息技术手段进行监测与评价。广东省将劳动素养纳入大中小学生综合素质评价体系，建立健全评价标准、评价程序和评价方法，推动平时表现评价和学段综合评价的开展。陕西省明确将劳动与社会实践等内容纳入小学、初中学生综合素质评价范畴，促进学生全面发展。

部分地市积极探索劳动教育评价的创新方式，形成了具有示范意义的典型案例。河南省郑州市管城回族区构建"1+N+1"水滴模型，推动大型劳动活动表现性评价，并研制劳动周特色课程表现性评价"1+N+1"菱形模型和常态化劳动课程表现性评价火箭模型，直观展现评价模式。[①] 湖南省衡阳县教育局出台了《衡阳县中小学劳动教育实施方案》《衡阳县中小学劳动教育考核评价方案》《衡阳县中小学劳动教育实施细则》等文件，实行"三位一体"的评价机制，各中小学的"厚德同心积分银行"以积分的方式对学生进行素质素养综合评价，通过周评优、月评先、期评星"三评"活动激励学生积极参与学习和劳动，实行量化考核和家校共育。[②] 浙江省衢州市龙游县创新"工分簿+"的数字化评价方式，将评价分为"日常劳动评价"与

---

① 庞珂：《河南构建区域评价新体系、打造学校评价新模式、开辟学生评价新路径——创新评价方式引领教育高质量发展》，《中国教育报》2023年12月5日。

② 张春祥：《教育评价改革在湖南丨衡阳县：让劳动教育为孩子未来赋能》，《湖南日报》2023年3月8日。

"项目学习评价"，并设立十大劳动任务群，采取"工分簿记工分"的方式记录学生参与各项日常劳动的情况，实现实时记录和评价。[①]

1.4.1.2　评价体系理论与实践研究

2023 年，有许多学者对中小学劳动教育评价进行了理论和实践研究。栾慧敏等[②]提出我国中小学劳动教育应引入档案袋评价模式，关注学生完整的劳动实践过程，并注重评价对学生反思性学习的促进作用。李燕玲和海路[③]构建了基于微认证的初中生劳动素养评价体系和兼顾线上线下的微认证应用平台。陈玉梅[④]根据普通高中学生劳动素养评价的特点，构建了学生本人、同班同学、家长、社区工作人员以及教师等多元评价主体参与的劳动素养评价指标体系，该体系包含 4 项一级指标 11 项二级指标 34 项三级指标，并设计了包括编制劳动素养测试卷、设置劳动实践清单和劳动素养评价报告单在内的具体实施方式。于月[⑤]构建了基于 CIPP 模式的小学劳动教育评价体系，包括成果评价等四个维度，涵盖 4 项一级指标 9 项二级指标 21 项三级指标。

1.4.1.3　评价现状及分析

当前中小学劳动教育的评价现状呈现多样化的特点，既存在一定

---

① 《中小学劳动教育"工分簿+"数字化评价方式的探索》，浙江省教育厅官网，https：//jyt.zj.gov.cn/art/2024/3/6/art_1229679380_58941854.html。

② 栾慧敏、田阳、吉慧莹：《基于电子档案袋的中小学劳动教育评价：芬兰的经验与启示》，《中国考试》2023 年第 10 期。

③ 李燕玲、海路：《基于微认证的初中生劳动素养评价体系建构：价值、内容与实施路径》，《天津师范大学学报》（社会科学版）2023 年第 4 期。

④ 陈玉梅：《普通高中学生劳动素养评价指标体系研究》，硕士学位论文，赣南师范大学，2023。

⑤ 于月：《基于 CIPP 模式的小学劳动教育评价研究》，硕士学位论文，青海师范大学，2023。

的成就与亮点，也不乏问题与薄弱点。刘营营等[1]对广东省 367 所中小学的劳动教育情况进行了深入调研。结果显示，当前广东省中小学普遍重视劳动教育评价工作，并已初步建立了劳动教育评价体系，且开发了多种实用的评价工具，如劳动任务单、评价手册等。然而，仅有 46.32% 的学校能够利用大数据、云平台、智慧监测系统等先进技术条件，对学生劳动过程进行监测和纪实评价。王瑞瑶[2]以西安市西咸新区 3 所小学为例，揭示了小学劳动教育评价体系存在的问题，提出该体系尚不健全，主要局限于对结果的简单评判，未能通过量化数据及时发现问题与规律，导致评价体系的实时监督与保障激励作用难以充分发挥。余爽[3]对云南省昆明市 4 所小学的劳动教育实施情况进行了实地调查，同样指出了城市小学劳动教育缺乏评价标准的问题。田鑫[4]对江西省 5 所农村小学进行现状调研，发现在劳动教育教学过程中，存在评价简易或不作评价的现象，且评价方式单一，缺乏统一的劳动教育评价体系作为参照。周燕松[5]也发现了农村初中学校劳动教育评价存在评价对象单一、评价主体单一、评价内容片面以及评价方法简单等问题。杨晶晶[6]研究发现城市初中学校的劳动教育以日常劳动检查与评分为主，且部分学校并未开展评价工作，部分教师也未

---

[1] 刘营营、向艳、王红：《中小学劳动教育实施困境与突破——基于广东省 367 所学校的调研》，《中小学德育》2023 年第 7 期。

[2] 王瑞瑶：《新时代小学劳动教育现状与路径优化研究》，硕士学位论文，西安建筑科技大学，2023。

[3] 余爽：《城市小学劳动教育问题及策略研究》，硕士学位论文，云南师范大学，2023。

[4] 田鑫：《农村小学劳动教育实施现状与对策研究》，硕士学位论文，赣南师范大学，2023。

[5] 周燕松：《农村初中劳动教育存在的问题及对策研究》，硕士学位论文，东华理工大学，2023。

[6] 杨晶晶：《城市初中劳动教育实施路径的研究》，硕士学位论文，阜阳师范大学，2023。

能及时对学生的劳动过程和结果进行评价。此外，劳动评价主要集中在劳动结束后进行，过程性评价相对较少。

1.4.2 高校劳动教育评价的实践进展

1.4.2.1 评价机制建设情况

2023年，各地教育部门以国家劳动教育相关政策文件为指导，结合教育数字化转型发展趋势和高校劳动教育建设实际情况，积极探索并构建劳动教育评价标准与监测机制（见表1-3）。

表1-3　部分省市及高校印发高校劳动教育评价政策文件情况

序号	发布单位	文件名称	发布年月
1	安徽省教育厅	《安徽省职业院校劳动教育实施细则（试行）》（〔2023〕2号）	2023年1月
2	中国农业大学	《中国农业大学本科生综合素质评价实施办法（征求意见稿）》	2023年6月
3	广东医科大学	《广东医科大学本科学生综合素质评价办法》（校学工〔2023〕42号）	2023年10月
4	永城市职业教育中心	《永城市职业教育中心劳动教育实施方案》	2023年11月
5	鞍山师范学院	《鞍山师范学院新时代大学生劳动素养评价办法》（鞍师发〔2023〕8号）	2023年5月

多个省市教育部门制定高校劳动教育评价标准，明确劳动教育评价监测机制，不断健全和完善学生劳动素养评价标准、程序和方法，鼓励、支持利用大数据、云平台、物联网等现代信息技术手段，开展劳动教育过程监测与纪实评价。

2023年，部分高校进一步细化与完善了劳动教育评价标准与监测机制。比如，中国农业大学、广东医科大学、黑龙江医科大学等普通本科高校明确将劳动素养作为学生综合素质五大模块之一。永城市职业教育中心、辽宁农业职业技术学院、鞍山师范学院都明确规定了学生劳动素养的评价主体、评价内容及劳动教育课程学时要求。

1.4.2.2 评价体系理论与实践研究

2023年，关于高校劳动教育评价的研究中，学者们既探讨了劳动教育评价研究的意义、价值与原则，也结合不同性质院校特点及劳动教育实施具体情况，因校制宜，从理论上分别以学校、学生为评价对象构建了劳动教育评价体系。陈火欣和孙艳[1]基于CIPP模型，从"背景—输入—过程—结果"四个维度构建了学校劳动教育评价体系。郑国萍等[2]基于CIPP评价模型，构建了包含大学劳动教育的开发环境、资源保障、实施过程及应用效果等维度的学校劳动教育评价体系。郑群英[3]提出高职院校应从分类完善劳动评价指标、科学设置劳动评价共性和个性指标、强化动态监测、丰富评价主体、评价留痕等重点环节着手开展劳动教育评价工作。丁洁等[4]认为大学生劳动素养评价应包含劳动认知、劳动知识、劳动能力、劳动情感、劳动精神等内容，劳动素养评价结果应运用到学生日常劳动素养考核、毕业评价等方面。江楠等[5]构建了包含劳动观念、劳动能力、劳动习惯和品质、劳动精神4个一级指标，劳动态度、劳动技能、劳动责任等12个二级指标的大学生劳动素养评价指标体系。

---

①　陈火欣、孙艳：《劳动教育以评促建方显成效——CIPP模型赋能高校劳动教育评价体系建设研究》，《智库时代》2023年第22期。

②　郑国萍、侯开欣、孙秋霞等：《基于CIPP模型的大学劳动教育评价指标体系构建》，《教育观察》2023年第29期。

③　郑群英：《新时代福建高职院校劳动教育评价体系的构建》，《闽江学院学报》2023年第1期。

④　丁洁、马涛、马妙蓉：《大学生劳动素养评价标准及实施路径》，《教育教学论坛》2023年第42期。

⑤　江楠、江宏、何万国：《新时代大学生劳动素养：内涵、评价价值、评价指标》，《重庆第二师范学院学报》2023年第2期。

1.4.2.3　评价现状及分析

当前高校劳动教育评价呈现评价方法多样、评价内容基本一致等特点，但从整体上看，高校劳动教育评价体系仍需进一步完善。吴晓霜[1]指出，高职院校对学生综合素质的评价中只有部分劳动素养内容，缺乏对学生劳动素养的多主体评价，评价体系不健全。宋利[2]发现部分高职院校制定了劳动教育评价标准，评价内容包括劳动时长、出勤情况、劳动完成情况等，但忽视了对学生劳动知识、劳动价值观等方面的评价，评价方法以口头表扬或终结性评价为主，缺乏过程性评价，部分院校未将劳动教育评价纳入学生综合素质评价。皮娇林[3]指出，大多数高校更侧重于对学生进行劳动结果性评价，过程性评价方式运用不足。隋鑫[4]的研究显示，黑龙江省各高校的劳动教育评价内容占比由高到低依次为日常表现评价、综合素质评价、劳动实践过程及结果评价等，劳动教育评价方式包括撰写劳动实践报告、考试+日常表现、教师与学生的综合反馈评价，有16.3%的研究对象反馈学校无评价体系，忽略了对学生劳动精神的评价。

1.4.3　大中小学劳动教育评价展望

2023年，大中小学劳动教育评价体系得到了进一步完善，各地教育部门根据国家教育政策，结合地方实际情况，制定了一系列劳动教育评价标准和指标体系，确保评价内容的全面性和科学性。评价机

---

① 吴晓霜：《新时代高职院校劳动教育实践研究》，硕士学位论文，天津职业技术师范大学，2023。
② 宋利：《新时代高职院校劳动教育现状及对策研究》，硕士学位论文，河北科技师范学院，2023。
③ 皮娇林：《新时代高校劳动教育研究》，硕士学位论文，景德镇陶瓷大学，2023。
④ 隋鑫：《黑龙江省在哈高校劳动教育研究》，硕士学位论文，哈尔滨商业大学，2023。

制更加注重过程和结果的结合。除了传统的作业和考试成绩，学校还鼓励学生参与实际劳动活动，并将劳动表现作为评价学生的重要指标之一。学校不仅注重学生劳动技能的培养，还强调劳动态度、劳动习惯和劳动精神的培育。评价方式也更加多元化，包括自我评价、同伴评价、教师评价以及家长评价等，形成了全方位的评价体系。评价结果的应用也更加广泛。劳动教育评价结果不仅用于学生个人成长记录，还与学生的综合素质评价、评优评先等挂钩，成为学生全面发展评价体系的重要组成部分，这促使学生在日常生活中更加积极地参与劳动，培养了学生的责任感和集体荣誉感，进一步激发了学生参与劳动教育的积极性。随着信息技术的发展，劳动教育评价也融入了更多的科技元素。一些学校开始利用数字化手段记录和评价学生的劳动表现，例如，通过 App 记录学生的劳动时长和劳动项目，提高了评价的准确性和便捷性。智能穿戴设备和传感器也被用于监测学生的劳动过程，提供即时的反馈和指导，帮助学生改进劳动技能。

但是，劳动教育评价在实践过程中仍存在一些问题，面临着一些挑战。部分学校对劳动教育评价的重视程度不够，存在形式化、走过场的现象；评价工具的研发和应用水平参差不齐，难以保证评价的公正性和准确性；评价结果的应用与反馈机制尚不完善，难以充分发挥评价的激励和导向作用等。

面对这些挑战，教育部门和学校需要进一步加大政策支持和投入力度，加强师资队伍建设，提高评价工具的研发和应用水平。同时，还需要加强理论研究和实践探索，不断完善劳动教育评价体系和机制，丰富劳动教育评价内容与评价主体，创新劳动教育评价方式，及时反馈劳动教育评价结果。

1.5 小结

　　2023 年，中国劳动教育在政策支持和实践推进等多个维度上取得了显著进步。政策层面，国家和地方出台了一系列政策文件，为劳动教育的实施提供了明确的指导和有力的支持。这些政策文件不仅明确了劳动教育的目标、内容、途径和评价方式，还强调了劳动教育的实践性和创新性，注重与德育、智育、体育、美育的有机融合。实践推进层面，劳动教育平台或机构的建设进展显著，新设立的平台或机构数量在 2023 年有所增加，成为推动劳动教育发展的重要力量。劳动教育实践基地的建设也取得了重要进展，为学生提供了丰富的劳动实践机会。同时，劳动教育师资培训得到了加强，多种形式的培训提升了教师的劳动教育实施能力。

　　与此同时，劳动教育出版物也不断涌现，涵盖论文、教材、学术著作、案例研究、指导手册和普及读物等多个种类，为劳动教育的理论研究和实践提供了丰富的资源。在劳动教育评价方面，大中小学劳动教育评价体系得到了进一步完善，评价机制更加注重过程和结果的结合，评价方式也更加多元化。随着信息技术的发展，劳动教育评价也融入了更多的科技元素，提高了评价的准确性和便捷性。

　　总体而言，2023 年中国劳动教育在政策引导、实践推进、理论研究和评价机制建设等方面均取得了积极进展，为培养德智体美劳全面发展的社会主义建设者和接班人做出了重要贡献。未来，劳动教育仍需不断探索和创新，以更好地适应社会发展的需求和学生的成长需要。

学术研究篇

2　2023年劳动教育学术研究的总体进展

学术研究是劳动教育实践的理性审视与反思。从某种意义上讲，劳动教育学术研究进展情况代表了劳动教育实践推进的广度和认识的深度。本文将综合运用定量和定性两种方法对2023年度劳动教育公开发文情况和内容主题进行深入分析，在把握2023年劳动教育学术研究进展的同时，管窥存在的不足和未来的走向。

2.1　总体趋势分析

中国知网的数据显示，从发文数量看，2023年劳动教育领域的文献延续最近几年的增长态势，达到4223篇。[①] 其中，学术期刊论文1770篇、博硕论文313篇、会议论文309篇、报纸文章75篇，增长点主要来源于学术期刊论文和会议论文（见表2-1），但发表于AMI、北大核心和CSSCI等核心期刊论文的数量均较2021年、2022年有明显下降（见表2-2）。可见，随着劳动教育的全面推进落实，越来越多的人加入劳动教育研究大军，劳动教育也成为各类会议关注的重要主题，发文量持续保持高速增长的态势。但也要看到，劳动教育的研究质量并没有随着研究队伍的壮大而有明显提升，近3年来各类核心

---

① 查询时间为2024年7月20日。

期刊的劳动教育发文量呈连续走低趋势。这既是劳动教育稳定为一个常态研究领域的结果，也体现了劳动教育学术研究走向高质量的迫切性。

表 2-1　2021~2023 年劳动教育发文来源对比　单位：篇

年度	学术期刊论文	博硕论文	会议论文	报纸文章	发文总量
2021	828	80	69	19	3364
2022	1544	333	173	66	3675
2023	1770	313	309	75	4223

表 2-2　2021~2023 年劳动教育核心期刊发文数量对比

单位：篇

年度	AMI	北大核心	CSSCI
2021	155	256	146
2022	116	239	130
2023	103	219	102

从涉及的学科领域看，2023 年劳动教育发文依然主要集中于中等教育、初等教育、高等教育、职业教育、教育理论与教育管理、学前教育、成人教育与特殊教育，这七大领域近 3 年来一直是发文占比排名前七的领域（见表 2-3），说明劳动教育研究的主阵地一直在教育学学科大类下，其作为一个劳动科学和教育科学的交叉领域，还没有引起劳动科学类学科的足够关注。但值得一提的是，马克思主义领域在 2023 年的研究中异军突起，上升为排名第 8 的学科领域，且在近 3 年内发文数量呈连续递增趋势。这与新时代劳动教育"必须将马克思主义劳动观贯彻始终"的鲜明的思想性导向是分不开的。越来越多马克思主义理论类期刊关注劳动教育，必将成为深化中国特色社会主义劳动教育研究的重要阵地。

表 2-3 2021～2023 年劳动教育发文学科领域分布

单位：篇

年度	中等教育	初等教育	高等教育	职业教育	教育理论与教育管理	学前教育	成人教育与特殊教育
2021	887	717	548	471	553	165	34
2022	929	723	674	532	493	300	36
2023	926	898	838	662	439	399	52

从表 2-3 可以看出，2023 年度劳动教育发文中，初等教育、高等教育、职业教育、学前教育、成人教育与特殊教育等领域的发文量均有明显增加，且近 3 年来总体呈连续攀升态势；但教育理论与教育管理领域的发文量较 2022 年减少了 54 篇，且近 3 年呈连续下滑态势。再次说明，教育学虽是劳动教育研究的主阵地，但在劳动教育的基本理论研究上仍然比较薄弱。

从发文作者和机构情况看，2023 年度高发文作者队伍出现了较大变化，2022 年发文超过 3 篇的作者中，仅有刘向兵、欧阳小宇、董慧 3 位作者出现在 2023 年的高发文作者榜单中（见图 2-1）。从高发文的前 20 家机构看（见图 2-2），西南大学 2021～2023 连续 3 年位居高发文机构榜首；北京师范大学、中国劳动关系学院、华中师范大学、福建师范大学、西华师范大学 5 家单位连续 3 年稳列高发文机构榜单，成为我国劳动教育研究领域中比较稳定的研究团队。广西师范大学、喀什大学、安徽师范大学、重庆师范大学 4 家单位则继 2022 年退出高发文机构榜单后，又在 2023 年度实现回归；云南师范大学、浙江大学、江苏农牧科技职业学院、南宁师范大学、广州大学、宝鸡文理学院、扬州大学 7 家单位则属于近 3 年来首次进入高发文机构榜单的新生力量。可见，我国劳动教育研究已形成了相对稳定的研究团队，但整体上呈变化性大于稳定性的态势，体现出劳动教育作为一个新兴研究领域的发展后劲。特别值得关注的是，2023 年浙江大学、中国劳动关系学院、喀什大学、江苏农牧科技职业学院、广州大学、宝鸡文理学院、扬州大学 7 家非师范类院校进入高发文机构榜单，预示出劳动教育研究团队学科背景日趋多元化的发展前景。

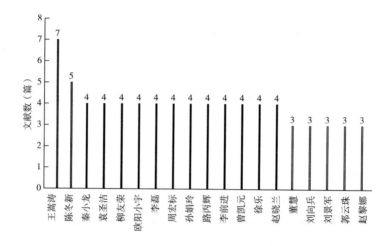

图 2-1　2023 年劳动教育高发文作者榜单

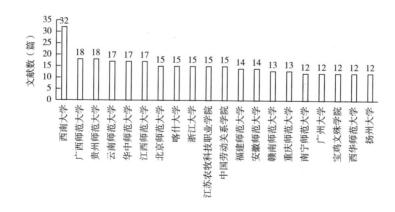

图 2-2　2023 年劳动教育高发文机构榜单

2.2　研究主题聚焦

对相关文献进一步归纳发现，2023 年劳动教育研究发文较多的主题主要集中在劳动教育课程建设、劳动教育实证调研、劳动教育协同育人、劳动教育思想阐释、数智时代劳动教育等领域。

2.2.1　劳动教育课程建设

对篇名中含有"劳动教育"并含"课程"的文献进行检索，共检索到 2023 年度发文 570 篇，研究数量较 2022 年的 492 篇有明显提升。

2.2.1.1　劳动教育课程建设的实践研究

从研究内容看，九成以上研究重在展现各学段、各地区劳动教育课程建设经验，主要包括：学校劳动教育课程建设经验分享[①]，这类研究主要集中在中小学和幼儿园阶段；劳动教育与学科或专业课程融

① 董西：《打造特色课程品牌，探索劳动教育新模式——济南市新苑小学生态劳动教育纪实》，《环境教育》2023 年第 12 期；杜朝晖：《"动手做"劳动教育课程建设》，《家教世界》2023 年第 36 期；付滢、薛晓：《〈劳动教育〉课程教学改革探索与实践》，《江西中医药大学学报》2023 年第 6 期；刘也菁、于明华：《普通高中劳动教育校本课程体系开发与实施》，《辽宁教育》2023 年第 24 期；蔡锦润：《劳动教育课程的校本建构要义——以石狮市实验中学附属小学为例》，《中小学德育》2023 年第 12 期；易敏：《面向粤港澳大湾区的校本劳动教育课程体系构建——以广东实验中学荔湾学校第一小学部为例》，《中小学德育》2023 年第 12 期；蒙海燕：《城市学校劳动教育课程的实践研究——以桂林市育才小学为例》，《教育观察》2023 年第 35 期；陈洁：《太原市迎泽区起凤街小学：以"凤厨"劳动课程为引领 全面推进劳动教育》，《山西教育（管理）》2023 年第 12 期；呼占飞、唐强：《基于立德树人视角下的劳动课程建设——鄂尔多斯市东胜区劳动教育的实践与探索》，《内蒙古教育》2023 年第 5 期；谭隆晏、高攀：《高职院校"1+2+N"劳动教育课程体系构建研究》，《重庆电子工程职业学院学报》2023 年第 2 期。

合实施经验分享[①]，这类研究以高校为主，也包括中小学阶段劳动教育融入学科课程的研究。此外，还有多项关于劳动教育课程实施效果的调查研究，主要来自硕士学位论文，涵盖了幼儿园、小学、中学、特殊学校、职业院校和普通高校等各类型、各学段。

在幼儿园和小学劳动教育课程建设方面，刘春梅[②]主要研究了乡村幼儿园劳动教育课程建设和资源开发现状，发现：乡村教师存在对幼儿园劳动教育课程资源认知不清晰、开发依据存在弊病、开发内容比较狭隘、缺乏开发管理制度等问题。究其原因，从个体因素上看，主要源于乡村教师劳动素养普遍偏低和个体理性缺失；从园所因素看，主要是课程资源开发管理制度缺乏和系统研究不足；

---

① 徐娟：《新时代小学生劳动教育与科学融合课程资源的开发与实施——以育英学校校园农场种植课程的设计与实施为例》，《中国现代教育装备》2023年第6期；李雪、金秋：《乡村振兴背景下"劳动教育+红色研学"课程设计——以狼牙山为例》，《科技创业月刊》2023年第S1期；杨海媚、陈仕涛、汪涛：《指向劳动教育的地理跨学科实践课程设计》，《中学地理教学参考》2023年第13期；郑雅婷、孟昉《劳动教育融入专业课程教学——以"前端交互技术"课程为例》，《广州城市职业学院学报》2023年第2期；李传磊、沈年华：《劳动教育融入专业课程教学的问题与对策——以植物栽培与养护课程为例》，《安徽农学通报》2023年第11期；覃文勇、杨梅：《劳动教育融入高校园林专业课程教学的路径探讨》，《现代园艺》2023年第15期；宋佳秋、韩雪艳、侯培国：《劳动教育融入工程训练课程的实践探索》，《科技风》2023年第16期；王亮、郝盼：《工匠精神与劳动教育双融入加工制造类课程研究》，《现代职业教育》2023年第12期；刘丹等：《高职院校劳动教育融入专业教学的实践探索——以园林植物栽培与养护课程为例》，《安徽农学通报》2023年第3期；朱丹等：《高职院校制造类专业劳动教育融入实训教学的路径研究——以"电机控制实训"课程为》，《科技风》2023年第16期；陈龙、郑林：《发现劳动者：中学历史课程开展劳动教育的路径》，《历史教学》（上半月刊）2023年第2期；段素梅等：《新时代劳动教育融入农业高校耕作学课程的探索》，《安徽农业科学》2023年第18期；范爽、郭战龙：《劳动教育融入服装设计专业课程建设研究》，《化纤与纺织技术》2023年第11期。

② 刘春梅：《乡村幼儿园劳动教育课程资源开发现状调查研究》，硕士学位论文，贵州师范大学，2023。

从社会因素看，主要源于城市化背景下乡村资源边缘化和合作体系匮乏；从家长因素看，主要是乡村家长对劳动教育价值的不认可。谢晓霖[1]主要调查了乡村小学劳动教育课程建设情况，发现：在理念方面，乡村小学的劳动教育课程建设兼具价值性、思想性和乡土性，但同时也存在功利性和浅表性问题且具备城市化倾向；在实践方面，劳动教育课程得到普遍开设，课程体系总体形成，学生劳动素养显著强化，但课程的系统性不足，课程实施的随意性较大，课程评价的科学性不强；在资源开发方面，劳动教育课程建设的物质资源日益健全，人力资源得以拓展，乡土劳动资源受到一定的重视，但与此同时，乡土劳动资源的挖掘不够，软硬件劳动资源的利用率不高，社会资源的运用不足。究其原因，主要是劳动教育课程建设的价值取向存在偏差，课程建设者的专业能力不足以及课程建设尚未形成完善的保障体系。文欢[2]对四川省 5 所乡村小学劳动教育课程建设情况进行了调查，发现：在课程认识方面，大部分师生能够认识到劳动教育课程开设的重要性，但是还有少部分学生态度冷漠、认识不全面；在课程目标方面，大部分师生认同课程目标是培育学生的劳动素养，但还有少部分学生对课程目标认识简单，不容易将劳动教育与提升创造力联系起来；在课程内容方面，大多数学校劳动教育课程内容开设较齐全，但还有少部分乡村小学在劳动教育课程内容的选择上存在局限性；在课程实施方面，大多数学校基本保证了每周不低于一课时，且配有专职教师，并通过各类课程和实践活动来组织实施，但是也存在着课时被占用、教师教学积极性不高、校外实践不充分的问题；在课程评价方面，虽然大部分教

---

① 谢晓霖：《乡村小学劳动教育课程建设的调查研究》，硕士学位论文，山东师范大学，2023。

② 文欢：《乡村小学劳动教育课程建设的现状及对策研究——以 C 小学五年级为例》，硕士学位论文，成都大学，2023。

师积极探索创新评价方式，但仍存在学生自我评价意识不强、评价激励作用不够等问题。也有部分研究聚焦小学某个年级进行深入调研。一系列关于乡村幼儿园和中小学的调查结果，既反映出劳动教育推进实施中的普遍问题，也暴露出乡村学校推进劳动教育面临的特殊问题，比如教师从事劳动课程教学积极性不高、缺乏结合乡土资源因地制宜的整体课程设计等。

周甲英[①]以 L 市十三所小学、三十七个班为研究样本，运用问卷调查、访谈等研究方法，从劳动教育课程实施的认知、内容、形式、体验、考评、成效六个方面了解小学劳动教育课程实施的现状，发现 L 市小学劳动教育表现出课程理解存在偏差、课程地位相对偏低、课程计划有待完善、课程内容缺少创新、教学过程传统单一、课程资源比较匮乏、课程评价有待健全等现实问题。究其原因，主要是劳力劳心对立的标签效应制约、应试思想束缚、课业负担过重、社会支持不足和家校协同缺乏。郑妍等[②]对云南省的小学劳动教育课程化情况做了调研，发现学校能够参照课标整体设计劳动课程，但存在劳动课程实施场地集中于校内、缺乏劳动课程评价及安全保障、劳动教师的专业性有待提升、劳动课程实施过程中问题多样等不足。全桓宇[③]对 S 县四所小学的调查发现：小学劳动教育课程实施表现出课程认识存在偏差、课程内容不均衡且缺乏系统性、课程保障力度较弱、课程评价体系不健全等一系列问题。产生上述问题的主要原因有：思想观念偏颇，劳动氛围不足；课程资源挖掘不足，

① 周甲英：《新时代小学劳动教育课程实施的现状调查与改进策略研究》，硕士学位论文，江西师范大学，2023。
② 郑妍等：《学校体系下劳动教育课程化调查研究——以云南省小学为例》，《教育参考》2023 年第 3 期。
③ 全桓宇：《小学劳动教育课程实施现状及对策研究——以 S 县四所小学为例》，硕士学位论文，长江大学，2023。

课程内容缺乏学科融合；政府扶持乏力，监管体系不完善；应试思维束缚，评价机制不完善；等等。范萍萍[1]聚焦研究了成都市小学5～6年级的劳动教育课程建设现状，调查表明：成都市义务教育第三学段劳动教育课程实施具有学生劳动积极性较高、教师教授劳动教育课程的责任感较强、课程目标难度适当、确立依据合理且设置较全面等优势，同时也发现了劳动教育课程存在内容不系统、组织形式缺乏多样性、教学方法单一、课程评价不丰富等问题。究其原因，主要是家长对劳动教育课程重视程度不够、学校缺少开展劳动活动的实践场所、安全隐患限制课程实施、教师团队缺乏专业劳动素养等。妥莉莉[2]以银川市四所小学为例，调查了小学高段劳动教育课程实施现状，研究发现：银川市小学高段劳动教育课程实施存在保障力度较小、农村学校课程落实不到位、课程教学模式单一、课程评价体系不健全等一系列问题。还有一些研究聚焦一所学校进行深入调研。季晓华[3]对内江市BJ小学劳动教育课程实施现状进行调查，发现：当前城市小学在劳动教育实施方面存在劳动教育课程目标模糊、定位失衡，课程计划缺乏有效执行，课程内容固守传统，教育途径片面单一，专业师资匮乏，评价体系不够健全等问题。王世龙[4]对内蒙古自治区赤峰市一所城郊小学进行了调查，发现该小学劳动教育课程实施存在以下问题：一是劳动课程建设不足，表现为学校师资薄弱和物质基础匮缺；二是劳动课程教学形式化，表现为实际课

① 范萍萍：《成都市义务教育第三学段劳动教育课程实施现状调查研究》，硕士学位论文，重庆师范大学，2023。
② 妥莉莉：《小学高段劳动教育课程实施现状及对策研究——以Y市四所小学为例》，硕士学位论文，宁夏大学，2023。
③ 季晓华：《城市小学劳动教育课程实施现状研究》，《教学与管理》2023年第9期。
④ 王世龙：《城郊小学劳动教育课程实施现状、问题及优化策略——以赤峰市X小学为例》，硕士学位论文，内蒙古师范大学，2023。

时不足、课程内容单调、教学形式随意；三是劳动思想教育方面缺乏学科渗透；四是劳动实践活动简单化，校内劳动实践活动内容单调和校外劳动实践活动缺失；五是劳动课程评价体系不完备；六是劳动课程实施效果不佳，学生劳动观念存在偏颇、劳动能力掌握不均衡。总之，相关调查表明，我国小学阶段已基本按要求落实了劳动必修课开课任务，但普遍存在教育形式单一、教师专业化水平不足、课程资源挖掘不力等问题。

在中学劳动教育课程建设方面，陆文深[①]调查了云南省培智学校初中劳动教育课程实施现状，研究发现：学校设置了多元互补的劳动教育课程；教师能够正确认知劳动教育课程价值与实施原则；教师以小步子多循环的方式，在激励与实践中促进学生发展；轻中度智力障碍初中生劳动素养有所提升；智力障碍初中生的劳动安全得到有效保障。但也存在劳动教育课程开发的系统性、适切性及规范性不足；课程实施中多元开放性、生涯规划性及个别化不足；重度智力障碍初中生劳动素养提升效果不佳；劳动教育课程多方面条件保障仍不完善等一系列问题。黄倩等[②]调查了贵州省某中学初一、初二年级基于生物实践活动的劳动教育校本课程开发情况，结果表明：开发基于生物实践活动的初中劳动教育校本课程深受学生的喜爱，并受到学校和教师的高度重视。该课程的开发和实施，可以实现学校劳动教育目标，促进学校校本课程体系的构建，促进教师专业素质和课程资源开发能力的提升，有利于培养学生的生物学习兴趣、实践技能、劳动习惯和劳动观念，学生的综合素质得到全面提高。总体来看，中学阶段的研究更关注校本化、特色化的劳动教育

---

① 陆文深：《云南省培智学校初中劳动教育课程实施现状调查研究》，硕士学位论文，云南师范大学，2023。

② 黄倩等：《基于生物实践活动的初中劳动教育校本课程开发调查研究》，《安徽教育科研》2023 年第 26 期。

课程设计与实施情况。

职业院校和高校的劳动教育课程建设往往与专业教育紧密结合。张维等①主要从课程思政角度调研了医学生劳动教育现状，发现劳动教育课程思政引领效果不够理想：22.46%的医学生认为劳动教育是"干体力活"，30.48%的医学生认为"对劳动教育不理解，说不清楚"；59.36%的医学生认为"有劳动观念，但是劳动主观能动性不强"，4.81%的医学生认为"缺乏劳动观念，甚至产生抵触，根本不愿去做"，仅有35.83%的医学生认为"有劳动观念并付诸行动"。胡汶廷②调查了高职院校会计专业劳动教育课程的育人效果，发现高职院校会计专业尚未形成系统化的劳动教育课程体系，学生对劳动认知情感有偏差、劳动意愿不强，专业课程评价缺乏对劳动教育的综合考查，缺乏系统的劳动教育专业教师团队。鲍恩波等③调研了地方高校大学生劳动教育课程开设情况，研究发现：学校已经对劳动教育的必要性、重要性形成了深刻认识，但仍存在对劳动教育的推动不足、劳动教育形式不够丰富、劳动教育师资力量不足等问题。周仕德和刘永帆④基于80所高校劳动教育政策文本内容分析了新时代高校劳动教育课程实施现状，发现：高校逐步重视劳动教育课程建设工作，凸显具有时代特征的高校劳动教育课程体系初步形成，但存在课程目标形式

---

① 张维等：《课程思政视域下医学生劳动教育现状调查及对策研究》，《医学教育管理》2023年第6期。

② 胡汶廷：《高职会计专业劳动教育课程育人调查研究》，《中国多媒体与网络教学学报》（中旬刊）2023年第12期。

③ 鲍恩波、陈秀丽、张言彩：《地方高校大学生劳动教育课程开设调查及对策》，《科教文汇》2023年第7期。

④ 周仕德、刘永帆：《新时代高校劳动教育课程实施现状考察——基于80所高校政策文本内容分析》，《劳动哲学研究》2023年第2期。

化、课程内容泛化、课程评价简单化三大问题。张雨钦[①]通过对 2000 余名大学生的线上问卷调查和部分劳动教育行政管理人员、专任教师和大学生的访谈发现：高校基本能够坚持五育并举，突出劳动教育地位；劳动教育课程目标具备科学性和具体性，内容具备时代性与创新性，实施具备严谨性与规范性，评价具备合理性与可行性。但部分学校也存在课程目标简单化与孤立化、内容碎片化与浅显化、实施平庸化与形式化、评价单一化与主观化等问题。孙永冬[②]以 L 大学为个案，运用问卷、访谈等多种方法对当前高校劳动教育课程实施现状进行实地调研，发现 L 大学劳动教育课程实施取得了一定的成效：形成了多元化劳动教育课程实践形式，推进劳动教育课程体系建设；学生劳动观念得到增强，劳动意识得到强化；劳动教育课程不断优化，课程模式不断创新。但也存在课程目标达成度不够、课程设置不合理、课程内容较为片面、课程保障资源配置不充分、课程评价体系不健全等问题。

2.2.1.2　劳动教育课程建设的学理探讨

劳动教育课程建设学理探讨的研究是指借助某一理论视角或基于一般性原则就劳动教育课程建设提出完善或优化构想的相关研究。总体而言，2023 年劳动教育课程建设学理探讨的发文总量较 2022 年有所降低。从研究视角看，除课程思政、一体化等传统政策视角外，也有一些其他学理性视角下的零散研究。

新时代劳动教育鲜明的思想性和突出的社会性特征，使其与课程思政有着高度的契合性。课程思政视角下的劳动教育研究主要关注课

---

① 张雨钦：《高校劳动教育课程的建设现状及对策研究》，硕士学位论文，南京信息工程大学，2023。

② 孙永冬：《高校劳动教育课程实施现状研究——以 L 大学为例》，硕士学位论文，兰州大学，2023。

程思政与劳动教育融合的内在逻辑与实现路径。① 在课程思政与劳动教育融合的内在逻辑方面，刘睿认为，劳动教育与课程思政在思想基础、价值目标、内容指向三个方面具有高度的一致性，这成了二者融合的基点。季爱民和张雪莉认为，劳动教育与课程思政有一致的本质诉求——促进人的自由全面发展、共通的价值体认——社会主义核心价值观和相似的实践属性，这些都是二者融合的内在基础。在课程思政与劳动教育融合的实践路径方面，马慧子等从课程教学层面提出了思政导入，凸显价值内核；专业融入，聚焦能力提升；职业代入，涵养行业品质的具体路径。季爱民和张雪莉从树德、增智、强体、育美的角度，提出了丰富课程思政价值意蕴、深化课程思政教学改革、拓宽课程思政实践活动和筑牢课程思政文化底蕴四条路径建议。单盈从拓宽对劳动教育的认知、构建适应时代发展的劳动教育体系、搭建丰富的劳动教育载体、营造和谐健康的劳动教育环境四个方面，提出建构劳动教育与课程思政融合推进的工作体系的整体思路。总之，相关研究均看到了劳动教育和课程思政的内在契合性，并从宏观上融入学校育人体系和微观上融入课堂教学设计两个方面探寻了二者融合的路径，但这些研究均未指明二者融合的内在机理，所以，关于融合路径的建议总有些就事论事的表面化感觉。

---

① 刘睿：《课程思政与大学生劳动教育融合的基点、困境与路径》，《湖北经济学院学报》（人文社会科学版）2023 年第 2 期；胡成霞、加晓昕：《课程思政视域下小学劳动教育的德育意蕴及其实践路径》，《教育评论》2023 年第 3 期；季爱民、张雪莉：《劳动教育融入课程思政的逻辑、价值及其实现》，《湖北理工学院学报》（人文社会科学版）2023 年第 4 期；马慧子、李申莹、熊强：《课程思政背景下高校劳动教育的时代价值和实践向度》，《食品工业》2023 年第 6 期；单盈：《课程思政视域下新时代大学生劳动教育的探索》，《高校后勤研究》2023 年第 8 期。

劳动教育课程一体化建设问题也在 2023 年引起了多位研究者关注。[①] 相关研究主要从纵向和横向两个维度来理解劳动教育课程一体化问题。从纵向来看，劳动教育课程一体化主要指不同学段间劳动教育课程的一体贯通，比如，于亚楠和郭良钰认为，大中小学劳动教育课程体系一体化建设属于系统性工程，实现大中小学劳动教育课程的一体贯通需要转变教学理念，明确课程地位；加强师资培训，提供专业支持；推进制度建设，完善课程评价。从横向来看，劳动教育课程一体化主要指劳动教育和其他育人途径的多维联通、一体交融。比如，李晓华和张莉强调，一体化劳动教育课程体系是以五育融合为基点，以核心素养为导向的育人体系。在一体化劳动教育课程中，学生要从自己的经验出发，进行具身性投入，循序渐进发展真、善、美、自由的价值尺度，达到自我实现的价值体认。学校则需要构建五育融合的大课程体系，建立内部优化的劳动教育课程体系，创设立体多维的资源体系，以此助力一体化劳动教育课程体系发展。曹福荣则认为，中小学劳动教育课程一体化建设的核心价值是全过程育人、全学科育人，学校实现中小学劳动教育课程的一体化建设需要从提升学生核心素养的大概念出发，基于立德树人根本任务，遵循学生身心发展规律，协调复杂劳动形态格局。刘晓晖则基于小学劳动教育课程一体化建设存在的课程内容难把握、教育活动难衔接、平台机制待完善等

① 于亚楠、郭良钰：《大中小学劳动教育课程体系一体化改革研究与实践》，《泰山学院学报》2023 年第 1 期；李晓华、张莉：《一体化视域下劳动教育课程的本质、价值及推进路径》，《当代教育与文化》2023 年第 5 期；韩海善：《中小学劳动教育课程一体化设计与实践探索》，《甘肃教育研究》2023 年第 10 期；曹福荣：《大概念视域下我国中小学劳动教育课程一体化建设探究》，《知识文库》2023 年第 12 期；姜喜俊：《中小学劳动教育课程一体化设计与实践研究》，《启迪与智慧》（上）2023 年第 7 期；韩红艳：《中小学劳动教育课程一体化建设的逻辑框架与实施路径》，《求知导刊》2023 年第 23 期；刘晓晖：《小学劳动教育课程一体化设计与实践研究》，《当代家庭教育》2023 年第 21 期。

问题，提出了相应的对策建议。

　　除从政策视角下对劳动教育课程建设进行一般原则性建议外，还有个别研究从不同的学科领域提出研究劳动教育课程建设问题的新视角，为未来从学理上深化劳动教育课程建设指出了方向。刘义兵和汪安冉[①]从"大概念"视域出发提出了重构劳动教育课程系统的新思路。"大概念"是在联结、提炼一般事实性概念的基础上进行的，具有一定的概括性、迁移性与持久性，能在联结、整合庞杂零散学习材料的基础上改善学生的思维品质与行为观念。劳动教育课程的"大概念"可确定为劳动素养、劳动价值、劳动伦理。实践中则可从重解课程目标——激发"劳动素养"概念的深层认知，拓展课程空间——构建"劳动价值"概念的感知情境，深化课程实践——体认"劳动伦理"概念的关怀效用，转变教学行为——开展对话"大概念"的单元教学四个方面探寻"大概念"统领下劳动教育课程优化的具体路径。王文智和刘正伟[②]从劳动教育的视角考察了杜威课程思想的"作业"概念，进而提出了对劳动教育课程建设的启示。他们认为，杜威正是希望通过"作业"改变学校教育与生产劳动相分离的境况，因此"作业"在杜威的课程理论和实践中居于核心位置且有着丰富的劳动意涵，可以借鉴杜威对"作业"的本质认识改造学校劳动课程。一方面，需突出劳动的社会关联，表明劳动的社会价值，在让学生体验劳动的同时，向他们展现劳动所蕴含的社会关系，展现劳动在社会再生产过程中的位置，展现劳动的社会意义；另一方面，要将劳动嵌入历史情境中，让学生结合特定的社会历史条件理解劳动的意义，以历史的、具体的方式充分展现劳动，特别是传统劳动的社会意义，这样才

---

① 刘义兵、汪安冉：《"大概念"视域下劳动教育课程的内容释义与实践理路》，《西南大学学报》（社会科学版）2023 年第 1 期。

② 王文智、刘正伟：《重访"作业"：劳动教育视域下杜威课程理论与实践的当代启示》，《教育科学》2023 年第 5 期。

能彰显劳动教育的思想性和社会性。王惠颖①则基于卢曼的社会系统理论，提出了劳动教育专业课程体系建设的基本思路。这些新的理论视角虽然大多为单篇性研究，还没有形成研究合力，但均注意结合劳动教育课程组织实施的具体过程进行深入阐释，对未来深化劳动教育课程研究具有较强的启发性。

2.2.2 劳动教育实证调研

对篇名中含有"劳动教育"和"调查"的文献进行精确检索，共检索到 2023 年相关发文 58 篇，与 2022 年的 60 篇发文量基本持平，可见，随着劳动教育的推进，及时跟进实证调研已成为我国劳动教育研究的重要传统。相关研究涉及大中小学和职业院校等各学段、各类型。

2.2.2.1 普通高校劳动教育实证调研

关于普通高校劳动教育实施情况的实证调研相对来说是最多的，既有面上情况的总体了解，也有聚焦学生劳动素养的深度调查，以及分类型、分专业推进劳动教育情况的调查。杨刚要②对河南省等 11 个省份的 43 所应用型本科高校近 10000 名大学生进行了在线调研和访谈，发现应用型本科高校的劳动教育普遍存在课程质量不高、专职教师缺乏、评价体系不完善、实践渠道较少等问题。张淼等③基于对宁波市部分高校 1523 名大学生的调查，分析了当前大学生劳动教育存在问题。调查发现，当前大学生劳动教育存在地位弱化、内容空泛、

---

① 王惠颖：《劳动教育专业课程体系建设的逻辑框架与实践路径——基于卢曼社会系统理论的分析》，《南京社会科学》2023 年第 12 期。
② 杨刚要：《新时代应用型本科高校劳动教育存在问题及对策研究——基于 11 省 43 所高校的调查》，《黄河科技学院学报》2023 年第 10 期。
③ 张淼、李政、牛百文：《新时代大学生劳动教育现状调查及对策研究——基于宁波市部分高校的实证分析》，《黑龙江教师发展学院学报》2023 年第 5 期。

资源短缺、机制不全等问题，并从学校、社会、家庭、大学生自身四个维度提出了改进对策。于蜜元①基于全国高校804份大学生调查问卷，分析了大学生劳动素养发展情况和高校劳动教育实施情况，得出以下结论：就大学生劳动素养而言，女生整体平均值略高于男生，但在劳动知识和劳动能力上，男生略高于女生；就劳动知识和劳动能力而言，高年级学生的得分普遍高于低年级学生，理工农医专业的学生得分显著高于文史哲教育专业和艺术体育专业的学生，与经济管理类专业没有明显差异；"双一流"高校学生在生产劳动知识和生产劳动能力方面的得分要高于"双非"院校学生；农村家庭学生与城镇家庭学生在生活劳动知识和生活劳动能力方面存在显著差异，且农村家庭学生总体表现出劳动价值观功利化取向较明显、对体力劳动存在偏见、劳动创新意识不足等问题；从学校劳动教育实施情况看，则普遍存在专业化劳动教育师资短缺、劳动实践活动形式单一、劳动教育评价体系缺位等问题。孙晓敏②对新建地方性本科高校的劳动教育情况进行了研究，发现地方性本科高校开展劳动教育存在的主要问题有：缺乏实践性、没有树立起正确的劳动观念、学校相关的资源比较匮乏、劳动教育存在功利化倾向、对有关劳动教育的指导文件理解不够深刻、实施不到位等。康超和孟萍③从学生满意度角度调查了四川省高校劳动教育效果，发现大学生对劳动教育具有基础认知，但高校劳动教育缺乏国家政策性支持，在机制建设、监督管理等指导性层面还有一定欠缺，导致大学生对学校劳动教育工作的内容性满意度得分最

① 于蜜元：《新时代大学生劳动教育现状调查与改进策略研究》，硕士学位论文，哈尔滨师范大学，2023。
② 孙晓敏：《大学生劳动教育研究——基于新建地方性本科高校的调查》，《西部素质教育》2023年第17期。
③ 康超、孟萍：《基于学生满意度的劳动教育实效性调查与评价——以四川省990名大学生为样本》，《内江师范学院学报》2023年第7期。

高，指导性满意度得分最低。

除上述面上的调查外，还有一些调研围绕某个专业或劳动素养的某个方面展开。顾叶乔[1]着重调研了医学院校劳动教育实施情况，发现医学院校普遍存在对劳动教育重视程度不够、劳动教育的开展形式缺乏创新性、没有建立完备的劳动教育管理制度、劳动教育评价反馈机制不合理等问题。刘春娟等[2]对医学专业研究生劳动教育效果进行了调查，结果发现：医学专业研究生接受劳动教育总体较少，但从教育效果看，劳动教育对研究生的劳动意识和劳动能力具有正向的影响作用，而劳动意识和劳动能力对医学生的劳动实践又具有正向影响，因此，建议增加医学专业研究生劳动教育相关培训与课程、丰富劳动教育的类型与内容、强化劳动教育考核机制和强化导师责任，以改善医学专业研究生劳动教育薄弱的现状。贺国荣和杨新慧[3]面向四川省20余所高校非法律专业的大三、大四学生展开了劳动法律素养情况调查，发现当代大学生知晓的劳动法律知识有限，对雇主用工诚信存在焦虑担忧，有强烈的权益维护意识，但对劳动法律的情感态度存在信任与漠然抗拒的分裂现象，并提出了在高校劳动教育中有机融入劳动法律教育的相关建议。

2.2.2.2　职业院校劳动教育实证调研

从职业院校劳动教育实施情况的整体调研来看，田妹华[4]对江苏

---

① 顾叶乔：《新时代背景下医学院校劳动教育现状调查分析》，《产业与科技论坛》2023 年第 3 期。

② 刘春娟等：《新时代医学研究生劳动教育现状与实践路径调查》，《中国循证医学杂志》2023 年第 3 期。

③ 贺国荣、杨新慧：《高校劳动教育背景下大学生劳动法律素养现状及对策——基于四川省高校大学生的实证调查》，《黑龙江省政法管理干部学院学报》2023 年第 2 期。

④ 田妹华：《高职院校劳动教育实施现状与优化路径——基于 18 所高职院校的实证调查》，《江苏教育研究》2023 年第 Z1 期。

省 18 所高职院校劳动教育实施情况进行调研，发现高职院校劳动教育中存在学校重视课程设置但执行随意、职能管理部门不明确、专任教师不足、评价体系不健全、劳动教育效果一般等问题。刘海霞等[①]对北京市 51 所职业院校进行调查，发现目前职业院校劳动教育存在教育内容缺乏紧密的逻辑联系、评价体系建设缺乏科学性与可操作性、师资队伍专业性不强、专职教师配备不足等问题。谭绵胜[②]对广西壮族自治区县级中职学校 1600 余名学生进行调查，发现：学生对劳动教育的满意度不高，对学校劳动教育的总体评价仅接近及格线；学校还不够重视劳动教育，劳动教育还没有常态化、规范化；中职教师在学科教学中融入劳动教育的意识比较淡薄，还没有渗透劳动教育的习惯；劳动教育形式化，内容单一，枯燥乏味。郭伟[③]对江苏省内 6 所中职学校 800 余名学生进行了问卷调查，发现了中职学校劳动教育存在的主要问题：学生对于劳动知行脱节，劳动意志薄弱，劳动体验单调；校园劳动教育流于形式，学生的主体性无从体现；社会劳动教育缺位，难以形成合力；劳动教育评价体系需改进，管理不够规范。可见，不同于普通高校，职业院校基本不存在实践资源不足的问题，但普遍存在对劳动教育重视不足、劳动教育流于形式等问题。

除面上情况调研外，也出现了一些体现职业院校特色的调研。刘聃和张珍誉[④]从校企协同的角度对四川省内 72 所高职院校的劳动教育

---

① 刘海霞、何健勇、马延伟：《职业院校劳动教育实施现状与改进建议——基于北京市 51 所职业院校的调查》，《中国德育》2023 第 7 期。

② 谭绵胜：《县域中职学校劳动教育调查问卷的分析及问题应对方法》，《华夏教师》2023 年第 23 期。

③ 郭伟：《中职学校学生劳动教育现状调查研究》，《第八届生活教育学术论坛论文集》，2023。

④ 刘聃、张珍誉：《高职院校校企协同劳动教育现状的调查研究》，《才智》2023 年第 25 期。

实施情况进行了调查，发现企业和学生对劳动教育认同度高，学校已普遍开展劳动教育，企业积极参与学校劳动教育。同时也发现在实施过程中存在劳动教育课程整体设计有待深化、校企合作开展劳动教育的机制有待完善、劳动教育考核评价体系有待优化等问题。张丹和张凤[1]面向湖北省2000余名高职师范生进行了调研，发现高职师范生劳动主动性较强，但劳动价值认知比较片面；高职师范生明确劳动教育的意义，但劳动素养有待提高；劳动教育受到学校重视，但劳动教育路径不畅；家庭对劳动教育重视不够，协同育人机制没有形成。李传磊和沈年华[2]调研了江苏省职业院校农林类专业劳动教育现状，选择了省内20所中高职院校进行了问卷调研，发现：劳动教育受到农林类院校的高度重视，大部分院校所有年级都开设劳动教育课程，大部分院校的劳动教育课时在18~36课时，并且有学分要求；劳动教育的专职教师较少，教师参加劳动教育相关培训的机会也较少；劳动教育没有配套教材的占多数，劳动教育场所以校内劳动实践基地和实训室为主；多数院校认为劳动教育开展的效果好，绝大部分学生有劳动意愿，愿意从事与专业技能相关的劳动活动。

2.2.2.3　基础教育中的劳动教育实证调研

基础教育阶段的劳动教育实证调研包括小学、初中和高中三个学段，涉及劳动教育政策执行情况调研、师资队伍建设情况调研和家校社合作情况调研等。

基础教育阶段劳动教育政策执行情况的调研是众多硕士论文关注

---

[1]　张丹、张凤：《高职师范生劳动教育实施路径研究——基于高职师范生劳动教育调查问卷》，《襄阳职业技术学院学报》2023年第1期。

[2]　李传磊、沈年华：《江苏省职业院校农林类专业劳动教育现状的调查研究》，《现代农业研究》2023年第8期。

的重点。陈璇[1]对 A 市 4 所小学的学生、教师调研发现：大部分小学生对劳动、劳动教育认识正确，但仍有部分小学生无法正确认识劳动内涵，误将劳动等同于体力劳动，认为劳动教育开展意义不大，对劳动教育课缺乏深层次的认知；绝大部分教师认可劳动教育的价值和意义，认为大力开展劳动教育有利于解决当下小学生基本生活技能缺失的问题，但也有部分教师对劳动教育政策关注度不高，对教育部印发的政策文件了解不够充分。吴平[2]对成都市 3 所小学的劳动教育实施情况进行了调研，发现小学劳动教育的实践虽然取得了一定成效，但也存在观念上校园劳动文化和氛围不足，管理上面临已有工作和教育内卷的压力，制度上评价制度对劳动教育的引领不足，资源上未能有效开发家庭和社会劳动资源等问题。殷向宇[3]对张家口市区小学的调查发现：劳动教育存在课程开展范围不大且课程设置单一；少部分教师不太重视劳动教育，忽视渗透劳动教育；家长对劳动教育的重视程度低于教师等问题。米莲[4]对 H 州 D 市中小学在校生、教师和家长的调查发现：H 州存在劳动教育政策不完善，相关劳动教育保障制度不健全，以及专业从事劳动教育的教师少之又少等问题；在社会支持层面，教育主管部门对实施劳动政策没有统一规划标准，对于家长而言，还未意识到劳动教育对学生成长的重要性，学生本人也意识不到

① 陈璇：《新时代小学劳动教育有效实施策略研究——基于 A 市四所小学的调查》，硕士学位论文，云南师范大学，2023。
② 吴平：《小学劳动教育的实施现状及优化策略研究——基于成都市 3 所小学的调查》，硕士学位论文，四川师范大学，2023。
③ 殷向宇：《小学生劳动教育开展现状及影响因素调查研究——以张家口市区为例》，硕士学位论文，河北经贸大学，2023。
④ 米莲：《H 州中小学劳动教育政策实施问题研究——基于 H 州 D 市中小学的调查》，硕士学位论文，青海师范大学，2023。

劳动在成长过程中的重要作用。蔡志翔[1]对江西省 F 市直属学校 359 名教师、2926 名学生、4198 名家长进行调研发现：小学阶段劳动教育开展情况普遍好于初中阶段；各学校劳动教育宣传氛围普遍较好，但也存在"形式大于内容"的倾向，各学校普遍存在认知出现偏差、组织不够理想、保障不够有力等问题。李超鹏[2]对丽水市 L 区普通高中师生进行调查发现：高中阶段劳动教育被家庭忽视、被学校边缘化的情况比较严重；师生对劳动教育的认知存在严重不足，低估了劳动教育的重要性，甚至存在抗拒劳动教育评价考核、曲解劳动教育目的等情况。综合各方面调研结果可以发现，我国义务教育阶段劳动教育课程开设情况良好，但师生和家长对劳动教育的价值认识、学校劳动教育课程设计和条件保障等方面都有待进一步提升；高中阶段学校劳动教育在高考升学压力下整体开展情况不容乐观。

基础教育阶段劳动教育的师资队伍建设、家校合作情况也得到了研究者的关注。冉中一[3]对会宁县 28 所乡镇中心小学的劳动教育任课教师进行了调查，发现：目前乡村小学劳动教育师资队伍基本上以兼职任课为主，没有一所乡村小学劳动教育教师是专职教师；师资队伍的年龄结构呈现老年教师多、青年教师少的突出特点；本科学历教师占绝大多数，但"学非所教"的现象突出。管娟[4]关注了城市小学劳动教育专任教师队伍情况，对青岛市 H 区两所小学进行调研发现：城市小学也面临劳动教育教师供求比例失衡、来源缺乏

---

① 蔡志翔：《新时代市直中小学劳动教育现状调查及优化策略研究——以江西省 F 市直学校为例》，硕士学位论文，江西师范大学，2023。

② 李超鹏：《丽水市 L 区普通高中师生劳动教育认知的调查研究》，硕士学位论文，浙江师范大学，2023。

③ 冉中一：《乡村小学劳动教育师资队伍专业化建设现状调查——以会宁县为例》，《新智慧》2023 年第 12 期。

④ 管娟：《新时代小学劳动教育教师队伍建设的现实困境及优化路径——以青岛市 H 区调查为例》，硕士学位论文，青岛大学，2023。

统领、结构不够合理、整体质量欠佳等问题。崔梦娇[1]和蔡晓桃[2]重点关注小学劳动教育中的家校合作问题，发现当前在小学劳动教育开展过程中，家校合作起着一定的助力作用，但仍然存在一些问题：一是家庭对劳动教育家校合作认知不到位，家长参与度不高；二是学校对劳动教育家校合作重视程度不够、活动缺乏活力、缺乏专业劳动教师；三是劳动教育家校合作在整体规划、评价以及监督机制上不完善。

2.2.3 劳动教育协同育人

协同育人是劳动教育不同于其他四育的一个突出特点，也是劳动教育研究领域备受关注的一个主题。总体上，可将劳动教育研究领域的协同育人分为外部协同和内部协同两大类别。外部协同主要是学校与家庭或社会、企业等校外组织的协同；内部协同则是学校内部劳动教育与其他学科的协同以及劳动教育相关部门间的协同。

2.2.3.1 劳动教育家校社协同

构建家校社协同育人机制是高质量推进劳动教育的根本保障，大多数研究关注的是劳动教育中家校社协同的困境和出路。刘思杰[3]认为，部分家长不重视劳动教育、劳动教育内容存在片面性、家校共育的评价机制不完整是目前推进家校合作面临的主要困难。为此，建议学校在家校合作中要进一步发挥主导作用：明确家校共育的职责，让家长正确认识劳动教育的价值；整合劳动教育资源，实现劳动教育常态化；构建线上+线下交流平台，促进劳动教育的深入落实；构建完

---

① 崔梦娇：《家校社协同育人视阈下城市小学生劳动教育研究——基于三所城市小学的调查》，硕士学位论文，华北理工大学，2023。

② 蔡晓桃：《小学生劳动教育的家校合作现状及策略研究——基于福建省漳州市两所小学的调查研究》，硕士学位论文，闽南师范大学，2023。

③ 刘思杰：《劳动教育中家校协同共育的实践探究》，《中国教师》2023年第7期。

善的评价机制，确保劳动教育的实施效果。张传英①认为，劳动教育家校协同的障碍主要在于教育观念固化、劳动教育意识缺失、劳动教育内容陈旧，建议以学校为主导成立专门的劳动教育负责机构，服务于日常校内劳动教育的同时，兼顾联系家长，保障家庭联合学校有效促进劳动教育的实施，保证师资培育、课程开发、资源整合等方面的工作，并且能够搭建家校对话平台，以保证学校和家庭畅通联络，互通有无。耿鱼银②从家校社协同组建劳动教师队伍、构建灵活教育模式、协同开展劳动清单项目式学习、依托数字技术建立家校社联合评价机制、共同打造校内外劳动基地等方面指出了深化家校社合作的具体路径。李明迪③基于对河北省初中的调查发现了家校社协同中存在的主要问题，包括：劳动教育协同主体责任混乱，学校承担责任较多，家庭主体责任缺位和社会支持责任不积极；劳动教育协同执行过程不畅，劳动教育协同执行环节缺失、劳动教育实施主体沟通不畅；劳动教育协同育人评价不科学、不多元；劳动教育协同保障机制不足，协同政策保障不足，协同专业队伍缺失。梁志茹④基于对河南省某中学的田野研究，提出了家校社协同的具体策略：一是加强"家校社"平等对话，统一三方教育理念；二是建立"家校社"沟通机制，打造线上+线下沟通平台；三是健全"家校社"协同育人机制，明晰三方职责与定位；四是统筹各方教育资源，建立资源共享平台；五是构建"三位一体"的劳动教育评价体系；六是提升

---

① 张传英：《协同育人视角下小学劳动教育的困境与出路》，《科技风》2023年第24期。

② 耿鱼银：《基于家校社协同的劳动教育实施路径》，《基础教育参考》2023年第3期。

③ 李明迪：《协同育人视角下初中劳动教育的问题与对策研究》，硕士学位论文，天津师范大学，2023。

④ 梁志茹：《初中劳动教育中"家校社"协同的策略研究——以河南省X中学为例》，硕士学位论文，广西民族大学，2023。

"家校社"协同育人的专业化水平。总之，关于劳动教育家校社协同的实践研究以幼儿园和中小学阶段为主，城市和乡村在家校社协同方面存在的问题具有极强的共通性，不同研究提出的解决对策也大同小异。

另有一些研究试图从理论层面审视家校社协同中出现的问题并寻求解决问题的对策。范欣怡[①]运用协同学理论指出了幼儿园劳动教育协同共育中存在对劳动教育认知缺位、协同共育意识薄弱，顶层设计不健全、协作平台尚未开发两方面问题，并据此指出了优化幼儿园家校协同的建议。唐文[②]也从协同学理论出发分析了劳动教育家校社协同中存在的问题：协同育人失效，家校社各方对劳动教育价值的认识存在偏差；协同育人失真，家校社各自为政开展劳动教育；协同育人失衡，家校社开展劳动教育权责不明晰；协同育人反馈失语，家校社缺乏信息交流，劳动教育效果难以保障。朗双菊等[③]从共生理论出发，提出了家校社协同推进劳动教育的路径，包括：加强共生单元的角色意识，形成协同育人共生基础；构建互惠共生模式，创新协同育人共生关系；优化家校社共生环境，完善协同育人共生条件。总之，从理论视角审视劳动教育家校社合作的研究尚不多见，但对人们系统、深入地认识家校社合作问题有一定的启发性。

2.2.3.2　劳动教育与思政教育的协同

劳动教育与思政教育的协同受到普通高校和职业院校研究者的普

[①] 范欣怡：《基于协同学理论的劳动教育协同共育研究》，《现代商贸工业》2023年第20期。

[②] 唐文：《劳动教育的家校社协同育人系统探索——基于协同学视角》，《林区教学》2023年第7期。

[③] 朗双菊、郑妍、陈瑶：《家校社协同推进劳动教育之路径——基于共生理论的分析》，《中国校外教育》2023年第4期。

遍关注。① 张敏认为，促进劳动教育思政功能的有效发挥是当下高校劳动教育的重要任务，但目前高校未全面形成发挥劳动教育思政功能的理念共识、主体协作机制尚不健全、资源整合存在阻碍，这些问题直接导致高校劳动教育内外部协同乏力。张刘和冯来兴从协同理论出发，提出了推动高校劳动教育与思政教育协同的具体建议：构建协同育人机制，减少制度障碍；依托课堂教学主渠道，建设协同育人的课程体系；整合劳动实践资源，建设协同育人的实践教育平台；实施

① 张敏：《协同视域下高校劳动教育思政功能的实践方略》，《高校教育管理》2023年第2期；张刘、冯来兴：《高校劳动教育与思想政治教育协同育人路径探析》，《当代教育论坛》2023年第6期；李馨雨：《高职劳动教育与思政教育协同育人机制研究》，《湖北开放职业学院学报》2023年第3期；刘琼蕾：《劳动教育融入高校思想政治教育的协同育人路径研究》，《河北北方学院学报》（社会科学版）2023年第2期；鲁珺：《高校思政教育与劳动教育协同育人策略研究》，《湖北开放职业学院学报》2023年第2期；张国花：《基于协同理论高校劳动教育思想政治教育功能实现》，《继续教育研究》2023年第8期；巩萱萱：《高校红色教育与劳动教育协同育人的理论基础与实践路径》，《西部素质教育》2023年第1期；陈斌：《高职院校劳动教育与思政课教学协同研究》，《浙江交通职业技术学院学报》2023年第2期；程秀娟、王士恒：《劳动教育融入高职院校思政课的协同育人路径与载体研究》，《创新与创业教育》2023年第4期；周劼：《基于陶行知先生思想探究高职劳动教育与思想政治教育的协同融合》，《科学咨询》（教育科研）2023年第7期；翟幸娟：《高职劳动教育与思想政治教育的协同融合育人研究》，《大学》2023年第31期；田跃峰：《高职院校劳动教育与思想政治教育协同育人的融合路径研究》，《世纪桥》2023年第11期；黄乐：《劳动教育融入高校思想政治教育的协同育人路径研究》，《辽宁经济职业技术学院·辽宁经济管理干部学院学报》2023年第6期；赵黎娜、骆建建：《高校劳动教育与思想政治理论课协同育人探索》，《淮北职业技术学院学报》2023年第2期；马存娟：《高职院校劳动教育与思政课教育协同育人研究》，《开封文化艺术职业学院学报》2023年第1期；刘方涛：《高校思政教育与劳动教育的协同育人效应研究》，《黑河学院学报》2023年第9期；刘永旭：《高职劳动教育与德育协同育人路径探究》，《产业与科技论坛》2023年第16期；梅雨萌：《高校劳动教育与思想政治教育协同育人的课程建设研究》，硕士学位论文，沈阳工业大学，2023；陈秋平、蔡金铭：《"三全育人"视域下高校思想政治教育与劳动教育协同育人路径探究》，《泉州师范学院学报》2023年第3期。

"内培外引"举措，培养一支既精通劳动教育又熟悉思想政治教育的师资队伍；营造校园文化氛围，形成协同育人的良好生态文化。鲁珺建议高校要从五个方面构建劳动教育与思政教育协同推进的工作体系：加强协同育人总体设计，制定科学实施方案；拓展学科育人资源，统筹思政劳育资源；重视提升师资力量，建设专业教师队伍；加强校园文化建设，开展劳模学习活动；运用融合教育基地，开展相关实践活动。赵黎娜和骆建建从课堂教学角度提出了推动高校劳动教育与思想政治理论课协同育人的具体路径，包括：整合内容，开展专题教学；依托故事，激发劳动情感；"思政教师+劳模（工匠）"同上一堂课；实时链接时政要闻中的劳动教育热点；融入"思想道德与法治"课实践教学等。梅雨萌着眼于课程建设，从加强师资队伍建设、提升教学内容的系统性和创新性、丰富教学方式方法、建立考核机制四个方面，提出了解决高校劳动教育课渗透思想政治教育的课程建设困境的对策。

李馨雨关注了高职院校劳动教育与思政教育的协同，认为大学生劳动教育参与积极性不足、高职院校劳动教育及思政教育影响力缺失、劳动教育与思政教育结构有待优化等是阻碍劳动教育与思政教育协同的主要因素，进而提出了加强多位一体的高职劳动教育与思政教育体系建设、优化劳动教育与思政教育协同育人考核机制等工作建议。陈斌提出了建立融通共建机制、完善教学体系、整合教学资源、加强师资队伍建设、制定科学考核评价体系等构建高职院校劳动教育与思政教育协同育人的实施路径。翟幸娟建议高职院校通过构建具有丰富思政教育内容的劳动教育校本教材、有利于发挥学生主体性的劳动教育实施体系和有利于引导学生自主参与的劳动教育保障体系等途径，实现劳动教育与思政教育的协同。马存娟认为，当前高校在劳动教育与思政课融合协同发展方面存在对协同融合重视不够、融合方法缺乏协同性、专业师资力量严重匮乏、评价体系和保障机制不完善等问题，严重制约着"思政劳育"功能的有效发挥，建议在坚持以人为本和协同育人原则的基础上，系统设计并实施思政课与劳动课融合的机制，从价值理念、教育体系、师资队伍、考核和保障激励机制等方面全方位构建协同育人体系。刘永旭深刻指出，劳动教育与思政教育协同推进的障碍根源于教育形式化、身心分离和表面性问题，并从一体化育人格局、育人体系、育人机制、育人传播平台四个方面提出了有效的协同育人路径。

2.2.3.3　劳动教育与创新创业教育的协同

在高等教育和职业教育中，劳动教育与创新创业教育存在密不可分的关系，二者的协同也成为劳动教育理论和实践工作者关心的重要话题，相关研究主要围绕劳动教育与创新创业教育的内在关联、二者协同的现实困境和协同路径展开。[①]

在劳动教育与创新创业教育的内在关联上，张峰硕认为，大学生创新创业教育与劳动教育具有一致的时代使命，即让大学生在具体的

---

① 张峰硕：《劳动教育视域下大学生创新创业教育路径研究》，《西部素质教育》2023 年第 13 期；李倩颖：《高校创新创业教育与劳动教育融合发展的实践路径研究》，《吉林农业科技学院学报》2023 年第 4 期；肖志芳：《楚怡精神视域下高职劳动教育与创新创业教育融合育人现状与实践困境研究》，《现代农机》2023 年第 2 期；赵宝玲：《新时代高职院校劳动教育与创新创业教育协同育人路径探析》，《吉林省教育学院学报》2023 年第 3 期；李玲、张斌、王培莉：《高职院校劳动教育与创新创业教育协同育人路径研究》，《湖北开放职业学院学报》2023 年第 10 期；许宝丰：《大学劳动教育与创新创业教育融合路径研究》，《辽宁开放大学学报》2023 年第 2 期；李德丽、于秋叶、于兴业：《高校创新创业教育与劳动教育融合机制及路径研究》，《黑龙江教师发展学院学报》2023 年第 9 期；闫英琪：《劳动教育与创新创业教育有机融合的可视化分析》，《甘肃高师学报》2023 年第 2 期；李艳：《高职院校劳动教育与创新创业教育融 （转下页）

实践过程中把握行业动态和趋势，树立创新意识，培养劳动品格；二者的本质高度契合，即让大学生拥有与社会主义核心价值观相契合的劳动精神、创业精神；劳动教育培育创造性劳动能力和诚实守信的合法劳动意识的目标是大学生创新创业教育的重要内容；创新创业教育是劳动教育的重要实践路径。李玲等认为，高职院校的劳动教育与创新创业教育在教育实施中都包括对学生精神方面的培养，都关注学生有效性劳动知识和能力的培养，有着同频共振的教育目标。刘洁等认

（接上页注①）合研究》，《镇江高专学报》2023年第3期；陈宏建、郑梦云、梁华玮：《高校劳动教育与创新创业教育融合的困境与路径》，《文教资料》2023年第8期；尚阳阳、吕烨：《高等院校创新创业教育与劳动教育融合的路径研究》，《云南开放大学学报》2023年第4期；李俊、薛诚、李良洁：《高校劳动教育与创新创业教育协同机制研究》，《中国大学生就业》2023年第6期；刘粉：《高校创新创业教育与劳动教育融合机制探究——以上海第二工业大学为例》，《济南职业学院学报》2023年第3期；王远霞、徐佳、陈南苏：《新时代劳动教育融入高校创新创业实践的路径研究》，《湖北开放职业学院学报》2023年第15期；宋志超：《劳动教育对高职院校大学生创新创业能力影响的研究》，《现代职业教育》2023年第26期；王红星等：《新工科背景下劳动教育与专业教育创新创业教育融合的探索》，《河南农业》2023年第30期；刘琰秋：《新时代高校劳动教育与创新创业教育协同育人体系探索》，《科教文汇》2023年第23期；曹盈、杨潇、凌淑瑜：《新时代高校劳动教育与创新创业教育协同育人路径探究》，《铜陵学院学报》2023年第5期；魏朝举、刘晓：《新时代高校劳动教育与创新创业融合育人路径探析》，《河南工业大学学报》（社会科学版）2023年第5期；尚阳阳、吕烨：《劳动教育提升学生创新创业能力的价值意蕴与实践路径》，《产业与科技论坛》2023年第21期；苏凡：《试析职业院校劳动教育与创新创业教育的有机融合》，《就业与保障》2023年第11期；刘洁、吴荣沛、吕旭才：《高校劳动教育与创新创业教育融合的价值意蕴和突破路径》，《华章》2023年第12期；赵彦：《培养创新创业人才视域下大学生劳动教育课程建设与改革研究》，《大学教育》2023年第24期；邓薇薇：《新时代高校劳动教育与乡村创新创业教育融合的实践路径》，《农业科技与信息》2023年第3期；付宗国、张译匀、吴宇：《涉海高校劳动教育与创新创业教育融合模式探究》，《科技风》2023年第14期；李德丽、赵兴隆、石波罗：《高校创新创业教育与劳动教育融合模式创新研究》，《黑河学刊》2023年第3期；杨晨、贾海洋：《新时代高职院校劳动教育与创新创业教育融合研究》，《普洱学院学报》2023年第3期。

为，劳动教育和创新创业教育的内在关联体现为以下几点：一是目标的互促性，通过劳动教育，学生可以培养实践能力和动手能力，为创新创业提供实践基础，而通过创新创业教育，学生可以培养创新能力和创业精神，为劳动教育提供动力和方向；二是内容的相通性，二者都重视培养学生的实践能力、创新能力以及团队合作能力和社会责任感；三是方法的相容性，二者都强调学生的主体地位和参与性及跨学科综合能力的培养；四是功能的相合性，二者都具有培养学生的实践能力和创新意识、促进就业和社会发展的作用。

从二者融合的现实困境看，肖志芳认为师生理解认识不深刻、融合育人机制不健全、师资场地共享不充分、教学组织协同不够等问题是劳动教育与创新创业教育协同育人的主要障碍。赵宝玲认为高职院校劳动教育与创新创业教育协同的主要障碍是各方主体未能就协同育人达成统一意见、协同育人资源整合与配置效率较低、尚未完成协同育人管理机制建设。陈宏建等认为高校劳动教育与创新创业教育融合在实践中主要存在理念窄化、课程设置泛化、育人方式固化、师资队伍业余化等困境。尚阳阳等认为二者的融合主要存在观念滞后、资源壁垒、治理体系缺失等现实问题。刘粉认为"双创"教育与劳动教育融合发展的困境主要来自高校对二者融合的认识存在不足、融合发展的社会协调机制僵化、实施过程虚化、课程设置固化等。

在二者融合的路径方面，张峰硕提出了一系列具有较强针对性和可操作性的建议：以劳动教育为引领建设"双创+"课程，让学生在学习知识、提升实践能力、激发创造潜力的同时，塑造优良的创业品格和劳动精神；打造劳动教育赋能的"双创+"实践平台，以劳动实践激发大学生参与"双创"的热情，同时积极遴选、培育和孵化学生"双创"团队，扩大学生参加劳动实践、参与"双创"团队的覆盖面；建立一支富有劳动精神的"双创"师资队伍，探索建立"双创"

教师导师制度，通过组织开展与创新创业教育及劳动教育相关的理论培训，不断提升"双创"教师的理论知识水平；引入兼具良好职业道德及劳动实践经验的行业企业名家及模范作为青年"双创"教师的导师，强化示范引领效果；创新创业教育必须与尊重劳动价值的社会潮流紧密相连，引导大学生从创业之初就树立尊重劳动、尊重劳动者人格的价值观，全身心投入工作，产生与工作单位融荣与共的内生动力。刘琰秋建构了高校劳动教育与创新创业教育协同的"3+3+4"三层协同育人体系，包括以思想观念塑造、专业技能培育和实践能力锻炼为第一层的"三大任务体系"；以第一课堂、第二课堂和校园文化为第二层的"三大实施体系"；以师资保障、实践平台保障、外部支持保障和激励体系保障为第三层的"四大保障体系"。赵彦从培养创新创业人才的角度出发提出了进一步优化高校劳动教育课程的建议，主张应坚持创新驱动和教育资源协同等改革思维，开展将创新创业教育中的课程、竞赛、项目和师资等教学资源融入高校劳动教育课程建设的改革，进一步丰富大学生劳动教育课程体系，提升高校培养创新创业型劳动者的能力，彰显高校劳动教育时代内涵。

2.2.4　劳动教育思想阐释

对篇名中含有"劳动教育思想"或"劳动教育观"的文献进行精确检索，共检索到2023年发文87篇，较2022年的81篇略有增长，显示出劳动教育思想研究已稳定为劳动教育研究中的重要领域。2023年的相关发文内容依然主要集中在马克思、列宁、陶行知、黄炎培、杜威、苏霍姆林斯基、蔡元培等重要思想家、教育家身上，但也开始出现关于杨贤江、墨子、颜元、叶圣陶、潘懋元、克鲁普斯卡雅等人物劳动教育思想的新研究。

2.2.4.1　马克思劳动教育思想阐释

虽然马克思教育与生产劳动相结合的学说是建构社会主义劳动教

育体系的理论基础，但其并没有直接论述劳动教育问题。因此，关于其劳动教育思想的阐释是在 2018 年全国教育大会以后才慢慢进入研究视野的。2023 年关于马克思主义劳动教育思想的研究不再是泛泛阐释其当代价值，而是深入到对其生成源流、内容结构和教育价值的深层把握中。

吴潜涛和陈好敏[①]从唯物史观出发勾勒出马克思恩格斯劳动教育思想的基本结构。他们认为，对劳动本质与历史形态的考察，是马克思恩格斯劳动教育思想的逻辑起点，并在批判资本主义制度和资本主义教育的基础上，强调了社会主义劳动教育的基本立场和价值取向。不同于资本主义的技术培训将少年儿童培养成制造剩余价值的机器，马克思恩格斯将社会主义的劳动教育作为无产阶级解放的行动纲领和具体举措，把每个人自由而全面发展作为教育目标，揭示劳动教育促进德智体美全面发展的育人功能，从而彰显了社会主义劳动对于促进人的全面发展和自我实现的根本价值与社会主义劳动教育在德智体美劳五育中的重要地位。教育与生产劳动相结合，是马克思恩格斯确立的一条同无产阶级解放和全人类解放的历史任务联系起来的教育原则，找到的一条社会主义教育与生产劳动相结合的正确路径，为劳动教育思想赋予了彻底的革命性和严格的科学性。周召婷[②]从德国古典哲学家关于劳动的论述、古典经济学家关于劳动的论述和空想主义者关于劳动的论述中，梳理了马克思劳动教育思想生成的源流，指出从内容结构上看，马克思的劳动教育思想包含了实现不同层次发展需要的目的旨归、强化劳动与教育的内在联系的本质要求、促进劳动与教育双向结合的基本途径三个层面的含义。这些研究从理论溯源和内容

---

① 吴潜涛、陈好敏：《马克思恩格斯劳动教育思想探析》，《中国高校社会科学》2023 年第 3 期。

② 周召婷：《马克思劳动教育思想的生成源流、内容结构与现实意蕴》，《西昌学院学报》（社会科学版）2023 年第 4 期。

结构上提出研究马克思主义劳动教育思想的新思路。

就马克思主义劳动教育的当代价值看，王曦歌[1]重点分析了马克思劳动教育思想对新时代劳动教育的价值，包括为新时代劳动教育思想提供理论基石、明确了新时代劳动教育的主要内容和为新时代劳动教育规定了树立正确劳动价值观的总要求等。张炎[2]重点分析了马克思劳动教育思想在高校思政教育中的价值，认为马克思劳动教育思想所具有的知行合一、具身教育和全面发展的思想与高校思政教育具有内在的契合性，将马克思主义劳动教育思想引入高校思政教育，有利于培养大学生艰苦奋斗精神、感恩之心和责任情怀、团队协作精神、自我发展的进取精神、自我情绪调节和心理完善能力。朱瑞雪[3]重点关注了马克思劳动教育思想在促进精神生活共同富裕中的价值，力图通过对马克思劳动教育思想的考察找到实现人民精神生活共同富裕的可行路径。总之，相较于此前泛泛地谈马克思劳动教育思想的当代价值，2023 年的研究更倾向于聚焦教育本身去阐释其当代价值。

2.2.4.2 无产阶级革命领袖劳动教育思想阐释

马克思恩格斯的劳动教育思想奠定了社会主义国家劳动教育的思想基础，历代无产阶级革命领袖结合本国革命和建设实际，对马克思主义劳动教育思想进行创造性转化和创新性发展，形成了具有自己特色的劳动教育思想。

---

[1] 王曦歌：《新时代马克思劳动教育思想价值的再思考》，《成才之路》2023 年第 12 期。

[2] 张炎：《马克思劳动教育思想在高校思政教育中的价值》，《黑河学院学报》2023 年第 10 期。

[3] 朱瑞雪：《马克思劳动教育思想与精神生活共同富裕的研究》，《中国军转民》2023 年第 21 期。

2023 年，关于列宁劳动教育思想研究的发文量为 7 篇[①]，远超此前每年 2~3 篇的发文量，且有 3 篇是硕士论文，体现出对列宁劳动教育思想研究的进一步成熟。贺敬垒提出，列宁立足于俄国这样一个东方落后国家的具体实际，在坚持和继承马克思主义劳动教育原则的基础上，围绕着推进俄国无产阶级革命和社会主义建设的实践主题，聚焦"为何推进劳动教育"和"如何推进劳动教育"两大课题，分别就劳动教育的价值意蕴和实施方略展开了长期的理论探索，形成了系统成熟的劳动教育思想。崔春梦认为，列宁的劳动教育思想体现出立足落后国民教育基础的时代性、遵循知行统一教学原则的科学性、承载立德树人任务导向的育人性、担负以人为本目标使命的价值性等特征，对今天的劳动教育具有重要启发意义。徐晓倩从意义论、原则论、途径论、保障论四个维度阐释了列宁青年劳动教育思想的基本内容。在意义论上，列宁认为青年劳动教育在推动苏俄经济复兴、培养青年共产主义者、促进社会文明进步方面具有极为重要的战略意义；在原则论上，列宁提出了普遍劳动同普遍教育相结合、理论教育与劳动实践相联系、劳动教育与国家发展建设相适应、彰显劳动本质与实现人性解放相统一的四条基本原则；在途径论上，列宁提出了"综合技术教育"与"星期六义务劳动"两条具体途径；在保障论上，列宁强调制度、物质、师资等方面保障措施的重要性。梁甜甜将列宁的

[①] 徐晓倩：《列宁青年劳动教育思想研究》，硕士学位论文，曲阜师范大学，2023；梁甜甜：《列宁劳动教育思想研究》，硕士学位论文，华中师范大学，2023；严梦雪：《列宁的劳动教育思想研究》，硕士学位论文，东北师范大学，2023；贺敬垒：《列宁的劳动教育思想及其当代启示》，《思想理论教育导刊》2023 年第 11 期；崔春梦：《列宁青年劳动教育思想的核心要义、鲜明特征及当代启示》，《渭南师范学院学报》2023 年第 11 期；唐宇聪、张应强：《列宁劳动教育思想的发展演变和根本特点》，《山西师大学报》（社会科学版）2023 年第 4 期；杨文：《时代新人培育视角下列宁劳动教育思想的核心要义与当代启示》，《唐都学刊》2023 年第 3 期。

劳动教育思想概括为劳动观点教育思想和劳动技术教育思想，强调了其明显的政治性、人民性、实践性和系统性特点。严梦雪认为，列宁劳动教育的主要内容包括生产劳动教育、生活劳动教育、综合技术教育和劳动精神教育；劳动教育的主要目标是培养"共产主义一代新人"、实现人的全面发展；劳动教育的实践举措包括树立马克思主义劳动观、对全体苏俄人民进行劳动教育、坚持教育与生产劳动相结合的基本原则，强调家庭、学校、社会要合力开展劳动教育。

2023年，关于毛泽东劳动教育思想的研究有6篇①，与2022年持平。其中2篇硕士论文对毛泽东劳动教育思想的研究体现出一定的理论深度。曹艺馨指出，毛泽东劳动教育思想以培养尊重和热爱劳动的社会新人，脑体全面发展的社会主义建设者，有社会主义觉悟、有文化的劳动者为总目标。为此，毛泽东十分重视社会主义劳动观念教育，希望通过"劳动无高低贵贱之分"的劳动平等观教育、"劳动最光荣"的劳动价值观教育、"劳动创造财富"的劳动经济观教育和"劳动人民是国家主人"的劳动政治观教育，改掉鄙视劳动、轻视劳动、不愿意劳动的剥削阶级劳动观念。在毛泽东看来，劳动观念的教育不能仅靠理论说服的方法，还应该通过劳动锻炼体悟劳动的本真价值；通过开展生产运动感召人民积极参加生产劳动；借助社会舆论营造良好的社会氛围；表彰劳动模范强化劳动光荣的价值认同；干部带头劳动激发人民生产劳动的积极性。这些

---

① 徐晓光、张瑜：《毛泽东劳动教育思想的理论渊源、科学内涵与当代价值》，《劳动哲学研究》2023年第2期；李冰智：《论毛泽东劳动教育思想的鲜明特征及当代价值》，《理论观察》2023年第8期；李霞：《延安时期毛泽东劳动教育思想研究》，硕士学位论文，西南大学，2023；曹艺馨：《毛泽东劳动教育思想及当代传承研究》，硕士学位论文，吉林大学，2023；张峰林、王昶杰：《逻辑·内涵·路径：毛泽东劳动教育观探析》，《湖南科技学院学报》2023年第2期；李冰智：《毛泽东劳动教育思想对当代青年的启示》，《品位·经典》2023年第8期。

重要思想与新时代劳动教育有着本质内涵上的高度契合性。李霞对延安时期毛泽东劳动教育思想进行了聚焦研究。该时期的劳动教育以坚持中国共产党的领导、"学与用一致"、人民立场、整风运动与生产运动相结合等为基本遵循，通过媒体宣传、文艺宣传、劳动竞赛等方式，对广大人民群众进行劳动技能教育、劳动观念教育、劳动政治教育和科学文化教育，以期赢得革命战争最终胜利，并促进人的自由全面发展。

2.2.4.3 中国古代劳动教育思想

贺超海[①]探寻了中国古代劳动教育思想的文化源头及核心内涵。他认为先秦时期墨家奠定了古代劳动教育的基本架构，儒家开启了劳动道德化进程，道家主张道法自然、反对劳动异化，法家主张劳动是国家富强、社会稳定的重要保障。这些文化传承在长期发展过程中形成了中国人以崇尚劳动、乐于劳动、勤劳勇敢和集体劳动为教育内容的优良传统；以以人为本、有教无类、身体力行和教化渗透为遵循的基本教育原则；以耕读结合的学校教育、家风家训的家庭教育和言传身教的师徒教育为主要形式的传统劳动教育文化体系。

关于古代教育家的劳动教育思想研究则主要集中在墨子、颜元身上。周甲英等[②]对墨子的劳动教育思想进行了理性审视，他们认为，墨子的劳动教育思想包含了"奉为民用"的劳动价值观、"事其所能"的劳动教育目的观、"博乎道术"的劳动教育内容观、"勤奋于事"的劳动教育途径观和"道技合一"的劳动教育方法观，并对其

---

① 贺超海：《中国古代劳动教育思想研究》，《南昌工程学院学报》2023 年第 5 期。
② 周甲英、田宗友：《墨子的劳动教育思想及其理性审视》，《鹿城学刊》2023 年第 4 期。

积极意义和时代局限进行了辩证分析。张晓立①以"立德"与"非命"概括了墨子劳动教育思想的精髓，墨子从其平民阶层的立场出发，强调劳动是保障社会稳定运行的基础。墨子认为艰苦的劳动磨炼有利于培养贤明的治国者，其所设想的君子人格，如守信、力行等道德品质都依赖劳动教育进行培养。在具体的教育活动中，墨子将劳动中所蕴含的科技原理及价值观传授给学生，他还从生产劳动的必要性出发提倡科学精神，反对当时流行的命定论，以培养积极进取努力奋斗的劳动品质。墨子劳动教育思想中所蕴含的德性培育路径以及劳动精神培养指向，对深化新时代劳动教育的理论思考有一定借鉴意义。秦彤②提出了将墨子"赖其力者生""力事日强""用财不费，民德不劳"的劳动观转化为高职劳动教育资源的初步思考。韩彦③对颜元的劳动教育思想进行了研究，认为颜元的劳动教育思想以"理在事中"为基础，以"经世济民"为目的，以"三事三物"为内容，反映了儒家思想对社会关注的特点，对今天的劳动教育依然具有重要启发价值。储昭海④认为，颜元的劳动教育思想包含了践行尽性的劳动教育目标、德技双修的劳动教学内容、心体俱用的劳动教育方法，对今天高职院校开展劳动教育具有重要现实价值。赵博等⑤认为颜元的劳动教育思想重视劳动的育人价值，注重劳动品质教育，开展融入生活的日常劳动教育实践活动，采用"心体并用""寓教于乐"的劳动教育形式，对促进个体德智体美劳全面发

---

① 张晓立：《立德与非命：墨子劳动教育思想及其当代借鉴》，《湖州师范学院学报》2023年第11期。

② 秦彤：《墨子劳动观融入高职劳动教育研究》，《文教资料》2023年第24期。

③ 韩彦：《颜元劳动教育思想及其现代启示》，《理论观察》2023年第11期。

④ 储昭海：《浅论颜元劳动教育思想及其现代价值》，《2023教育理论与管理第三届"创新教育与精准管理高峰论坛"论文集（专题1）》。

⑤ 赵博、王海福、田睿方：《颜元劳动教育思想的价值意蕴》，《开封文化艺术职业学院学报》2023年第3期。

展和国家强盛具有重要意义。

2.2.4.4　中国现当代教育家劳动教育思想

陶行知的劳动教育思想无疑是现当代教育家中最受关注的，2022年和2023年的研究发文量分别达到19篇和20篇，以致2023年有研究者专门发文，对陶行知劳动教育思想研究领域的研究现状和前沿热点进行了梳理和归纳①。就2023年发文情况看，相关发文仍主要集中在陶行知劳动教育理论研究②和陶行知劳动教育思想指导下的实践研究③两大方面，发文全部为期刊或会议论文，并无相关硕士论文，在研究的深入程度和发文期刊质量上也无明显提升，但在研究视角上有

---

① 魏珂：《陶行知劳动教育思想研究的现状与热点——基于 CNKI 的文献计量与可视化分析》，《生活教育》2023 年第 6 期。

② 马继军等：《陶行知劳动教育思想的发展脉络、内涵意蕴及实践启示》，《生活教育》2023 年第 11 期；李福来：《"生活即教育"的哲思：论陶行知劳动教育思想的内在逻辑》，《大众文艺》2023 年第 15 期；孙赟：《陶行知"合乎生活"的劳动教育思想与实践》，《继续教育研究》2023 年第 7 期；唐海涛、张立昌：《陶行知劳动教育思想的生成逻辑、科学内涵及当代价值》，《教育理论与实践》2023 年第 8 期；崔芷菱、宋立华：《陶行知乡村劳动教育思想及其当代启示》，《江苏教育研究》2023 年第 Z1 期；朱琳：《陶行知劳动教育思想中的具身特征与当代价值》，《南京晓庄学院学报》2023 年第 1 期；景悦鸣等：《陶行知劳动教育思想及其教育启示》，《生活教育》2023 年第 11 期。

③ 郑腾：《陶行知劳动教育思想对当代大学生劳动教育的启示》，《湖北文理学院学报》2023 年第 12 期；汤恩斌：《新时代陶行知劳动教育思想在职业院校的实践研究》，《科学咨询（科技·管理）》2023 年第 12 期；卢玲等：《基于陶行知劳动教育思想的幼儿园劳动教育实施探究》，《教育观察》2023 年第 30 期；高慧珠、叶彤：《陶行知劳动教育思想对我国幼儿园劳动教育的启示》，《陕西学前师范学院学报》2023 年第 10 期；肖念、刘蕾：《陶行知劳动教育观对当代幼儿劳动教育的启示》，《文教资料》2023 年第 19 期；陆顺生：《陶行知劳动教育思想指引下的劳动教育校本实践》，《陶行知学刊》2023 年第 1 期；汤永进、鲁静思：《活用陶行知劳动教育思想，促进"五育"融合落地》，《今日教育》2023 年第 Z1 期；张秀萍、刘敬生：《基于陶行知劳动教育思想的初中数学教学与劳动教育融合研究》，《生活教育》2023 年第 5 期；彭正阳：《陶行知劳动教育思想对新时代高中劳动教育的启示》，《生活教育》2023 年第 2 期。

一些新的动向。刘坤①以陶行知劳动教育思想为理论视角对2020年以来388篇中小学劳动教育新闻文本进行了分析；王颖②从协同教育理念出发对陶行知的劳动教育思想进行了审视，表现出了研究视角上的新拓展。

对黄炎培劳动教育思想的研究在2023年有明显增多，相关发文量达到13篇③，远高于2019~2022年年均2篇的水平。研究主题涉及黄炎培劳动教育思想的主要内容、当代价值与实践指导等方面。关于黄炎培劳动教育思想的主要内容，徐徐认为劳动高尚、劳工神圣是其价值理念，双手万能、手脑并用是其核心要义，知行合一、多方合作是其育人路径。张蕊鑫和马乐认为将劳动精神与劳动实践

---

①　刘坤：《中小学劳动教育新闻的文本分析：兼论陶行知劳动教育思想的时代价值》，《生活教育》2023年第11期。

②　王颖：《协同教育理念下陶行知劳动教育观的现实审思》，《教育实践与研究（C）》2023年第Z1期。

③　秦雅图：《黄炎培劳动教育思想的科学内涵和现实意义》，《辽宁高职学报》2023年第11期；张为娜：《黄炎培劳动教育思想之于新时代高职院校劳动教育的价值意蕴及其实践》，《新课程研究》2023年第30期；段辉、嵇杨：《黄炎培劳动教育思想对现代职业教育的启示》，《河南教育》（高等教育）2023年第10期；姚雪锋、方莉、崔晨霞：《基于黄炎培劳动教育思想的新时代中职学生劳动教育实践探索》，《汽车维护与修理》2023年第18期；王晶：《黄炎培劳动教育思想及其对职业院校劳动教育的启示》，《菏泽学院学报》2023年第4期；许文静：《黄炎培劳动教育思想对新时代职业教育的启示》，《产业与科技论坛》2023年第16期；满忠卫：《黄炎培劳动教育思想方法探析》，《天津职业大学学报》2023年第3期；苏蔷、王永华：《黄炎培劳动教育思想对高等教育高质量发展的价值启示》，《长春理工大学学报》（社会科学版）2023年第3期；徐徐：《黄炎培劳动教育思想的生成逻辑、科学内涵及当代启示》，《湖北开放职业学院学报》2023年第8期；张蕊鑫、马乐：《黄炎培劳动教育思想内涵及其当代启示研究》，《烟台职业学院学报》2023年第1期；孙婷：《黄炎培劳动教育思想对当代职业教育的启示》，《吉林教育》2023年第8期；李双：《黄炎培劳动教育思想对新时代高职院校劳动教育体系重构的启示研究》，《常州信息职业技术学院学报》2023年第1期；张远向：《黄炎培劳动教育思想研究：文献回顾与前瞻》，《山东工会论坛》2023年第1期。

相融合，让接受劳动教育的人思想上崇尚劳动，身体上乐于劳动，精神上享受劳动，是黄炎培劳动教育思想的精髓。秦雅囡将黄炎培的劳动教育思想内容概括为在劳动教育目标上使无业者有业、使有业者乐业；在劳动教育宗旨上，为个人谋生、为社会服务、为国家增进生产。关于黄炎培劳动教育思想的当代价值和实践指导，绝大多数研究停留在其对职业教育价值的认识，只有苏蔷和王永华跳出职业教育，从推动高等教育高质量发展的高度来分析黄炎培劳动教育思想的价值。

2023 年的劳动教育思想研究中还出现了一些新的研究对象。比如朗双菊和陈瑶[①]最早对杨贤江的劳动教育思想进行了研究，从倡导"劳动神圣"的劳动教育价值观、培育"完成之人"的劳动教育功能观、强调与"社会的生活过程""物质的生产关系"紧密结合的劳动教育内容观等方面总结杨贤江劳动教育思想的主要内容。孙上等[②]从思想渊源、理论内涵、主要特征等方面分析了我国当代高等教育学家潘懋元先生的劳动教育思想。周慧明[③]研究了叶圣陶的劳动教育思想，认为叶圣陶的劳动教育思想中本身就包含了为人生、为大众的劳动价值观，指向全面发展和创造创新的劳动教育目标观，由实践而习惯、由引导而自觉的劳动教育方法论。

2.2.4.5　国外近现代教育家劳动教育思想

2023 年，劳动教育思想研究中涉及的国外近现代教育家主要包

①　朗双菊、陈瑶：《杨贤江劳动教育思想研究》，《中国人民大学教育学刊》2024年第 1 期。
②　孙上、刘容嘉、张捷音：《潘懋元先生劳动教育思想研究》，《中国高等教育评论》2023 年第 2 期。
③　周慧明：《叶圣陶劳动教育思想的体系建构》，《早期教育》2023 年第 52 期。

括杜威①、苏霍姆林斯基②、克鲁普斯卡雅③等，总体来说，在研究的对象上并没有新的拓展，相关的发文数量也较往年有较大幅度的降低，但在研究视角上有一些新的探索。

邓冉和郭志明从劳动课程和活动课程的密切相关性出发，重点研究了杜威活动课程中的劳动教育思想，分析了杜威在活动课程中组织实施劳动教育的基本特点；楼叶莹重点关注了苏霍姆林斯基的集体主义劳动教育思想，分析了其集体主义劳动教育思想形成的原因、目的与原则、形式与方法。马思远和班建武从人学的角度重新认识苏霍姆林斯基劳动教育思想的时代价值。乌焕焕重点关注克鲁普斯卡雅的学前劳动教育思想，分析了学前劳动教育的目的、内容、方法和途径，及克鲁普斯卡雅学前劳动教育思想对今天幼儿园劳动教育的启发意义。

2.2.5　数智时代劳动教育

数智时代的来临使人类劳动形态发生了质的变化，进而对人的劳动精神面貌、劳动价值取向、劳动技能水平提出了不同于以往的新要求，这些新要求必然极大地改变劳动教育的目标和方式。因此，数智时代劳动教育迅速崛起为劳动教育领域中的研究热点。对篇名中含"数字"或"人工智能"并含"劳动教育"的文献进行精确检索，检索到2023年发文61

---

① 夏剑：《一种促进社会民主的劳动教育如何可能？——杜威劳动教育思想初探》，《中国人民大学教育学刊》2023年第6期；邓冉、郭志明：《杜威活动课程中的劳动教育思想》，《大学》2023年第4期。

② 楼叶莹：《苏霍姆林斯基集体主义劳动教育思想及其当代价值》，《甘肃教育研究》2023年第7期；马思远、班建武：《培养个性全面和谐发展的社会公民——苏霍姆林斯基劳动教育思想的人学主张》，《中国德育》2023年第13期；王志超：《苏霍姆林斯基的劳动教育思想及其现实启示》，硕士学位论文，河北大学，2023；齐文娟、石群：《苏霍姆林斯基劳动教育思想探析》，《延安职业技术学院学报》2023年第3期。

③ 乌焕焕：《克鲁普斯卡雅学前劳动教育思想及其启示》，《大学》2023年第19期。

篇，较 2022 年的 29 篇翻了一番多，足见这一话题的火热。

2.2.5.1　数智时代劳动教育的机遇与挑战

关于数字时代给劳动教育带来的机遇与挑战的分析依然是 2023 年相关研究的重要关注点。[①] 学者们普遍认为，与传统劳动教育相比，数智时代的劳动教育因为有了数字化技术的支撑，更有利于适应劳动教育主体的需要，重塑教育组织结构，实现更加个性化的劳动教育、更加公平的劳动教育和更加开放的劳动教育等。但也潜在一系列较为明显的风险，如数字程序监视引起隐私暴露、数字人带来师生关系"异化"、技术成瘾消解劳动教育的意义、劳动过程数字化对劳动价值认同的弱化和劳动实践的去身体化、劳动关系数字化对劳动权益保障产生深刻影响等，使劳动教育面临价值消减、主体错位、内容失衡、场域窄化等风险和挑战。

2.2.5.2　数智时代劳动教育的未来走向

针对数智化时代给劳动教育带来的机遇与挑战，学者们也从不同的角度谋划了未来劳动教育的应然走向。冯孟[②]认为，数字时代的劳动教育需要适应当代数字劳动呈现的价值多元、形态多维、参与者广

---

① 崔中良、王梦钰：《数字劳动教育的新生态、风险及发展路向》，《教育与职业》2023 年第 10 期；刘泰洪：《数字劳动的"时空重构"助力劳动教育的多元实践》，《中国大学教学》2023 年第 11 期；张雪琴：《人工智能时代劳动教育的机遇、挑战与重心转向》，《郑州轻工业大学学报》（社会科学版）2023 年第 5 期；宫长瑞、卜凡钦：《人工智能赋能劳动教育的图景展现及其实践策略》，《重庆邮电大学学报》（社会科学版）2024 年第 1 期；邴英林：《转型与赋能：人工智能推进劳动教育创新发展研究》，《当代教育与文化》2023 年第 1 期；韩升、段晋云：《数字时代劳动教育的内在逻辑、现实挑战和实践路径》，《山东工会论坛》2023 年第 3 期；李洪修、刘梦臻：《人工智能时代劳动教育空间的价值意蕴与实践超越》，《教育理论与实践》2023 年第 25 期；余西亚：《数字时代的劳动教育理论重构与实践向度研究》，《继续教育研究》2023 年第 3 期。

② 冯孟：《数字劳动时代劳动教育模式重构的逻辑起点、重构路径及实施方案》，《教育与职业》2023 年第 5 期。

泛、时空环境灵活等特点，重构劳动教育模式。具体来说，需要结合马克思主义劳动理论，去伪存真，重构数字劳动时代的劳动教育价值体系；守正创新，重塑数字劳动时代的劳动教育形态体系；兼容并蓄，重整数字劳动时代的劳动教育参与体系；灵活多样，重建数字劳动时代的劳动教育时空体系。赵利平等[①]认为，数字革命下中国式劳动教育发展的新道路是走向"新现代性"，实现四方面的转型：一是价值化转型，从工具价值到育人价值，劳动教育理念和教育价值必然要符合中国特色社会主义教育制度，把人的价值作为发展的核心，由传统的注重物质生产转向实现人的全面发展，重塑青年学生的马克思主义劳动价值观；二是数字化转型，推动数字技术与劳动教育深度融合，实现劳动教育内容、劳动教育时空、劳动教育方式的变革升级，以此来培养数字化人才和建设数字化社会；三是范式化转型，从过去的标准化劳动教育走向今后的个性化劳动教育；四是生态化转型，秉承"动态—发展"与"开放—共享"的理念，以分层次、分阶段研究平台的搭建培植劳动教育研究生态，重构家庭、学校、社会等多元融合的良性人才共育生态。丁馨妍和杨小军[②]认为，人工智能时代劳动教育应从劳动观念、劳动主体、劳动内容、劳动方式四方面入手进行系统性变革。在劳动观念上，应丰富劳动教育的审美价值，加快智能时代对劳动创造美的认知；凸显劳动教育的伦理价值，促进智能时代人与人之间的深入交往；彰显劳动教育的发展价值，推动智能时代社会不断创新、发展、丰富。在劳动主体上，要洞察人工智能的本质目的，保障劳动主体身心健康，推进智能时代劳动解放和劳动发展，实现人的自由全面发展。在劳动内容上，要让人工智能成为节约劳动

①　赵利平、吴晓英、郑勤红：《走向"新现代性"：数字革命下中国式劳动教育新道路》，《教育理论与实践》2023年第10期。

②　丁馨妍、杨小军：《人工智能时代劳动教育的四重革命》，《黄河科技学院学报》2023年第4期。

时间的利器、重塑劳动空间的钥匙和非物质劳动形态发展的途径。在劳动方式上，要转向数字化劳动、智慧型劳动和协作型劳动。

2.3　研究趋势评析

总体而言，2023 年的劳动教育学术研究保持研究数量持续增长的态势，且高发文作者队伍和机构较往年有了更大的变化，越来越多的非师范类院校进入高发文机构行列，马克思主义学科上升为劳动教育研究的第八大学科领域，这些都说明随着劳动教育实践的深入推进，劳动教育的研究队伍越来越壮大、学科背景越来越多元。但高质量核心期刊发文数量逐年降低、教育理论与教育管理领域发文逐年减少的事实也说明，劳动教育亟须走出就事论事的经验介绍或方法建议，在理论与实践的有机结合中，走向高质量。从研究主题看，2023年劳动教育研究主题与 2022 年有很大的相似性，均高度关注劳动教育课程建设、劳动教育思想研究、劳动教育协调育人研究等，重视劳动教育实证调研。这些领域可以视为劳动教育研究中相对稳定的领域，但在研究质量上提升不明显。关于人工智能时代劳动教育发展趋向的研究，无论是在数量上还是在质量上都较 2022 年有很大提升，对人工智能时代劳动教育的进一步完善、推动具有重要启发意义。

面向未来，劳动教育仍需从向内和向外两个方面持续深化研究。向内而言，要聚焦教育自身的特点和规律、德智体美劳全面培养，对进一步优化和完善教育体系进行更深入的研究。一方面，要深化劳动教育的基本理论研究，要从课程论、教学论，特别是活动课程论、价值体验论出发，深入研究劳动教育全面发挥其育人价值的内在逻辑、基本规律和有用的模式；另一方面，要聚焦机制建设，从系统论的思维出发，深入研究学校内部劳动教育相关部门的工作协同机制建设，学校劳动教育与家庭劳动教育、社会劳动教育的协同治理机制建设，着力建构开放共享、共建共赢、相得益彰的协同工作系统，这是劳动教育走出高耗低效走向高质量的关键。向外而言，则要跳出教育看教育，从建设教育强国、推进中国式现代化的角度，深刻理解劳动教育的政治属性、人民属性和战略属性，在更高的站位上谋划构建中国特色劳动教育体系的四梁八柱。

3 2023年劳动教育基础理论研究进展与反思

2023 年，学术界对劳动教育基础理论研究保持持续关注，学术成果数量比上一年显著增加，研究主题涵盖劳动教育思想、劳动教育原理、劳动教育价值，以及劳动教育发展趋势等多个方面，总体上呈现劳动教育思想体系更加完善、劳动教育价值研究更加深入、数字劳动教育发展备受关注等显著特点。但也存在一些问题与不足，如高质量学术成果数量明显减少、理论与实践的结合有待深化、尚存在一些理论研究的薄弱和空白点等。为此，未来劳动教育基础理论领域应广泛开展跨学科融合研究、从实践中挖掘理论创新点、加强劳动教育公共政策理论研究，进一步推动劳动教育理论研究的深入发展。

3.1 劳动教育基础理论研究概述

以"劳动教育 理论"为主题，在中国知网平台数据库中精确检索，共检索到 2023 年中文文献 2911 篇，其中学术期刊论文 1400 篇、学位论文 735 篇，包括硕士论文 704 篇、博士论文 31 篇，相比于2022 年的文献总数（2582 篇）有明显增长。[①] 可以发现，相关研究

---

① 查询时间为 2024 年 7 月 20 日。

成果数量从 2018 年起呈持续增长态势，但 2023 年的增幅略有下降（见图 3-1）。总体而言，近几年我国劳动教育理论研究成果数量稳步增长，推动劳动教育理论研究的不断深入发展。

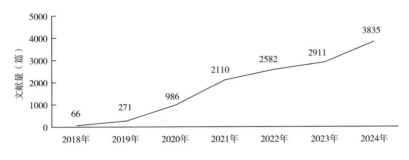

图 3-1　劳动教育理论发文趋势

从研究主题看，2023 年劳动教育理论研究主题分布广泛（见图 3-2），依据中国知网数据库的主题分类，"劳动教育""新时代""高职院校""教育融入""实践路径""实施路径"等主题成果数量较多，说明当前劳动教育理论研究呈现走深走实的趋势，学界不仅关注宏观教育理论的研究，也从教育实践层面展开深入的理论探索。相较于以往年度的研究主题，"三全育人"作为一个独立的主题词凸显出来，发文数量为 48 篇。为落实 2018 年全国教育大会上习近平总书记提出的"培养德智体美劳全面发展的社会主义建设者和接班人，加快推进教育现代化、建设教育强国、办好人民满意的教育"[①] 的总体要求，中共中央、国务院发布《关于加强和改进新形势下高校思想政治工作的意见》，提出坚持全员全过程全方位育人。这些成果为构建"三全育人"格局提供了理论基础和学术支撑。

从学科分布看，2023 年劳动教育理论研究的学科覆盖面广，不同学科的研究热度存在显著差异。其中高等教育发文量为 913 篇，占比

---

① 习近平：《坚持中国特色社会主义教育发展道路 培养德智体美劳全面发展的社会主义建设者和接班人》，《人民日报》2018 年 9 月 11 日。

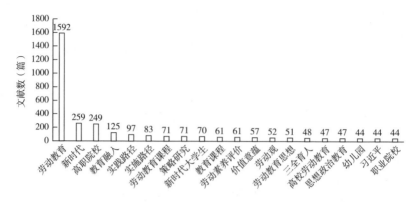

图3-2　2023年劳动教育理论研究主题文献分布情况

28.15%，依然是劳动教育理论研究的主要阵地。职业教育、中等教育和初等教育占比分别达16.60%、14.91%和10.80%。近几年，职业教育领域在劳动教育理论研究中也发挥着越来越大的作用，为推动职业教育高质量发展、提高劳动者素质和技术技能水平、促进就业创业提供重要学术支撑。

从发文来源类别上看，2023年北大核心174篇，AMI 111篇，CSSCI 100篇，WJCI 10篇，CSCD 6篇（见图3-3）。相较于2022年，以上各类来源发文数量均有所减少。这在一定程度上说明劳动教育理论研究进入平稳发展阶段，未来劳动教育实践的持续深入，将进一步对理论研究产生新的需求，进而推动理论研究深入发展。

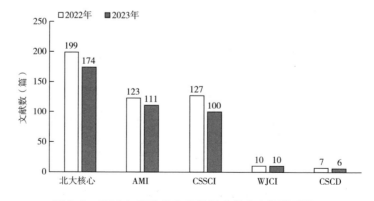

图3-3　2023年劳动教育理论研究发文来源类别情况

3.2   劳动教育基础理论研究进展

2023 年，劳动教育基础理论研究主要围绕思想内涵研究、原理研究、价值研究和发展趋势研究四个方面展开。

3.2.1   劳动教育思想内涵研究

3.2.1.1   马克思主义劳动观及其中国化研究

一些学者对马克思主义劳动观展开深入研究。吴潜涛和陈好敏[①]认为，马克思主义劳动观是新时代劳动教育理论的基础，劳动是创造使用价值的有目的的活动，同时也是人类生活的永恒自然条件，劳动是人类社会存在和发展的根本推动力。新时代劳动教育着重强调教育与生产劳动相结合的重要性。教育与生产劳动相结合是提高社会生产效率、促进人全面发展和改造社会的有力手段。新时代劳动教育思想理论继承和发展了马克思劳动思想，劳动教育不局限于知识传授，而是更加注重学生实践能力的培养。翟婷婷[②]的研究表明，在中小学教育中开展马克思主义劳动观教育，通过教育与生产劳动的结合，有助于学生形成正确的劳动观念，并提升其劳动能力和劳动素质。岳海洋[③]阐述了马克思主义劳动观在引导新时代大学生树立正确劳动意识、促进其德智体美劳全面发展方面发挥着重要作用。

---

① 吴潜涛、陈好敏：《马克思恩格斯劳动教育思想探析》，《中国高校社会科学》2023 年第 3 期。

② 翟婷婷：《浅谈马克思主义劳动观在中小学教育中的价值体现》，《中国教育学刊》2023 年第 S1 期。

③ 岳海洋：《论新时代大学生马克思主义劳动观教育》，《思想理论教育》2023 年第 7 期。

　　一些学者对新时代劳动教育思想展开深入探讨。邱文伟[1]阐释了劳动教育思想源自《庄子》的劳动哲学，并经历了马克思主义中国化的发展过程，最终形成了以习近平总书记关于劳动的重要论述为代表的新时代劳动教育思想体系。这一思想体系不仅具有普遍的教育价值，还蕴含独特的育人价值、文化价值和时代价值。曾令斌和彭泽平[2]总结了新时代劳动教育的思想内涵，认为它确立了新的目标、内容与原则。这是对中国传统劳动价值观的重新审视，对劳动教育发展观的创新构思，对新时代劳动者要求的重新布局，以及对全面培养教育体系的重新规划。新时代劳动教育强调劳动的重要性，倡导辛勤劳动、诚实劳动和创造性劳动，并旨在通过教育引导、渗透和全面培养的原则，构建德智体美劳全面培养的教育体系，以实现个人的全面发展和社会的和谐进步。罗艺和王路达[3]认为，新发展理念对于走好中国式现代化道路具有重大指导意义，同时也为社会主义教育提出了新的生态性要求，新时代劳动教育思想强调在教育实践中融入生态价值取向，以立德树人为核心目标，致力于培养学生的创新精神、实践能力和社会责任感，通过强化劳动教育的生态性、实践逻辑和科学评价，促进学生全面发展，实现人与自然和谐共生，为构建美丽中国和推动社会主义现代化建设培育具有新时代特征的劳动人才。柳夕浪[4]认为，劳动教育的性质和功能由劳动和劳动者在社会主义制度中的地位决定。劳动教育是中国特色社会主义教育制度的重要组成部

---

[1]　邱文伟：《新时代劳动教育的三重向度：思想演进、价值审视与实践指引》，《创新与创业教育》2023年第14期。

[2]　曾令斌、彭泽平：《新时代劳动教育的理论内涵、创新意蕴与实践要义》，《学校党建与思想教育》2023年第13期。

[3]　罗艺、王路达：《新时代生态劳动教育：内涵特征、育人功能与实践逻辑》，《东北师大学报》（哲学社会科学版）2023年第6期。

[4]　柳夕浪：《论中国特色社会主义劳动教育的地位作用》，《中国教育学刊》2023年第4期。

分，旨在培养有素质的普通劳动者和创新型高素质劳动者，促进人的全面发展。劳动教育与德育、智育、体育、美育相结合，通过体力劳动和脑力劳动的结合，实现教育与生产劳动、社会实践的结合。即使在科技发展的背景下，以体力劳动为主的劳动教育仍具有重要的育人价值，是实现人的全面发展的关键途径。新时代劳动教育还注重家庭、学校和社会在劳动教育中的协同作用。

一些学者对如何贯彻落实新时代劳动教育思想进行深入研究。宇文利和奚佳梦[1]认为，新时代劳动精神的培育需要树立劳动者主人翁意识、发挥首创精神、提高劳动者素质，强调要建设知识型、技能型、创新型劳动者大军，并在全方位、多领域、各阶段开展劳动教育以培养时代新人，提倡完善劳动政策和保障措施，以切实实现、维护和发展好劳动者的合法权益。通过弘扬劳动精神促进社会主义精神文明建设和先进文化发展，为实现中华民族伟大复兴提供强大的精神动力和人才支持。岳海洋[2]提出，新时代大学生马克思主义劳动观教育需要个体、家庭、学校和社会等多方面的协作与共同努力。家庭作为孩子的第一个课堂，在劳动教育的开展中具有重要影响；学校是劳动教育的主要阵地，承担着系统传授劳动知识和培养劳动技能的任务；而社会则为劳动教育提供了广阔的实践平台，三者的协同作用使新时代劳动教育更加全面、深入和有效。

3.2.1.2　其他教育家劳动教育思想研究

一些中外教育家对劳动教育有着深刻的见解和贡献。徐凯伦和董

---

① 宇文利、奚佳梦：《新时代劳动精神的弘扬与培育》，《新疆师范大学学报》（哲学社会科学版）2023年第44期。

② 岳海洋：《论新时代大学生马克思主义劳动观教育》，《思想理论教育》2023年第7期。

志华①研究发现，苏霍姆林斯基强调劳动不仅是创造物质财富的过程，更是塑造个体精神世界和道德品质的重要途径。苏霍姆林斯基的劳动教育思想体现在对劳动教育的系统性设计上，提出劳动教育应遵循道德性、尽早性、量力性、全面性、创造性和长期性六大原则，这些原则为劳动教育的具体实施提供了科学指导，确保劳动教育能够在符合学生身心发展规律的基础上，有效促进学生综合素质的提升。孙丹和徐辉②认为，劳动教育旨在培养全面发展的个体，通过劳动使个体形成正确的劳动观念，提升劳动技能，促进智力、体力、审美等多方面的发展，明确了劳动教育作为实现人的全面发展的基石作用。此外，该研究还阐述了苏霍姆林斯基劳动教育培养"真正的人"的三重逻辑，即公民品格的培养、综合能力的提高和精神生活的丰富。通过劳动教育，个体能够形成强烈的社会责任感和集体主义精神，提升解决实际问题的能力，并在劳动过程中体验成就感和幸福感，进而丰富其精神生活。这一理论不仅揭示了劳动教育的深远意义，也为当代劳动教育发展提供了宝贵的启示。总体而言，苏霍姆林斯基的劳动教育思想对于现代劳动教育具有重要的启示作用：其一，劳动教育应被放在教育体系的核心位置，成为促进学生全面发展的重要途径；其二，劳动教育应注重与德育、智育、体育和美育的有机结合，形成协同育人的良好机制；其三，劳动教育应遵循科学的原则和方法，确保教育效果的最大化。

陶行知的劳动教育思想在当今社会仍具有极高的研究价值。魏

① 徐凯伦、董志华：《苏霍姆林斯基的劳动教育理论及对当代教育的启示》，《成才之路》2023年第8期。
② 孙丹、徐辉：《苏霍姆林斯基劳动教育培养"真正的人"的三重逻辑与时代价值》，《西南大学学报》（社会科学版）2023年第49期。

珂①提出陶行知作为中国现代教育史上杰出的教育家，其劳动教育思想具有深厚的理论根基，其"在劳力上劳心""生活即教育""社会即学校"等核心理念，为劳动教育提供了坚实的理论基础，对于指导当前大中小学实施劳动教育具有重要借鉴意义。张秀萍和刘敬生②通过具体案例展示了将陶行知劳动教育思想融入学科教学，特别是融入初中数学教学中，实现了知识传授与劳动实践的结合，提高了学生的综合素质。伍俊华③认为陶行知的劳动教育思想强调"做学教"合一，即教师在实践中教学，学生在实践中学习，将劳动教育融入课程教学中，以提升教学的"温度"和学生的主体地位。他认为，劳动教育不仅是技能的培养，更是价值观的内化，在此基础上，他系统探讨了劳动教育融入课程教学的多种路径，包括课程设置、教学方法、评价机制等方面的创新，为教育实践提供了具体可行的操作方案。唐海涛和张立昌④深入分析了陶行知劳动教育思想的科学内涵，认为其强调的劳动教育目的、内容、途径和方法对于构建新时代劳动教育体系具有重要的启示作用。此外，还有一些学者探讨了陶行知劳动教育思想在职业院校、中小学、幼儿园等不同教育阶段的实践应用，证明了其广泛的适应性和生命力。陶行知劳动教育思想以其独特的理论根基、清晰的实践路径和显著的当代价值，为我国教育事业的发展提供了宝贵的思想资源和实践指导。

---

① 魏珂：《陶行知劳动教育思想研究的现状与热点——基于 CNKI 的文献计量与可视化分析》，《生活教育》2023 年第 6 期。

② 张秀萍、刘敬生：《基于陶行知劳动教育思想的初中数学教学与劳动教育融合研究》，《生活教育》2023 年第 5 期。

③ 伍俊华：《陶行知教育理论下劳动教育融入课程教学的路径》，《辽宁教育》2023 年第 12 期。

④ 唐海涛、张立昌：《陶行知劳动教育思想的生成逻辑、科学内涵及当代价值》，《教育理论与实践》2023 年第 43 期。

3.2.2 劳动教育原理研究

3.2.2.1 劳动教育的本质与内涵

有多位学者就新时代劳动教育的内涵特征、核心要点及实施路径进行了阐述。周洪宇和齐彦磊[1]着重指出劳动教育在中国特色社会主义教育体系中的核心使命是推动中国式教育现代化的进程，其根本属性是教育与劳动的深度融合，核心目标在于完善国民教育体系架构，价值导向是促进学生综合素质的全面发展。新时代劳动教育不仅是劳动技能的培养，更强调劳动价值观的形成，意在培育学生的劳动观念、弘扬劳动精神、提升劳动能力、养成良好的劳动习惯并塑造高尚的劳动品质。此外，新时代劳动教育强调劳动教育应贯穿教育全过程，促进学生全面发展。劳动教育不仅是职业准备，更是人格完善的途径。为此，需优化劳动课程配置、广泛实施劳动实践活动、完善劳动素养评价机制并强化政策层面的顶层设计，构建系统化、全面化、多元化且常态化的劳动教育保障体系，以达成立德树人的教育宗旨，促进学生全面发展。项贤明[2]则强调劳动教育在马克思主义教育学中的独特地位，认为劳动教育应是全面的、自由的、自主的、创造性的，能够促进人的自由全面发展。此外，该研究指出劳动教育的异化问题，例如，将劳动当作惩罚或训练劳动工具，将会导致人丧失主体性和自由，从而背离劳动教育的本质。劳动教育应超越简单的技能训练，融合德、智、体、美教育，建立书本知识与社会实践的联系，解决"读死书"问题，并在克服教育异化、实现人的全面发展方面发挥关键作用。认为自由、自主、全面的劳动教育是培养全面发展人才的

---

① 周洪宇、齐彦磊：《新时代劳动教育的内涵特点、核心要义与路径指向》，《新疆师范大学学报》（哲学社会科学版）2023 年第 44 期。

② 项贤明：《劳动教育的理论意蕴》，《华东师范大学学报》（教育科学版）2023 年第 41 期。

根本途径。何云峰和齐旭旺[①]认为劳动教育的核心在于引导学生理解劳动的属人性与非属人性，通过劳动精神的培养、独立思考能力的提升、劳动创造力的增强以及对劳动非属人性的消解，促进学生的全面发展和个性化成长。劳动教育不仅仅是教授劳动技能，更重要的是帮助学生追求属人幸福，将劳动视为美好生活的一部分，实现创造性生存，并在劳动中获得自由而全面的发展。通过劳动教育，学生能够学会以人的方式存在，超越物性和动物性，实现自我价值和人的尊严，最终达到属人的幸福状态。薄爱敬等[②]认为劳动教育旨在通过劳动实践活动，培养学生的劳动观念、劳动技能、劳动习惯和劳动精神，促进其全面发展，不仅关注体力劳动的训练，更强调知识与技能的融合。劳动教育是学生将理论知识转化为实践能力的重要途径，通过实际劳动活动，学生不仅能够学会具体操作技能，还能在体验中内化劳动观念，培养劳动习惯和品质。

在劳动教育的具体实施上，柳友荣和方蒙[③]强调劳动教育应超越单纯的技能传授，更注重培养学生的劳动价值观、精神和行为，实现知行合一。提出劳动教育应基于正确的文化建构，实施场域的互济以及个体导向的评价，同时需要家庭、学校和社会构建协同育人机制。此外，还强调了体力劳动与智能劳动的结合，以及劳动教育在培养学生全面发展中的重要性，指出劳动教育是实现人的全面发展、促进培

---

① 何云峰、齐旭旺：《论劳动教育的本质——基于劳动的属人性与非属人性及其关系的视角》，《南京社会科学》2023年第7期。

② 薄爱敬：《高职院校新时代劳动教育课程建设的"四维度"逻辑路径》，《教育与职业》2023年第2期；殷世东、李敏：《中小学劳动课程衔接的逻辑依据、现实问题与消解策略》，《天津师范大学学报》（基础教育版）2023年第24期。

③ 柳友荣、方蒙：《高质量劳动教育：应然样态与推进策略》，《高校辅导员学刊》2023年第15期。

养社会主义建设者和接班人的关键环节。林克松[①]认为，新时代劳动课程实施需要重塑底层逻辑，将劳动教育视为促进学生全面发展、提升综合素质的重要途径。劳动教育不仅仅是技术技能训练，更强调知识、技能与价值观的综合培养。罗艺和王路达[②]进一步指出，生态劳动教育是新时代劳动教育的重要组成部分，强调劳动教育应结合生态环境教育，培养学生的环保意识和社会责任感，促进学生的全面发展。

3.2.2.2　劳动教育的逻辑框架

一些学者就劳动教育的有效实施及其逻辑框架进行了深入探讨。殷世东和李敏[③]认为劳动教育的有效实施依赖于科学、系统的逻辑框架。首先，劳动教育遵循经验生成的逻辑，强调通过连续的劳动实践，让学生在体验中积累劳动经验，提升劳动素养。这一过程注重经验的连续性和生长性，通过实践性学习，使学生在劳动过程中不断成长。其次，劳动课程设计需保持整体性与阶段性的统一。整体性强调课程目标的连续性和系统性，而阶段性则注重根据不同学段学生的身心发展特点设计课程内容和目标。最后，课程应遵循"螺旋上升"的原则，根据学生的认知发展特点，逐步深入和扩展课程内容，确保学生在不同学段都能获得适宜的劳动教育。在认知发展方面，劳动教育需基于学生的认知水平，分阶段、分层次确定课程目标，选择适合学生认知发展的课程内容，遵循从低阶思维到高阶思维递进的规律，促

---

① 林克松：《新时代劳动课程实施的底层逻辑重塑》，《西南大学学报》（社会科学版）2023年第49期。

② 罗艺、王路达：《新时代生态劳动教育：内涵特征、育人功能与实践逻辑》，《东北师大学报》（哲学社会科学版）2023年第6期。

③ 殷世东、李敏：《中小学劳动课程衔接的逻辑依据、现实问题与消解策略》，《天津师范大学学报》（基础教育版）2023年第24期。

进学生知识与技能的双重提升。豆书龙等[①]提出劳动教育在涉农高校中的逻辑框架由历史逻辑、理论逻辑、现实逻辑和未来逻辑四个维度构成。历史逻辑强调了自中国共产党成立以来，劳动教育与思想政治教育的深度融合一直是培养高质量人才的重要途径。理论逻辑阐述了耕读教育与思想政治教育在内容、主体、功能和价值上的共融性，为二者的融合提供了理论基础。现实逻辑指出了当前融合实践中存在的问题，如氛围营造不足、课程体系不完善、保障措施不充分等，凸显了融合的急迫性。未来逻辑则提出了具体的实践路径，包括营造融合氛围、完善课程体系、加大保障力度和构建"家校社"融合共同体，以推动耕读教育与思想政治教育的深度融合，服务乡村振兴战略。

3.2.2.3　劳动教育的实践路径探索

较多学者对劳动教育的有效实施及其社会建构、课程设计、知行合一、协同视域和新教育视角等方面进行了深入探讨。檀传宝和郭岚[②]提出劳动教育是一种社会建构，其有效实施需要社会治理的配合和社会力量的支持。强调劳动教育的社会属性和对社会制度、文化的依赖性，指出社会教育在劳动教育中具有独特的地位优势。主张应将劳动教育视为社会教育的一部分，通过完善劳动保障机制、发挥社会教育主体的潜能、强化学校与社会在劳动教育上的协同，来推动劳动教育从理念到实践的转化，实现劳动教育的社会建构和个体的全面发展。刘义兵和汪安冉[③]从"大概念"视域出发，提出劳动教育课程应以劳动素养、劳动价值和劳动伦理为核心概念，以哲学的下位演绎与

---

①　豆书龙、陈玺、王小航：《乡村振兴背景下涉农高校耕读教育与思想政治教育深度融合的四重逻辑》，《黑龙江教育》（高教研究与评估）2023年第2期。

②　檀传宝、郭岚：《劳动教育是一种社会建构——论作为社会教育的劳动教育》，《教育科学研究》2023年第2期。

③　刘义兵、汪安冉：《"大概念"视域下劳动教育课程的内容释义与实践理路》，《西南大学学报》（社会科学版）2023年第49期。

实践的上位归纳为逻辑理路，深层解读马克思主义劳动教育的时代意蕴，并充分挖掘劳动教育的实践经验。强调劳动教育课程的目标应重解以激发对劳动素养概念的深层认知，课程空间应拓展以构建劳动价值概念的感知情境，课程实践应深化以体认劳动伦理概念的关怀效用，教学行为应转变以开展对话"大概念"的单元教学，从而为新时代劳动教育课程的优化设置与实践拓展提供借鉴和参考。赵晓兰[①]在"知行合一"思想视角下，提出高职院校应加强劳动教育"知"的渗透，通过全学科、各场所、多载体的劳动教育实现以知促行；做深做实劳动教育的"行"，通过"专业+劳动实践""生活+劳作体验""服务+公益劳动"等活动实现以行促知；完善劳动教育的"评"，通过建立科学性、多元化、公开化的评价体系实现"知行合一"，从而推动高职院校劳动教育的有效实施，培养具备"知行合一"劳动素养的青年人才。张敏[②]在协同视域下，提出高校劳动教育的实践路径应包括确立新时代劳动教育的协同目标、推动各主体之间的高效协作、整合育人资源以构建良好的劳动育人环境。具体而言，高校应通过明确劳动教育的思政目标、增强教育者和学生的劳动意识、建立全员参与的劳动育人协作系统、开发和利用校内外劳动育人资源、建立劳动育人联盟等方式，促进劳动教育思政功能的有效发挥，培养具有正确劳动价值观和全面发展的社会主义建设者和接班人。王鹏飞等[③]在新教育视角下，提出劳动教育的实践路径应包括明确劳动教育的价值意蕴、强化师资建设、创新学习方式、优化支持环境和加强外部保障。

[①] 赵晓兰：《"知行合一"思想视角下高职院校劳动教育难点审视与路径选择》，《广西教育》2023年第15期。

[②] 张敏：《协同视域下高校劳动教育思政功能的实践方略》，《高校教育管理》2023年第17期。

[③] 王鹏飞、钱永慧、杨帆：《新教育视角下的劳动教育理想及其行动路径研究》，《中国电化教育》2023年第2期。

具体行动措施涉及通过专兼评聘扩充优质师资、研发卓越劳动课程、制订习惯养成计划、搭建家校共育平台、整合社会教育资源、建立劳动教育共同体以及加强配套政策供给，以促进劳动教育的有效实施和学生的全面发展。这些措施旨在推动新时代劳动教育的高效落地，培养具有正确劳动观念、劳动精神和劳动技能的社会主义建设者和接班人。

3.2.3　劳动教育价值研究

3.2.3.1　劳动教育的个人价值

一些学者就劳动教育的价值内涵进行了深入探讨。邱文伟[①]认为劳动教育不仅具有教育的共性价值，还具有独特的育人价值、文化价值和时代价值。劳动教育通过劳动实践直接育人，同时支持德育、智育、体育和美育的开展，推动形成全面发展的教育体系。劳动教育的文化价值体现在劳动与教育结合的传统上，如耕读文化、工匠文化和田园文化等，这些文化传承影响着劳动者的精神世界。时代价值则体现在劳动教育对于培养社会主义建设者和接班人、提升劳动者社会地位的重要作用，以及通过弘扬劳模精神、劳动精神和工匠精神，激发全社会发展的动力。翁伟斌和张良[②]指出，劳动教育在新时代具有重要的育人价值，它有助于提升学校人才培养质量，实现德智体美劳五育并举的教育目标，促进学生的身体素质增强和智力发展。此外，劳动教育还助推了人才培养从理论到实践的融洽衔接，通过实践性教育促进学生将理论知识应用于实践活动中，培养他们的知识应用能力和创新精神。通过劳动教育，学生可以提升自己的动手能力、团队协作

[①]　邱文伟：《新时代劳动教育的三重向度：思想演进、价值审视与实践指引》，《创新与创业教育》2023年第14期。

[②]　翁伟斌、张良：《新时代劳动教育的价值审视与实践路径》，《教育科学》2023年第39期。

能力和解决实际问题的能力。张琳和李辉[1]认为劳动教育对个人成长具有重要意义。它不仅能够培养学生的劳动技能和实践能力，还能够提升学生的综合素质和社会责任感。学生能够通过劳动实践树立正确的劳动观念和价值观，形成尊重劳动、热爱劳动的精神风貌，进而为其终身发展奠定坚实基础。此外劳动教育还能够激发学生的创造力和创新精神，培养其独立思考和解决问题的能力，为其未来的职业生涯和人生发展打下良好基础。

劳动教育在促进学生全面发展方面发挥着关键作用。施广东[2]指出，新时代大学生劳动教育的育人价值体现为以下几方面：增强学生的劳动素养，推动其全面发展；培育劳动精神，落实立德树人的根本任务；锤炼综合素质，为实现中华民族伟大复兴积蓄力量。劳动教育不仅提升学生的知识、文化和技能，还传递劳动价值和精神，促进德育、智育、体育和美育的全面发展。通过劳动教育，学生能够树立正确的劳动观念，培养诚实劳动的习惯，树立科学的职业理想和劳动观，并在劳动中坚守职业道德和法律规范。劳动教育还激发学生的责任意识和担当精神，引导他们将个人理想与国家民族的命运紧密联系，为其成为新时代的建设者和接班人打下坚实基础。

劳动教育有助于培育学生的劳动精神，落实立德树人的根本任务。王伟江[3]强调，劳动教育能够帮助学生树立正确的劳动价值观，培养学生的劳动意识、劳动习惯和劳动素养，促进学生形成科学的劳动价值观。劳动教育课程的建设与实施，有利于劳动教育树德、增

---

① 张琳、李辉：《新时代高校劳动教育：价值意蕴、现实困境与路径优化》，《黑龙江高教研究》2023 年第 41 期。

② 施广东：《新时代大学生劳动教育的逻辑起点、价值意蕴及路径创新》，《中国高等教育》2023 年第 5 期。

③ 王伟江：《高校劳动教育课程建设的价值、困境与路径研究》，《林区教学》2023 年第 1 期。

智、强体等独特育人价值的实现，对传承和弘扬中华民族的劳动文化、积极践行社会主义核心价值观、勇于担当民族复兴大任具有重要意义。这种精神的培养对于学生的个人成长和未来发展具有深远影响。

3.2.3.2 劳动教育的社会价值

劳动教育对社会进步、国家发展以及社会价值观的塑造具有深远影响。施广东[①]认为劳动教育不仅具有个人价值，还具有重要的社会价值。马克思在《共产党宣言》和《哥达纲领批判》等著作中阐述了"劳教结合"思想，强调了劳动教育对于提高社会生产力和改造现代社会的重要性。劳动教育可以培养更多具有创新精神和实践能力的人才，为社会进步提供源源不断的动力。曾令斌和彭泽平[②]认为劳动教育不仅是实现国家兴旺发达的基础，也是纠正社会中错误的劳动价值观、引导形成良好社会风气的重要途径。劳动教育有助于促进社会公平正义，让劳动者实现体面劳动、全面发展，同时提升劳动者的获得感与被尊重感，彰显劳动者的个体价值。此外，劳动教育还承载着弘扬劳模精神、培养担当民族复兴大任的时代新人的重任，对于推动社会主义核心价值观的培育和践行、实现中华民族伟大复兴具有重要的意义。

劳动教育在服务国家战略方面也发挥着重要作用。翁伟斌和张良[③]指出劳动教育旨在培养更高素质的劳动者，鼓励创造性劳动，满足社会发展和国家战略的需求，同时丰富个体的精神世界，提升个体

---

① 施广东：《新时代大学生劳动教育的逻辑起点、价值意蕴及路径创新》，《中国高等教育》2023年第5期。

② 曾令斌、彭泽平：《新时代劳动教育的理论内涵、创新意蕴与实践要义》，《学校党建与思想教育》2023年第13期。

③ 翁伟斌、张良：《新时代劳动教育的价值审视与实践路径》，《教育科学》2023年第39期。

价值。劳动教育可以强化学生的劳动技能和团队合作能力，提高社会生产效率，推动国民经济和社会的发展。此外，劳动教育还强调实践性，通过劳动实践让学生接受教育，实现知行合一，培养实干家，以及通过劳动教育的实施，加强教育体系中不同利益主体之间的沟通与联系，实现协同育人。

3.2.3.3　劳动教育与其他教育领域的融合

劳动教育不是孤立的教育领域，而是与德育、智育、体育和美育等紧密相关的。宋以国和李长伟[①]深入分析了劳动教育如何与其他四育相互融通，并提出了一个解释性理论互关框架。劳动教育在实现人的全面发展中起到了核心作用，它通过内生性理论和实践模式，将德育的伦理价值、智育的科学规范、体育的具身建构以及美育的实践向度有机结合，形成了一个互关互融的教育体系。这种融合不仅促进了学生在各个教育领域的全面发展，而且为劳动教育提供了更为丰富和多元的教育内容和方法，使得劳动教育成为推动"五育融合"教育理念落地的有效途径。这一研究揭示了劳动教育在促进学生全面发展中的关键作用，也为劳动教育与其他教育领域的融合提供了理论依据。劳动教育与其他教育领域的融合可以形成协同育人的良好机制，共同促进学生的德智体美劳全面发展。

3.2.4　劳动教育发展趋势研究

3.2.4.1　劳动教育理念与目标的演变

许多学者就劳动教育的目标演变与教育政策发展进行了深入研究，阐释了其随时代变迁而不断丰富的内涵。首先，劳动教育的目标

---

① 宋以国、李长伟：《劳动教育何以融通五育——一种解释性的理论互关框架》，《教育理论与实践》2023 年第 43 期。

随社会发展而不断演进。孙华峰①指出，劳动教育的目标随着社会的发展和时代的变迁而演进：从新中国成立初期着重于生产劳动与教育的结合、培养具有一定劳动技能的人才，到改革开放后强调劳动教育与现代化建设的紧密结合、注重劳动形式和技能的多样化，再到新时代背景下，劳动教育的目标进一步升华为立德树人、弘扬劳动精神和工匠精神，培养全面发展的社会主义建设者和接班人，体现了劳动教育目标从技能培训到价值引领、从单一实践到全面育人的深刻转变。

其次，劳动教育政策在理念与目标上也经历了显著的演变。张敏②认为，新中国成立以来，劳动教育政策在理念与目标上经历了从初期注重体力劳动和生产技能培养，到后来强调劳动习惯、劳动观点和劳动态度的形成，再到 21 世纪初重视劳动情感和劳动技能的培育，最终发展为注重培养学生正确的劳动价值观和劳动精神的全面教育。教育功能也从单纯促进工农业生产拓展到助力现代化建设。这一演变过程体现了劳动教育从单一的体力劳动向脑体并用、知行合一的教育模式转变，从单纯的技能训练向劳动价值观塑造的教育内容深化，以及从促进工农业生产到助力社会主义现代化建设的教育功能拓展。

3.2.4.2　劳动教育政策与实施机制的完善

劳动教育政策与实施机制随着时代变迁不断完善。刘红梅等③分析了近百年来劳动教育政策的历史变迁，指出政策制定受到政治、经济和文化等多重因素的影响，并呈现阶段性特征。提出自中国共产党成立以来，劳动教育政策经历了萌芽期、探索期、稳步发展期和创新

---

① 孙华峰：《新时代高校劳动教育的历史演变、现实困境及实践进路》，《中国高教研究》2023 年第 8 期。

② 张敏：《我国劳动教育政策变迁的轨迹、机制与成效》，《湖南农业大学学报》（社会科学版）2023 年第 2 期。

③ 刘红梅、翟小宁、李森：《党史百年历程中的劳动教育政策：变迁、逻辑和展望》，《教育科学研究》2023 年第 2 期。

发展期四个阶段，其变迁逻辑包括谋求政治合法性、适应经济发展水平、坚持马克思主义劳动观和满足全面发展人才培养的需要。为推动新时代劳动教育政策的深入实施，应强化育人导向、彰显时代特征、重视体系建构，并在五育融合上持续强化，以培养德智体美劳全面发展的社会主义建设者和接班人，助力实现中华民族伟大复兴的中国梦。张敏[1]详细论述了中国劳动教育政策的历史变迁，指出中国劳动教育政策经历了孕育初塑、探索发展、改革转型、完善确立四个时期，其演变特征表现为政策目标和内容的多元化、教育内容及实施途径的日益完善、课程纲要及体系的规范合理化，以及劳动教育地位和作用的日渐凸显。该研究通过历史制度主义的分析框架，揭示了劳动教育政策变迁过程中的断裂均衡、关键节点、路径依赖和渐进转型四种模式，并分析了政策变迁的成效，发现劳动教育政策在教育模式、教育内容和教育功能上均实现了从体力劳动到脑体并用、从单纯劳动技能到劳动价值观塑造、从促进工农业生产到助力现代化建设的转变和更新。

3.2.4.3　劳动教育实施过程中的困境与对策

尽管劳动教育理念与政策不断完善，但在实际实施过程中仍面临诸多困境。孙华峰[2]指出，当前高校劳动教育面临的现实困境主要包括对劳动教育内涵的认识不够深刻、体系构建不全面、劳动教育载体建设不足、劳动教育生态环境营造不强。这些问题导致高校劳动教育在实施过程中存在诸多挑战，如劳动教育与学生实际生活的脱节、劳动教育形式化和表面化、劳动教育资源的匮乏以及劳动教育在高校教育体系中的边缘化等。要解决这些问题，需要政府、高校和社会共同

---

[1]　张敏：《我国劳动教育政策变迁的轨迹、机制与成效》，《湖南农业大学学报》（社会科学版）2023 年第 2 期。

[2]　孙华峰：《新时代高校劳动教育的历史演变、现实困境及实践进路》，《中国高教研究》2023 年第 8 期。

努力，通过顶层设计、课程体系构建、实践基地建设和教育环境营造等多方面的措施，推动高校劳动教育的高质量发展。张琳和李辉[①]指出，当前高校劳动教育改革虽然取得了一定成绩，但仍面临显著问题，包括育人价值被低估、知行分裂、脑体分离、工作实施缺乏统筹以及学生主体动力不足等。这些问题导致劳动教育在实践中未能充分发挥其应有的作用，表现为劳动教育与德育、智育、体育、美育的融合不够，劳动教育的实践性和体验性不足，以及劳动教育在学生全面发展中的作用未得到充分认识和利用。高校应结合校本劳动教育工作实际，聚焦劳动教育的时代价值意蕴，有针对性地开展劳动教育纠偏，探索培育思维、明确导向、完善方案、优化师资、建设课程、营造氛围等对策，以助力新时代高校劳动教育本真价值的实现。

综上所述，劳动教育原理在历史变迁中经历了从单一到多元、从技能到价值观、从简单实施到系统完善的深刻变化。未来的劳动教育应继续深化理论与实践的结合，不断创新教育内容和方法，完善政策制定与实施机制，确保劳动教育在培养全面发展人才中的重要作用得到充分发挥。同时，加强劳动教育师资队伍建设和评价机制创新也是亟待解决的问题。通过这些努力，劳动教育将在新时代发挥更加重要的作用，为社会主义建设培养更多具有高尚劳动精神和卓越劳动能力的人才。

3.3 劳动教育基础理论研究反思

2023年，劳动教育基础理论研究取得了一定进展，劳动教育思想理论体系更加完善、劳动教育价值研究更加深入、数字劳动教育发展备受关注。同时，也存在一些问题与不足，例如，高质量学术成果数量有所降

---

① 张琳、李辉：《新时代高校劳动教育：价值意蕴、现实困境与路径优化》，《黑龙江高教研究》2023年第41期。

低，理论研究与实践的结合有待深化、基础理论研究还存在短板，这些不足也成为未来劳动教育理论研究需要重点关注和解决的问题。

3.3.1 研究进展与成就

3.3.1.1 劳动教育思想理论体系更加完善

2023 年，学术界对劳动教育思想理论体系的研究更加深入。学者们立足哲学、政治经济学和科学社会主义三大理论体系，对马克思主义劳动观进行系统梳理：劳动是人以自身的活动来引起、调整和控制人和自然之间物质变换的过程，是通过有目的的活动改变自然物的社会实践，是人的生命活动的基本形式，是人的本质活动。马克思以"劳动"为出发点，通过具体劳动与抽象劳动、物质劳动和精神劳动等一系列概念的辩证分析，深刻揭示了以私有财产为前提的整个资产阶级社会的内在剥削机制。只有不断解放和提高整个社会的生产能力，建立一个实现人与社会共享发展的美好社会，才能让劳动复归人的本质，成为人的生活的第一需要。

3.3.1.2 劳动教育价值的研究更加深入

2023 年，学术界更加关注劳动教育的价值研究。以往的文献关于劳动教育价值研究更多的是关于劳动"四最"的阐释，强调新时代的劳动教育必须教育引导广大青年牢固树立劳动最光荣、劳动最崇高、劳动最伟大、劳动最美丽的观念，让全体人民进一步焕发劳动热情、释放创造潜能，通过劳动创造更加美好的生活，引导广大人民群众树立辛勤劳动、诚实劳动、创造性劳动的理念。2023 年，学者们在这些研究的基础上，继续深度挖掘劳动教育的个人价值和社会价值。在个人层面，劳动教育能够培养学生的劳动技能、实践能力、综合素质和社会责任感，激发其创造力和创新精神，树立正确的劳动观念和价值观，为其终身发展奠定坚实基础；在社会层面，劳动教育通过弘扬劳模精神、劳动精神和工匠精神，激发全社会的劳动热情和创造力，推动社会进步和发展，为全面建设社会主义现代化国家提供人才支撑和智力支持。这些理论成果进一步阐释了劳动价值论，即强化青年人要立足本职、胸怀全局，自觉把人生理想、家庭幸福融入国家富强、民族复兴的伟业之中，把个人梦与中国梦紧密联系在一起，始终以国家主人翁姿态为坚持和发展中国特色社会主义作出贡献。

3.3.2 存在的问题与不足

3.3.2.1 高质量学术成果的产出面临瓶颈

2023年，学术界关于劳动教育基础理论的研究成果数量有所增加，较2022年约增加13%，然而北大核心、CSSCI、AMI、WJC和CSCD来源数量总体有所减少，较2022年约减少8.61%，可见总体上发文质量有所降低，其原因主要有以下两点。一是劳动教育实践探索的逐年深入引发学术界的关注。自2020年《中共中央 国务院关于全面加强新时代大中小学劳动教育的意见》和《大中小学劳动教育指导纲要（试行）》两份重要文件发布以来，劳动教育在各级各类教育中逐步落实，关于劳动教育的实践探索也逐年深入，劳动教育实践中遇到的问题更加具体化，也更迫切需要解决，更容易引发学术界的关注。二是从事劳动教育基础理论研究的专业人才相对短缺，目前我国从事劳动教育理论研究的学者主要来自科研院所的教育学领域专家学者，新增研究力量不足。2022年2月，教育部发布《关于公布2021年度普通高等学校本科专业备案和审批结果的通知》，劳动教育作为教育学学科门类下的新专业被列入《普通高等学校本科专业目录》，这是全面落实党的教育方针、培养德智体美劳全面发展的社会主义建设者和接班人的长远之举，中国劳动关系学院和天津职业技术师范大学首轮获批开设劳动教育专业，目前第一批专业人才的培养尚未完成，从事劳动教育理论研究的专业人才队伍尚待补充完善。

3.3.2.2 理论与实践的结合有待深化

近几年来，劳动教育理论在不断丰富和完善，但理论研究成果尚未充分转化为实际教学行动。2023 年，学术界更加关注理论研究对实践的指导意义，对劳动教育目标和价值展开多维度、多层次研究，新时代劳动教育的目标从单一的劳动技能传授扩展到综合素养的提升，特别是劳动价值观的塑造和劳动精神的培育，这一变化体现了劳动教育对个人全面发展的重视，有助于培养具备高尚劳动精神和卓越劳动能力的人才。但在实践中，仍然面临着理论与实践脱节的问题，当前劳动教育课程内容相对单一，缺乏多样性和创新性，教学方法也相对传统，未能充分利用现代科技手段提高教学效果，劳动教育师资队伍的专业素养和教育能力不足也在一定程度上影响教学质量，评价机制也不够健全，这些都明显制约了劳动教育的发展。

3.3.2.3 劳动教育基础理论研究尚存薄弱点

劳动教育的有效落实需要社会的广泛参与，需要强化公共政策理论的研究，特别是对公共教育资源配置理论问题的研究，当前学术界对此类问题的关注还明显不足。当前我国存在劳动教育资源不足和区域差异显著的问题，《中共中央 国务院关于全面加强新时代大中小学劳动教育的意见》中明确规定，要充分利用社会各方面资源，为劳动教育提供必要保障，各级政府部门要积极协调和引导企业、工厂、农场等组织履行社会责任，开放实践场所，支持学校组织学生参加力所能及的生产劳动、参与新型服务性劳动；要对地方各级政府和有关部门保障劳动教育情况以及学校组织实施劳动教育情况进行督导，督导结果向社会公开，同时作为衡量区域教育质量和水平的重要指标。我国不同地区在劳动教育资源配置上存在显著差异，部分经济欠发达地区在劳动教育方面的投入不足，导致劳动教育质量和效果参差不齐，这种区域差异影响了劳动教育的均衡发展，因此，需要加大对经济欠发达地区劳动教育的支持力度，促进资源的均衡配置。

3.3.3　未来研究方向与思考

3.3.3.1　广泛开展跨学科融合研究

劳动教育具有鲜明的思想性、突出的社会性和显著的实践性，强调学校教育与社会生活、生产实践的直接联系，必须充分发挥劳动在个人与社会之间的纽带作用，引导学生认识社会，增强社会责任感，同时注重让学生与学会分工合作，体会社会主义社会平等、和谐的新型劳动关系，要引导学生动手实践，使学生在认识世界的基础上，获得有积极意义的价值体验，学会建设世界，塑造自己，实现树德、增智、强体、育美的目的。因此，对于劳动教育的理论研究仅仅局限于教育学单一学科领域是不够的，而当前劳动教育的理论研究多局限于教育学科领域，缺乏跨学科融合的研究。未来需要从多学科融合视角，加强哲学、经济学、管理学、社会学等学科与教育学的理论融合，强化劳动教育基础理论研究，为探索形成协同育人的新模式提供理论支撑。

3.3.3.2　从实践中挖掘理论创新点

理论研究的价值在于指导实践。近些年我国劳动教育理念与政策不断完善，但在实践中仍存在一些困境，例如，不同学生的兴趣爱好、学习能力和发展需求存在差异，而劳动教育在个性化与差异化教学方面研究不足；劳动教育存在课程内容单一、师资力量不足等问题；劳动教育效果的评估多侧重于短期成果，缺乏对长期跟踪和效果评估的研究；劳动教育政策执行情况的监督力度不足，导致部分政策未能得到有效落实等。未来可以加强对这些领域的理论研究，探索根据学生的个体差异制定有针对性的教学方案，对劳动教育效果进行长期跟踪与效果评估，加强对劳动教育政策执行情况的监督机制，确保政策的有效执行，为持续改进和提升教育质量提供科学依据。

3.3.3.3 加强劳动教育公共政策理论研究

由于我国不同地区经济和资源条件存在差异，劳动教育在不同地区的开展情况也有所差异，总体上呈现东部地区对劳动教育理念和政策的落实情况较好，其次是中部地区，西部地区整体偏弱的局面。劳动教育需要合理的资源投入和更长期的培育，经济欠发达地区义务教育的基础条件相对薄弱，在很大程度上限制了劳动教育的发展，因此，加强公共政策理论研究，强化对劳动教育的政策支持和优化资源配置具有重要现实意义，从共建共享的视角研究我国发展数字劳动教育的理论依据，促进政府部门优化教育资源配置效率，促进社会教育公平，推动更多公办学校共享优质劳动教育资源，让更多学生受益，指导教育服务企业充分考虑教育产品的公共属性，在市场化的大环境下，充分履行企业社会责任，推动建立从政府到学校、再到各类型社会机构共同推动的教育公平发展机制。

4 2023年学生劳动素养研究进展与反思

学生劳动素养是新时代劳动教育独特育人价值的集中体现，也是衡量劳动教育效果的关键指标，学生劳动素养研究是新时代劳动教育研究的重要组成部分。近年来，研究者围绕学生劳动素养这一领域进行了诸多探讨，深化了人们对劳动素养、劳动教育的认识和理解。然而，通过文献检索发现，学界关于学生劳动素养的综述性研究较少，鉴于此，本文试图对学生劳动素养研究进展进行分主题的梳理与总结。一方面，大致勾勒学生劳动素养研究的整体图景，包括劳动素养研究的关注点、共识点、争议点、薄弱点，在此基础上对劳动素养研究进行拓展和深化，实现有价值的创新；另一方面，针对实践中的痛点、堵点、难点问题进行更多的探索与讨论，为学生劳动素养培育提供助力。本文以 2023 年中国知网收录的学生劳动素养研究为主体进行综述，在一些具体主题的综述中也适当补充了 2023 年之前发表的相关文献，主要从劳动素养的基本理论、学生劳动素养现状、学生劳动素养评价、学生劳动素养培育四大主题分别综述。

4.1 学生劳动素养研究文献概览

在中国知网学术资源总库中对篇名包含"劳动素养"或"学生劳动素养"的文献进行精确检索，截至 2024 年 7 月 1 日，共检索到

2023 年发文量为 146 篇，其中学术期刊 112 篇（北大核心 10 篇，CSSCI 来源期刊 6 篇，AMI 期刊 3 篇），学位论文 25 篇。从 2004 ～ 2023 年劳动素养研究发文趋势来看，劳动素养研究在 2019 年进入快速增长时期，之后的三年均呈大幅上升趋势（见图 4-1）。相较于 2020～2022 年，2023 年发文量在总量上仍有增加，但增幅明显下降，说明关于劳动素养的研究由热点凸显逐渐进入稳定增长状态。

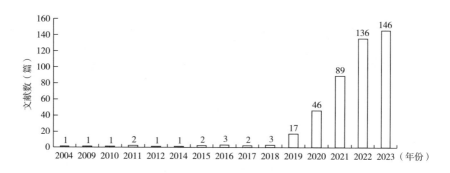

图 4-1　2004～2023 年劳动素养研究发文趋势

从文献来源看，2023 年劳动素养研究发文刊物比较分散，其中发文最多的刊物是《教育观察》，为 4 篇；其次是《公关世界》《福建教育》《学校党建与思想教育》《教育教学论坛》，均为 3 篇；《教学与管理》《中国德育》《中小学德育》等刊物均为 2 篇。文献分布范围比较广泛，说明关注劳动教育领域研究进展的刊物较多。

从学段分布看，2020～2023 年，初等教育和中等教育阶段一直是发文的主要集中区，说明基础教育阶段的劳动教育是历年来研究者关注的重点；发文量增长较快的是高等教育阶段，从 2020 年的 3 篇增长到 2023 年的 31 篇，这一数量与 2023 年初等教育、中等教育发文量相差不大（见图 4-2），且每年的发文数量都呈增长趋势，说明高等教育阶段的劳动教育越来越受到研究者的关注，这也与国家政策关于大中小学劳动教育全面开展的倡导是一致的。相较于2020~2022年，2023年职业教育领域关于劳动素养研究的发文量也有较大增长，特别是关于中职、高职学生劳动素养的细分研究，人们越来越意识到职业教育与劳动素养培育之间的内在关联性，相关研究也越来越具体深入。学前教育阶段的研究数量也在逐年增长，说明尽管劳动教育政策文件中并未对学前教育阶段作出明确规定，但仍有研究者在关注和思考学前教育阶段的劳动教育问题。此外，成人与特殊教育领域的研究数量尽管较少，但也实现了从无到有的突破。

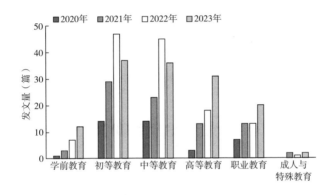

图4-2　2020~2023年不同学段和领域劳动素养研究文献分布

从研究的学科范围看，相较于2022年，2023年关于劳动素养研究的学科领域有所增加，新增了诸如计算机、图书情报与数字图书馆、医学教育、建筑科学与工程、新闻与传媒、贸易经济等学科或领域。总体来看，研究者对劳动教育、劳动素养的研究范围越来越广，研究所关注的对象群体越来越全面。

从研究主题看，2023年劳动素养研究中发文数量最多的主题词是劳动素养评价（110篇），素养培育（14篇）、素养培养（11篇）分别排在第2、第3位，素养提升（7篇）、培育路径（7篇）、劳动教育（7篇）、实施路径（7篇）并列第4，其中劳动素养评价这一主题词的发文量大幅度领先，素养培育、素养培养、素养提升和培育路径4个主题词都可以归为劳动素养培育主题（见图4-3），可见，2023年劳动素养研究的两大热点主题是劳动素养评价和劳动素养培育。

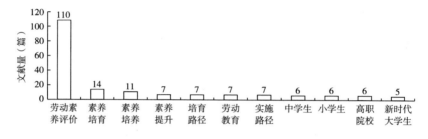

图 4-3　2023 年劳动素养研究主题分布

4.2　学生劳动素养研究进展

4.2.1　学生劳动素养的基本理论研究

在《义务教育劳动课程标准（2022年版）》（以下简称"课标"）颁布之前，研究者对于劳动素养的基本理论问题进行了一些探讨，课标颁布之后，人们关于劳动素养的认识达成了一定共识，对劳动素养基本理论的研究在数量上有所减少，但仍有一些研究者基于课标中的共识性认识进行了拓展和深化研究。总体来看，关于劳动素养的基本理论研究主要包括对劳动素养内涵、结构、特征、价值的研究。

4.2.1.1　关于劳动素养内涵和结构的研究

课标颁布之前，研究者对劳动素养的内涵与结构进行了探讨，大多基于对素养概念的理解对劳动素养的内涵进行了界定，认为劳动素养是一个综合体，但对劳动素养是由哪些要素综合而成的认识并不完全一致，主要有"三维度"说、"四维度"说等。第一类"三维度"说。檀传宝[①]指出劳动素养是经过生活和教育活动形成的与劳动有关的人的素养，包括劳动的价值观（态度）、劳动的知识与能力等维度。王泉泉等[②]认为劳动素养是学生在长期劳动学习与实践过程中逐步形成的，适应个人终身发展和社会发展需要的价值观、必备品格和关键能力的综合表现，包括劳动观念、劳动能力、劳动习惯和品格。第二类"四维度"说。龚春燕等[③]构建了劳动素养的四个维度，即劳动态度、劳动能力、劳动习惯和劳动精神。纪德奎和陈璐瑶[④]认为劳动素养是指个体通过体力劳动和脑力劳动所形成的与劳动相关的品质修养和行为能力，包括劳动观念、劳动能力、劳动习惯和品质、劳动精神。余江舟[⑤]受素养概念的理论研究成果和心理学知、情、意、行等范畴的启发，对新时代劳动素养进行了四重维度的建构，即劳动价值观、劳动情感品质、劳动知识技能和劳动实践习惯。

课标颁布之后，对劳动素养本体的研究有所减少，但仍有两个主要研究方向。一是在课标关于劳动素养基本内涵界定的基础上细化对劳动素养具体构成要素内涵的研究。董仲文和董天[⑥]对劳动观念、劳动能力、劳动习惯和品质、劳动精神的具体内涵及构成要素进行了研

① 檀传宝：《劳动教育的概念理解——如何认识劳动教育概念的基本内涵与基本特征》，《中国教育学刊》2019年第2期。

② 王泉泉、刘霞、陈子循：《核心素养视域下劳动素养的内涵与结构》，《北京师范大学学报》（社会科学版）2021年第2期。

③ 龚春燕、魏文锋、程艳霞：《劳动素养：新时代人才必备素养》，《中小学管理》2020年第4期。

④ 纪德奎、陈璐瑶：《劳动素养的内涵、结构体系及培养路径》，《天津师范大学学报》（基础教育版）2021年第2期。

⑤ 余江舟：《新时代劳动素养的四重维度》，《中国高等教育》2021年第Z2期。

⑥ 董仲文、董天：《义务教育劳动课程目标的层次、劳动素养内涵与测评框架构建》，《课程．教材．教法》2023年第6期。

究。该研究认为，劳动价值观是劳动观念的内核，劳动态度是劳动观念的重要组成部分；劳动能力是劳动素养四维度中边界最清晰的；应将创造纳入劳动能力范畴；应将对劳动的"反思与评价"纳入劳动习惯和品质维度中；劳动精神、劳模精神、工匠精神不在同一层级水平，可将劳动精神细分为民族精神与时代精神。二是在课标对劳动素养基本内涵界定的基础上研究某一学生群体劳动素养的内涵。江楠等[①]对大学生劳动素养内涵进行了界定，认为大学生劳动素养是在符合大学生身心发展规律的基础上，在学习与劳动实践过程中逐步形成的，适应个人终身发展和社会发展需要的正确价值观、必备品格和关键能力，包括劳动观念、劳动能力、劳动习惯和品质、劳动精神。

4.2.1.2　关于劳动素养特征的研究

一些研究从不同角度全面审视了劳动素养的特征，如王泉泉等[②]认为劳动素养具有育人性、时代性、具身性特点；傅小芳[③]认为劳动素养具有社会性和思想性、系统性和结构性、具身性和实践性、阶段性和发展性特征；纪德奎和陈璐瑶[④]认为劳动素养具有综合性、体验性、社会性、阶段性特征。也有研究者主要聚焦于劳动素养的结构特征进行研究，如董仲文和董天[⑤]认为劳动素养作为由劳动观念、劳动能力、劳动习惯和品质、劳动精神四要素构成的整体，具有整体性，

① 江楠、江宏、何万国：《新时代大学生劳动素养：内涵、评价价值、评价指标》，《重庆第二师范学院学报》2023年第2期。

② 王泉泉、刘霞、陈子循：《核心素养视域下劳动素养的内涵与结构》，《北京师范大学学报》（社会科学版）2021年第2期。

③ 傅小芳：《劳动素养的内涵、特征及其对劳动课程的导向作用——基于〈义务教育劳动课程标准（2022年版）〉的分析》，《江苏教育研究》2023年第8期。

④ 纪德奎、陈璐瑶：《劳动素养的内涵、结构体系及培养路径》，《天津师范大学学报》（基础教育版）2021年第2期。

⑤ 董仲文、董天：《义务教育劳动课程目标的层次、劳动素养内涵与测评框架构建》，《课程·教材·教法》2023年第6期。

一方面体现在这四要素并没有泾渭分明的绝对边界，彼此之间有紧密的联系，另一方面体现在四要素在劳动实践过程中是同步发展的，每个要素的变化都可能影响其他要素的改变。

4.2.1.3　关于劳动素养价值的研究

一些研究从劳动素养是新时代人才必备素养的角度指出劳动素养的价值。例如，王国喜[①]从国际和国内两个层面指出劳动素养是新时代人才的必备素养。从国际层面看，《PISA 全球素养框架》中的创新素养和责任感、联合国教科文组织提出的"四个学会"等都与劳动素养密切相关；从国内层面看，劳动素养是我国学生发展核心素养中的有机组成部分，如"实践创新"素养模块明确指出要尊重劳动，具有积极的劳动心态和良好的劳动习惯等，这正是劳动素养的鲜明体现。也有研究者从劳动素养对劳动课程的导向作用的角度指出劳动素养的价值。例如，傅小方[②]认为劳动素养对劳动课程的目标、内容、实施、评价都有十分明显的导向作用。对劳动课程目标的导向作用体现在课程目标具有立德树人的高度，突出了劳动素养的社会性和思想性特征；对劳动课程内容的导向作用体现在内容覆盖面广、体系完整，形成了由日常生活劳动、生产劳动和服务性劳动三个方面、十个任务群和若干个劳动项目构成的内容体系；对劳动课程实施的导向作用体现在以劳动项目为载体，突出了劳动素养的具身性、实践性特征要求；对劳动课程评价的导向作用体现在评价强化核心价值取向、紧扣劳动素养要求、立足学生素养发展。

4.2.2　学生劳动素养现状的实证研究

学生劳动素养现状的实证研究通过客观的数字、鲜活的访谈资料

---

① 王国喜：《劳动素养刍议》，《文教资料》2023 年第 12 期。
② 傅小芳：《劳动素养的内涵、特征及其对劳动课程的导向作用——基于〈义务教育劳动课程标准（2022 年版）〉的分析》，《江苏教育研究》2023 年第 8 期。

等描述学生劳动素养的发展水平，为摸清现状、发现问题、总结原因提供证据支持。研究者对学生劳动素养现状的实证研究较多，主要分为两类：一类是对某一学生群体劳动素养现状的实证研究，包括对幼儿园学生、小学生、中学生、大学生、职业院校学生、特殊教育学生等群体劳动素养现状的调查；另一类是对某一地域学生群体劳动素养的现状进行实证研究，包括对城市、农村学生劳动素养现状的调查及比较研究。

4.2.2.1　对幼儿园学生劳动素养现状的研究

对幼儿园学生劳动素养的现状调查主要以幼儿园大班幼儿为研究对象，采用问卷调查、观察、访谈等多种方式，通过对幼儿、教师和家长等多主体进行调查，综合形成研究结论。应子晨等[1]对滇西地区大班幼儿劳动素养进行了问卷调查，研究发现幼儿的劳动价值感缺乏，部分幼儿参与公益劳动的机会较少，男孩劳动素养整体水平低于女孩，城镇园幼儿的劳动行为习惯水平相对较差，非蒙氏幼儿劳动意志较为薄弱。孙笑[2]通过对 N 市某大班幼儿劳动素养特点及影响因素研究发现，在劳动开始前，大班幼儿劳动态度端正、劳动知识大体正确，但受限于年龄对劳动本质的理解还需进一步提升；在劳动过程中，大班幼儿参与劳动的主动性强，但存在怕脏、怕苦的现象，部分幼儿的劳动态度消极；大班幼儿的劳动技能与习惯还有待提高。从影响因素来看，作者认为，大班幼儿劳动知识受年龄、生活经验及直觉思维和自我中心控制的影响；劳动后的直观成果和收获、自我荣誉感和他人的肯定都是幼儿劳动态度积极的促进因素；部分幼儿劳动态度消极则与劳动技能和习惯相对缺乏有关。

---

[1]　应子晨、李林娟、孟凡芹：《滇西地区大班幼儿劳动素养现状调查与启示——以大理州为例》，《教育观察》2022 年第 27 期。

[2]　孙笑：《大班幼儿劳动素养的特点及影响因素研究》，硕士学位论文，宁波大学，2021。

4.2.2.2 对小学生劳动素养现状的研究

从研究内容看，对小学生劳动素养现状的研究大概分为三类。第一类是对小学各年级学生劳动素养现状的整体研究。姚凤等[1]以上海市为例，对公办小学学生劳动素养现状进行了调查，结果表明小学生劳动素养整体良好，随年龄增长逐渐提高且男女有别，男、女生劳动素养差异最大的是劳动习惯，其次为劳动能力，劳动情感和劳动观念的差异较小；小学生劳动素养与家庭、学校的劳动教育显著相关。第二类是对小学中高年级学生劳动素养现状的研究。张蕴[2]以黑龙江省绥化市J小学高年级学生为调查对象了解小学高年级学生劳动素养发展现状，结果表明，当前小学高年级学生劳动素养发展处于中等水平，部分素养仍有待提升，具体表现为学生劳动观念片面化、劳动知识与劳动技能相脱节、参与社会服务性劳动热情偏低、劳动意志薄弱、未养成良好的劳动习惯。徐筱晗[3]对小学中高年级学生的劳动素养现状进行了问卷调查，结果发现，在劳动观念方面，学生劳动观念发展水平较高，但学生参加劳动的内在动机较弱，部分学生没有尊重劳动成果的观念；在劳动能力方面，学生的劳动能力发展水平不高，劳动知识需要完善，劳动技能亟待提高；在劳动精神方面，学生劳动精神发展水平较高，公共服务意识和勤俭节约意识较强；在劳动习惯和品质方面，学生尚未形成良好的劳动习惯和品质。第三类是对小学生在从事某一类劳动时表现出的劳动素养现状的研究。何娟娟[4]以南

---

[1] 姚凤、何穗、姜丽霞：《公办小学学生劳动素养现状调研及启示——以上海市为例》，《上海教育科研》2021年第11期。

[2] 张蕴：《小学高年级学生劳动素养的现状与培育研究》，硕士学位论文，辽宁师范大学，2023。

[3] 徐筱晗：《小学中高年级学生劳动素养现状调查研究》，《基础教育研究》2022年第4期。

[4] 何娟娟：《小学生生活劳动素养的现状调查及其提升策略》，硕士学位论文，江西师范大学，2023。

昌市三所小学为例对小学生生活劳动素养现状进行了调查，结果表明，小学生生活劳动观念淡薄，表现为生活劳动兴趣低，生活劳动主动意识薄弱；生活劳动知识技能薄弱；生活劳动精神现状堪忧，在生活劳动中缺乏克服辛苦的精神；生活劳动习惯和品质有待提高。

4.2.2.3 对中学生劳动素养现状的研究

从研究对象看，对中学生劳动素养现状的研究包括对初中和高中两个学段的研究，有的研究只对其中一个学段进行了调研，有的研究则对两个学段进行了综合调研。从研究内容看，有的研究对学生劳动素养现状进行了统计分析，据此发现问题、总结原因、提出改进建议；有的研究则在把握学生劳动素养现状的基础上进一步对可能影响劳动素养现状的因素与劳动素养水平进行了关系研究，并基于影响因素提出有针对性的提升劳动素养的建议。张雅倩[1]对初中生劳动素养现状进行了研究，结果表明初中生劳动素养存在两方面问题：一是初中生劳动素养整体水平有待提升，表现为部分初中生轻视体力劳动且对劳动认识存在偏差，劳动知识与技能较为欠缺，创意物化能力有待加强，劳动自主性未内化且劳动动机具有功利性，劳动意志力较为欠缺；二是初中生劳动素养发展不均衡，表现为劳动素养各维度得分不均衡。何玲燕等[2]对高中生劳动素养现状以及劳动素养水平与学生个体价值实现之间的关系进行了研究，结果表明，学生具有较好的劳动观念、劳动习惯和品质、劳动精神，但劳动能力是短板；不同性别的学生在劳动观念、劳动能力、劳动习惯和品质、劳动精神方面均有显著差异；学生劳动素养和个体价值实现显著相关，学生劳动能力与自

---

[1] 张雅倩：《初中生劳动素养现状调查与对策研究》，硕士学位论文，曲阜师范大学，2022。

[2] 何玲燕、张勉、邱羽柔：《“三全育人”视域下中学生劳动素养现状及提升策略研究——以人大附中劳动教育课程实践为例》，《教育与装备研究》2023年第6期。

我认识存在个体差异性。徐雪梅[1]对整个中学阶段的中学生劳动素养水平进行了调研，研究表明：在劳动观念方面，中学生对劳动内涵和劳动价值认识较为深刻，但劳动观念的实际价值取向存在偏差；在劳动能力方面，具备日常生活能力，但劳动能力结构发展不均衡且劳动质量不高；在劳动习惯和品质方面，具备基本的习惯和品质，但仍有待强化；在劳动精神方面，有较高的认知，但有待于在实践中深化。

4.2.2.4 对大学生劳动素养现状的研究

对大学生劳动素养现状的实证研究主要包括对大学生劳动素养的现状调查和对大学生劳动素养影响因素的实证研究两大类。对大学生劳动素养的现状调查既有全国范围内的大规模调查，也有对某一高校范围内大学生的现状调查。刘伟亮等[2]对全国范围内高校大学生进行了问卷调查，结果表明，大学生劳动素养水平总体上趋向良好，其中劳动品质方面得分最高，表明大学生在诚信劳动、吃苦耐劳、理性消费方面的认知与践行较好；劳动观念方面得分最低，表明大学生对于劳动本质、劳动价值的认知不足，劳动态度需要更加端正，劳动意识需要强化；劳动技能培育不够，劳动能力提升平台缺乏，创造性劳动能力有待提升。谭琪[3]对某高校各专业大学生劳动素养现状进行了研究，结果表明，大学生普遍认同新时代劳动价值观，劳动认知不太清晰，劳动态度差异明显，对体力劳动的正确认知有待进一步强化，劳动习惯普遍较好，劳动技能比较欠缺。

---

① 徐雪梅：《中学生劳动素养培养现状及改进研究》，硕士学位论文，天津师范大学，2023年。

② 刘伟亮、霍莅坤、陶池月：《新时代大学生劳动素养现状及路径研究》，《学校党建与思想教育》2023年第16期。

③ 谭琪：《当代大学生劳动素养现状及提升策略——基于H高校大学生劳动素养现状问卷分析》，《新西部》2022年第12期。

　　对大学生劳动素养影响因素的实证研究多是基于某种理论视角构建影响因素模型并进行实证检验，从不同视角探讨大学生劳动素养的影响因素及影响机制。王建旭[①]基于分布式认知理论框架定量解析大学生劳动素养的驱动机制，结果显示，大学生的劳动素养认知存在差异，其中"个人力"与"地域力"的家庭子女数量、父母受教育程度等对劳动素养有重要影响，"文化力"中劳动价值认知、劳动情感品质等对大学生劳动素养起决定作用。之后，王建旭[②]又基于教育场域理论与中介效应对影响大学生劳动素养水平的机制进行研究，得出父母的家庭教育方式对子女家庭劳动素养水平的影响机制存在差异，生命意义感在父亲教养方式与大学生劳动素养之间起部分中介作用，但在母亲教养方式与大学生劳动素养水平之间起完全中介作用。张普伟等[③]研究得出大学生劳动素养影响因素体系是一个由院校特征、学生背景、劳动环境、人际互动、劳动参与构成的有机整体。毛小平[④]运用布迪厄"场域-惯习"理论对当代大学生劳动素养的分化机制进行研究，结果表明，当代大学生劳动素养水平差异主要表现为家庭文化资本及家庭劳动教育产生的差异，家庭文化资本越优越的大学生劳动素养水平越高，大学生从小养成的劳动习惯是学校劳动教育的基础，良好的劳动习惯显著提升了大学生的劳动素养水平。毛小平[⑤]运

① 王建旭：《河南省大学生劳动素养影响因素及实施路径研究》，《地域研究与开发》2023 年第 3 期。

② 王建旭：《基于教育场理论的中介效应模型的构建及检验——以家庭教养方式对大学生劳动素养水平的影响为研究对象》，《信阳师范学院学报》（自然科学版）2023 年第 4 期。

③ 张普伟、任美煊、付紫婷：《大学生劳动素养的影响因素体系研究》，《高教学刊》2023 年第 32 期。

④ 毛小平：《场域与惯习：当代大学生劳动素养的分化机制》，《现代教育管理》2022 年第 6 期。

⑤ 毛小平：《累积与分化：当代大学生劳动素养差异的再思考》，《兰州学刊》2022 年第 3 期。

用累积效应理论探讨当代大学生劳动素养差异的影响因素，发现良好的家庭劳动教育理论与劳动教育方式显著提升了大学生的劳动素养水平，家庭文化资本显著影响了大学生的劳动素养水平；不同职业阶层家庭的大学生劳动素养水平存在一定差异，职业阶层处于上层的家庭，其大学生劳动素养水平显著更高。

4.2.2.5　对职业院校学生劳动素养现状的研究

对职业院校学生劳动素养现状的研究主要分为中职和高职院校学生的劳动素养研究。姚雪锋[①]对新时代中职学生劳动素养现状进行了调研，发现当前中职生存在劳动认知不够深入、劳动价值观有待转变、劳动态度尚欠积极、劳动习惯品质有待提升、劳动能力略显薄弱、劳动技能和劳动创新有待提高等情况。王莉[②]对广东省十多所中职学校的 1874 名中职生进行问卷调查，结果表明，中职生的劳动观念水平参差不齐，对劳动知识的了解程度不够深，对劳动技能的掌握程度深浅不一，中职学校对学生的劳动素养培养质量不高，缺乏理论性指导、系统性构建、协同性推进，与我国现阶段劳动教育目标仍有一定差距。项丹[③]对某高职院校 875 名学生进行问卷调查，发现学生对于自身应具备的劳动价值有基本的认识，但其价值观的形成还存在较强的主观思想，需要进一步优化；学校劳动教育形式单一，教育目标不明确；学生劳动观念认知存在偏差，家庭教育未落实；学生劳动态度欠积极，职业能力待提高；学生社会服务参与度不高，劳动创新意识欠主动。

---

① 姚雪锋：《新时代中职学生劳动素养培养现状与对策——长三角地区中职学生劳动素养调研》，《中国培训》2023 年第 12 期。

② 王莉：《中职学生劳动素养的问题与对策研究》，硕士学位论文，广东技术师范大学，2022。

③ 项丹：《高职院校学生劳动素养的调研及培育策略》，《苏州市职业大学学报》2022 年第 3 期。

4.2.2.6 对特殊教育学生劳动素养现状的研究

除了对普通学校学生劳动素养现状的研究，2023 年还出现一篇硕士论文研究特殊教育学生的劳动素养现状，说明人们对劳动教育、学生劳动素养的关注范围越来越广泛。吴晓芸[1]对培智学校义务教育阶段智力障碍学生的劳动素养现状进行研究，采用自编问卷，从劳动认知、劳动能力和劳动品质三方面调查学生的劳动素养，并辅以访谈法和个案法收集资料，结果表明，培智学校智力障碍学生劳动素养整体表现较好，劳动品质表现最好，劳动认知和劳动能力次之；智力障碍学生智力障碍程度越轻，劳动素养表现越好；智力障碍学生年级越高，劳动能力和劳动认知表现越好，中年级学生劳动品质表现最好。

4.2.2.7 对某一地域学生劳动素养现状的研究

除了对不同阶段学生群体劳动素养的研究，还有的研究者分别对农村和城市学生群体的劳动素养进行了现状调查和比较研究，以探究城乡之间学生劳动素养发展现状以及是否存在差异。徐鸿鑫[2]选取 N 市一所农村学校学生为研究对象进行劳动素养现状研究，结果表明，农村小学生劳动素养整体较好，劳动态度积极，但劳动能力稍弱，且劳动素养在性别、年龄、班级岗位和家庭子女排序中存在显著差异，但成绩并不影响劳动素养。贾小培[3]对 Y 市两所城市小学高年级学生的劳动素养现状进行调查，结果表明，城市小学高年级学生劳动观念与劳动行为脱节，劳动技能薄弱，劳动创造能力不足，劳动习惯与品

---

① 吴晓芸：《培智学校智力障碍学生劳动素养研究》，硕士学位论文，辽宁师范大学，2023。

② 徐鸿鑫：《农村小学生劳动素养现状及教育策略》，硕士学位论文，宁波大学，2022。

③ 贾小培：《城市高年级小学生劳动素养研究》，硕士学位论文，扬州大学，2022。

质表现不佳。庞贞艾[①]对重庆市 3 所城市小学和 4 所农村小学学生的劳动素养现状进行调查，结果表明，城市与农村小学高段学生劳动素养总体情况不理想，城乡之间学生劳动素养在总体上存在显著差异，城市学生明显低于农村学生；从劳动素养各维度水平来看，在劳动认知方面，城市学生劳动认知水平高于农村学生，农村学生劳动知识和劳动观念水平高于城市；在劳动能力方面，农村学生劳动能力、劳动技能和劳动创造水平高于城市学生；在劳动精神方面，农村学生劳动精神和韧性水平高于城市学生，城市学生的劳动价值水平高于农村学生；在劳动习惯和行为方面，农村学生水平高于城市学生。

4.2.3　学生劳动素养评价研究

学生劳动素养评价旨在对学生劳动素养发展状况进行现状分析和价值判断，是衡量劳动教育效果、保证劳动教育质量的有效途径，一直是劳动教育研究者非常关注的话题。通过文献梳理发现，2023 年学生劳动素养评价研究主要集中在学生劳动素养评价指标体系构建研究、学生劳动素养评价方式研究等方面。

4.2.3.1　学生劳动素养评价指标体系构建研究

与 2022 年评价指标体系研究主要集中于中小学阶段不同，2023 年评价指标体系研究较多的是关于大学生劳动素养评价指标体系的研究，且大多为硕士论文；其次是关于高中生（普通学校高中生和职业学校高中生）、义务教育阶段学生和幼儿劳动素养评价指标体系的研究。

关于大学生劳动素养评价指标体系的研究分为对一般大学生群体

---

① 庞贞艾：《城市与农村小学高段学生劳动素养比较研究》，硕士学位论文，重庆师范大学，2021。

和对某一特定大学生群体劳动素养评价指标体系的研究。对一般大学生群体劳动素养指标体系的研究除了对劳动素养指标体系的一般性研究，还有专门针对数字时代劳动素养指标体系的研究。严瑶瑶[1]以本科大学生为研究对象，对大学生劳动素养评价指标体系及模型设计进行了研究，建构了包括劳动知识、劳动技能、劳动价值观、劳动态度、劳动行为习惯 5 个一级指标和 16 个二级指标的新时代大学生劳动素养评价模型。裴英竹[2]搭建的大学生劳动素养评价指标体系主要包括劳动价值观、劳动知识、劳动精神、劳动能力、劳动品德 5 个一级指标和 23 个二级指标。袁红爽[3]开发的劳动素养测评模型包括劳动观念、劳动知识技能、劳动品质、创新劳动 4 个一级指标，劳动价值观、劳动情感、劳动态度、劳动知识、劳动技能、劳动精神、劳动习惯、生活劳动创新、生产劳动创新、社会服务劳动创新 10 个二级指标。程实[4]构建的大学生劳动素养评价指标体系包括劳动观念、劳动知识、劳动能力与技能、劳动精神、劳动态度、劳动习惯与品质 6 个一级指标和 17 个二级指标。陈燕[5]对数字时代大学生劳动素养评价指标体系进行了研究，构建的数字时代大学生劳动素养指标体系包括劳动观念、劳动知识、劳动能力、劳动习惯、劳动精神 5 个一级指标和 21 个二级指标。

---

[1] 严瑶瑶：《新时代大学生劳动素养模型的实证研究》，硕士学位论文，江西师范大学，2023。

[2] 裴英竹：《核心素养视域下大学生劳动素养培育体系及其评价机制研究》，《梧州学院学报》2023 年第 6 期。

[3] 袁红爽：《大学生劳动素养测评模型的构建研究》，硕士学位论文，吉林大学，2023。

[4] 程实：《大学生劳动素养评价指标体系构建研究》，硕士学位论文，西北民族大学，2023。

[5] 陈燕：《数字时代大学生劳动素养及其评价体系的构建》，《学校党建与思想教育》2023 年第 13 期。

对某一特定大学生群体劳动素养评价指标体系的研究涉及对高职院校、技工院校、医学院等学生群体劳动素养评价指标体系的研究。王国喜和牛绍娜①对高职院校学生劳动素养评价指标体系进行了研究，提出该体系包含劳动观念、劳动能力、劳动习惯和品质、劳动精神4个一级指标和12个二级指标，每个二级指标又分别从认知、认同、践行三大维度进行设计。肖德钧等②对高职院校学生劳动素养评价指标体系进行了研究，构建了由劳动价值观、劳动知识与技能、劳动情感与意志、劳动习惯与品质4个一级指标17个二级指标以及30个三级指标构成的评价指标体系。吴旭亚和应钏钏③对新时代技工院校学生劳动素养评价体系进行了研究，构建了一套具有技工教育专业特色的劳动素养评价体系，该体系包括劳动品质、劳动情感、劳动能力、劳动创新四维度24个具体指标。许为冬④构建了具有医学院劳动教育特色的学生劳动素养评价指标体系，该体系包含劳动价值观、劳动知识、劳动技能3个一级指标12个二级指标。黄月兵⑤构建了一套中医专业本科生劳动素养评价体系，包含劳动观念、劳动精神、劳动习惯与品质、劳动知识与技能等5个一级指标、16个二级指标、40个三级指标和79个主要观测点。

一些研究关注高中生、义务教育阶段学生和幼儿劳动素养的评价

---

① 王国喜、牛绍娜:《高职院校大学生劳动素养指标体系构建论析》,《黑河学刊》2023年第2期。

② 肖德钧、王士恒、杨善江:《"三方协同、二维测评":高职院校学生劳动素养培育及测评指标体系研究》,《中国培训》2023年第12期。

③ 吴旭亚、应钏钏:《新时代技工院校学生劳动素养评价体系的建构》,《创新与创业教育》2023年第3期。

④ 许为冬:《医学生劳动素养评价指标体系构建与实证研究》,硕士学位论文,广州医科大学,2023。

⑤ 黄月兵:《中医专业本科生劳动素养多元评价体系的构建》,硕士学位论文,江西中医药大学,2023。

指标体系。对高中生劳动素养评价指标体系的研究分为对普通学校高中生劳动素养评价指标体系研究和职业学校高中生劳动素养评价指标体系研究两类。陈玉梅[1]构建了普通高中学生劳动素养评价指标体系，该体系由劳动观念、劳动能力、劳动习惯、劳动精神4个一级指标、11个二级指标以及34个三级指标构成。张莎杉[2]对中职学生劳动素养评价指标体系进行了研究，构建了具有中职学校特色的劳动素养评价指标体系，该体系包含劳动认知、劳动情感与态度、劳动习惯与品质、劳动能力4个一级指标、12个二级指标以及若干评估要点。还有一些研究对义务教育阶段学生和幼儿劳动素养评价指标体系进行了研究。董仲文和董天[3]构建了义务教育阶段学生劳动素养评价指标体系，包含劳动观念、劳动能力、劳动习惯与品质、劳动精神4个一级指标和12个二级指标。李燕玲和海路[4]构建了一套基于微认证的初中生劳动素养评价体系，该体系包含劳动观念、劳动情感、劳动习惯、劳动能力、劳动精神5个一级指标和9个二级指标，5个一级指标分别对应"劳动观念入人心""劳动情感高认同""劳动习惯早养成""劳动能力显身手""劳动精神大弘扬"5大类数字徽章名称。沈银银[5]对3~6岁儿童劳动素养评价指标体系进行了研究，该体系包含劳动观念与能力、劳动情感、劳动习惯与品质3个一级指标和13个二级指标。

---

① 陈玉梅：《普通高中学生劳动素养评价指标体系研究》，硕士学位论文，赣南师范大学，2023。
② 张莎杉：《中职学生劳动素养测评模型研究》，硕士学位论文，西南大学，2023。
③ 董仲文、董天：《义务教育劳动课程目标的层次、劳动素养内涵与测评框架构建》，《课程·教材·教法》2023年第6期。
④ 李燕玲、海路：《基于微认证的初中生劳动素养评价体系建构：价值、内容与实施路径》，《天津师范大学学报（社会科学版）》2023年第4期。
⑤ 沈银银：《3-6岁儿童劳动素养评价工具的研制》，硕士学位论文，杭州师范大学，2023。

一些研究从综合视角评价学生的劳动素养。吴菊[1]从立德树人视角对小学生劳动素养评价进行了研究，认为基于立德树人视角开展的小学生劳动素养评价活动，需要教师完善劳动素养评价体系，制定明确的评价内容标准，运用多元化的评价方法，重视学生心理品质的评价。张艳芳和黄登红[2]以第四代评价理论为理论基础对新时代高职院校学生劳动素养评价进行了研究，提出高职院校劳动素养评价应立足于促进学生全面发展，评价主体应倾向于吸纳多元主体参与，评价过程应侧重于回应多方利益诉求。刘芳和刘伊[3]以高质量就业为导向对高职院校学生劳动素养评价机制进行了研究，认为高职院校学生劳动素养评价应坚持以高质量就业为导向，强调职业性，促进高素质技能型人才的培养，为此作者提出要优化评价内容，将抽象的内容具体化，将开放的内容系统化；注重过程评价，创设过程目标，创建过程评价程序；创建多维指标，强化劳动素养的同时，突出就业能力素养的培育；加强实践应用，在考察常规劳动素养的同时，注重学生创新创业能力的培养、各种类型技能大赛的参与与突破情况等。

4.2.3.2　学生劳动素养评价方式研究

对学生劳动素养具体评价方式的研究主要包括两类：一是将增值评价、表现性评价等引入劳动素养评价；二是探索某种具体的评价模式，如"三阶式"评价模式。

第一，将增值评价、表现性评价等引入劳动素养评价。蒋雄超[4]

---

① 吴菊：《立德树人视角下小学生劳动素养评价的研究》，《华夏教师》2023年第30期。

② 张艳芳、黄登红：《新时代高职院校学生劳动素养评价的理论与理路——基于第四代评价理论的思考》，《职教通讯》2023年第2期。

③ 刘芳、刘伊：《以高质量就业为导向的高职学生劳动素养评价机制研究》，《学周刊》2023年第33期。

④ 蒋雄超：《增值评价：中小学劳动素养评价的实践探索》，《中国教师》2023年第10期。

对中小学劳动素养增值评价进行了研究，提出应从评价标准、评价主体、评价形式等方面构建劳动素养增值评价体系，做到锚定增值起点，关照劳动素养；彰显学生本位，深化发展认知；区间梯度评价，贯穿劳动全程。闵宝翠等[1]认为表现性评价与劳动素养评价具有内在耦合性，应从确定评价目标、评价任务、评价量规等方面设计劳动素养表现性评价。束仁龙[2]对大学生劳动素养发展性评价进行了研究，认为发展性评价关注过程、强调发展性，适宜于学生劳动素养的评价，并提出了大学生劳动素养发展性评价的应然路径，即树立正确的评价理念、确定合理的评价内容、制定完善的评价标准和采用多元的评价策略。

第二，探索某种具体的评价模式。陈舒怡[3]提出劳动素养"三阶式"评价模式，即按照评价对象、评价内容和评价性质进行评价。张惠敏[4]构建了"家-班-生"三维评价模式，即班级设计"劳动少年成长手册"，全面记录学生在三类劳动中的参与、成长与进步；家庭共同设计"家庭劳动闪光卡"，家长和孩子共同设计卡片内容、赋分方式、奖惩方式等，学生每进行一次劳动，即可在"家庭劳动闪光卡"上填写对应的内容；学生自主设计"劳动少年自省手册"，版本样式和内容可以个性化，引导学生对劳动过程进行自我反省。

第三，数字技术的发展深刻影响着劳动教育教学活动，以数字技术赋能劳动素养评价也成为研究者关注的重要议题，研究者主要围绕

[1] 闵宝翠、赵蔚、张红：《基于劳动素养的表现性评价设计与实践研究——以"智能花盆"项目为例》，《辽宁教育》2023年第18期。

[2] 束仁龙：《大学生劳动素养发展性评价：含义、价值与路径选择》，《池州学院学报》2023年第3期。

[3] 陈舒怡：《基于"劳动素养"的"三阶式"评价模式研究》，《试题与研究》2023年第26期。

[4] 张惠敏：《"家—班—生"三维评价体系赋能学生劳动素养形成》，《中国德育》2023年第6期。

劳动素养数字化评价平台建设进行了探索。莫建忠和朱杭锋[①]对小学生劳动素养数智评价进行了研究，针对劳动素养评价"路径不清与平台不通"等问题，依托数字技术开发了"劳励方"劳动素养数智评价平台。该平台整合了学生、教师、家长、导师四元评价主体，劳动岗位、劳动课、劳动竞赛、每日家务四类评价内容，证书激励、星级激励、分层激励、二次激励四重激励评价方式，紧扣劳动意识、劳动能力、劳动习惯和品质、劳动精神四大素养维度，设定四类劳动内容的素养比重，通过四大主体用户端的评价数据录入，最终形成学生劳动素养的全息画像。严然等[②]尝试基于电子档案袋系统构建了小学生劳动素养评价云平台模型，该平台具有发布查询功能、记录功能、评价功能、反思功能、多源数据汇聚功能、分析和管理功能等，一定程度上解决了劳动素养评价存在的评价指标不明、评价内容单一、评价主体单一、评价方法单一等现实困境。

此外，还有一些研究者对学生劳动素养评价存在的问题及改进策略进行了研究。[③]总体来看，学生劳动素养评价存在的问题有：评价目标错位，重管理效率轻社会效益，重技能教学轻素养发展，重任务考核轻奖惩机制；评价内容不够全面，重共性指标轻个性指标，或者重点不突出；评价主体比较单一，难以形成客观全面的评价结

---

①　莫建忠、朱杭锋：《"劳励方"：小学生劳动素养数智评价的校本创新》，《中小学德育》2023年第12期。

②　严然、穆叶、韩圆：《基于电子档案袋的小学生劳动素养评价云平台的模型构建》，《中国现代教育装备》2023年第6期。

③　王燕：《对新时代劳动素养评价的几点思考》，《学校党建与思想教育》2023年第2期；陈黎明、徐伟：《高职学生劳动素养评价的误区及改进策略研究》，《长沙航空职业技术学院学报》2023年第1期；劳丽环、李福灼：《中小学劳动素养评价体系的建构及实施》，《教育观察》2023年第17期；吕保桦：《小学生劳动素养多元评价的内涵、问题与策略——以桂林市合心中心校为例》，《教育观察》2023年第26期。

果；评价形式简单传统，难以保障评价的科学性和有效性等。改进策略主要有：创设真实劳动情境，在具体情境下评价学生的劳动素养；突出个性亮点，打造与办学特色相映衬的多维评价指标；创建体系化的测评工具，提高劳动素养评价的可操作性；组建评价团队，发挥多元主体的评价作用和多视角的反馈作用；建立监督机制，健全监测—反馈相统一的动态评价模式等。

4.2.4 学生劳动素养培育研究

培育和提升学生劳动素养是劳动教育的育人旨归，对劳动素养各方面的研究最终也是为了更好地培育和提升学生劳动素养。2023 年，关于学生劳动素养培育的研究数量较多，从研究主题看大致可分为学生劳动素养培育路径研究、不同学段学生劳动素养培育研究、基于某种理论模型的学生劳动素养培育研究等。

4.2.4.1 学生劳动素养培育的一般路径

《大中小学劳动教育指导纲要（试行）》指出独立开设劳动教育课程、在学科专业中有机渗透劳动教育是落实劳动教育的重要途径，也是劳动素养培育的重要路径。研究者围绕劳动课程建设、在学科教学中培育劳动素养进行了研究。

第一，以劳动课程培育学生劳动素养研究。劳动课程是培育学生劳动素养的主渠道，如何以劳动课程培育劳动素养是研究者探讨的议题，主要包括劳动课程培育学生劳动素养的思路与路径、指向劳动素养培育的劳动课程如何设计与实施等内容。马志颖和刘露[1]认为劳动课程落实劳动素养培育的总体思路是以跨界融合为走向，注重劳动素养培育的全面性与整合性；以一体化建设为基础，加强劳动素养培育

---

[1] 马志颖、刘露：《劳动课程落实劳动素养培育的思路厘定与实践方略》，《教学与管理》2023 年第 18 期。

的系统性与连贯性；以实践性为原则，在亲历体认中促进学生劳动素养的内在转化。张莉等[①]认为指向核心素养的劳动课程设计至少有直接指导型和间接融通型两种路径，直接指导型路径是整体支配路径，依据核心素养的整体框架，明确劳动教育在核心素养中的育人贡献，制定劳动课程目标与学段表现，进而系统设计劳动课程；间接融通型路径是部分渗透路径，重在厘清核心素养与劳动教育的关联性，进而以互补的形式渗透到劳动课程。指向核心素养的劳动课程设计有四个基本环节：厘定劳动素养内涵与要素、聚焦三大领域设计劳动任务群、围绕劳动任务群开发劳动主题与内容、通过评价优化劳动课程。薛佩君[②]对太原市某小学劳动课程实施情况进行了实证研究，指出学校在劳动课程实施方面取得了一定成效，如实施方式较为多样、劳动课程形成校本特色、劳动文化得以传播、教师专业能力得到提升等，但也存在一些明显问题，如课程形式不规范、内容不全面、资源不充足等，制约了学生劳动素养的形成，对此提出要牢固树立新时代劳动教育理念、积极整合劳动课程资源、做好劳动课程实施保障工作、抓好劳动课程各环节落实等建议。

第二，在学科教学中培育学生劳动素养研究。除了以专门的劳动课程培育学生劳动素养，在其他学科教学中有机融入劳动教育为学生劳动素养的培育提供了广阔空间，研究者对此进行了诸多探讨，涉及的学科有语文、数学、英语、思政、历史、地理、生物、化学、音乐、综合实践活动等。多篇硕士论文对不同学科教学中劳动素养培育

---

① 张莉、赵景欣、刘霞：《指向核心素养的劳动课程设计》，《北京师范大学学报》（社会科学版）2023 年第 4 期。

② 薛佩君：《指向劳动素养提升的太原市 H 小学劳动课程实施研究》，硕士学位论文，山西大学，2023。

的现状进行了调研①，发现在学科教学中学科教师虽然对劳动教育有所融入，但融入频次不高、融入时间不长、融入程度较低、融入效果欠佳，对学生劳动素养培育作用有限。对此，研究者提出在学科教学中渗透劳动素养培育的策略：提升教师自身的劳动素养，在教学目标中渗透劳动观念、劳动精神，指导教学实践；增强教师开发利用劳动教育资源的能力，善于挖掘劳动素材，拓展研究资源；依托单元教学实现劳动素养整体化培育，优化教学方法，采用情境式、议题式教学方法，强化实践活动育人；开展课外探究活动，丰富劳动素养培育渠道；落实综合评价，把控劳动素养培养全过程；建立家校社共育机制，共同营造劳育氛围等。此外，在综合实践活动中落实劳动教育、培育学生劳动素养也是研究者关注的议题之一。② 研究者指出当前学校在综合实践活动课程教学过程中对劳动教育的重视不够，教学内容缺乏系统性和针对性，教学方法缺乏趣味性和实践性等，这些问题都影响了学生劳动素养的培育。对此，研究者从劳动观念、劳动能力、劳动习惯和品质、劳动精神四个方面提出了改进策略，即明确课程目

---

① 李健：《新时代背景下初中地理教学中劳动素养培育研究》，硕士学位论文，南宁师范大学，2023；杨梅：《农村高中思政课教学中的劳动素养培育研究》，硕士学位论文，扬州大学，2023；马珍琪：《新课标背景下劳动素养与地理核心素养融合培养的初中地理教学研究》，硕士学位论文，西南大学，2023；黄锦钰：《高中生物学教学中渗透劳动素养培育的实践研究》，硕士学位论文，福建师范大学，2023；张焱：《小学语文教学中学生劳动素养培养现状研究》，硕士学位论文，内蒙古科技大学包头师范学院，2023；毛琴：《新课程背景下劳动素养融入中学历史教学实践研究》，硕士学位论文，重庆师范大学，2023。

② 李梅玲：《在小学综合实践活动课程中培养学生劳动素养的研究》，中国陶行知研究会第八届生活教育学术论坛论文集，2023。黄志强：《在小学综合实践活动课程中培养学生的劳动素养》，《福建教育》2023年第5期。姚顺：《在小学综合实践活动课程中培养学生劳动素养的研究》，《新智慧》2023年第18期。林冬芳：《浅谈如何在小学综合实践活动中培养学生的劳动素养》，《考试周刊》2023年第25期。

标，重视学生劳动观念塑造；细化教学过程，丰富劳动技能教学，促进学生劳动技能提升；重视劳动实践，开发家庭教育资源，发展学生劳动习惯和品质；统整教育资源，利用跨学科教学等方式开展教学，促进学生劳动精神的生成。

第三，基于项目化学习的学生劳动素养培育研究。一些研究者专门对基于项目化学习的劳动素养培育进行了研究，这些研究者多为一线中小学教师，主要以某个项目实践为例介绍基于项目化学习培育劳动素养的做法与经验，都强调任务驱动、问题导向、设计与操作、成果展示等环节。江军波[1]以风筝制作项目为例，提出教师可通过设置任务驱动、制定设计方案、指导动手操作、实践检验评估等方式提升学生劳动素养，打造符合时代要求的劳动教育新样态。刘道永[2]介绍了基于蔬菜种植项目培育劳动素养的策略，即入项激趣，助力劳动素养生根；过程引导，支撑劳动素养提升；评价指引，促使劳动素养结果。高洁萍[3]以"长寿菜，豆腐酿"项目学习为例，提出可通过任务驱动、问题导向、协作推进、展示评价的学习模式开展小学劳动教育，优化整合劳动教育资源，培育学生劳动素养。余爱娟[4]以"环境布置"项目为例，提出培育劳动素养的策略：多元统整，开发劳动项目系列课程；在场设计，培育劳动智慧性思维，包括核心思维、线性思维、综合思维；创意物化，开展创造性劳动实践，包括关联创造、组合创造等。

---

[1]　江军波：《借助项目化学习，助力劳动素养提升——以〈传承技艺有创新——风筝制作〉为例》，《教学月刊小学版》（综合）2023年第Z2期。

[2]　刘道永：《会"生长"的劳动教育——基于项目化学习的学生劳动素养发展策略探索》，《班主任》2023年第12期。

[3]　高洁萍：《依托项目式学习培养学生劳动核心素养——以岑溪市第一小学的劳动教育为例》，《小学教学参考》2023年第21期。

[4]　余爱娟：《基于项目化学习的劳动素养涵育策略——以"环境布置"项目为例》，《中国德育》2023年第1期。

4.2.4.2 幼儿劳动素养培育研究

关于幼儿劳动素养的培育研究主要包含两大类：一是幼儿劳动素养培育的家园共育或家园社共育策略研究，二是通过幼儿日常活动提升劳动素养的研究。杨慧[①]、吉培培[②]、熊理美[③]探讨了幼儿劳动素养培育的家园共育或家园社共育策略，认为幼儿园应从多角度构建劳动育人主体的联动机制，积极主动与家庭、社区合作协同助力幼儿劳动素养的发展。一方面，要形成家园共育，幼儿园要帮助家长正确认识幼儿劳动教育，达成关于幼儿劳动素养培育理念、培育方式等方面的共识，并与其探讨有效培育的方式方法；家长也应重视幼儿的家务劳动，给予幼儿参与力所能及的家务劳动的机会，创造热爱劳动的家庭氛围。另一方面，要形成园社共育机制，幼儿园应积极搭建与社区沟通合作的平台，为幼儿创设在社区参与劳动的机会，培育幼儿劳动素养。也有一些研究者探讨通过幼儿日常活动提升其劳动素养的策略[④]，提出通过日常活动提升劳动素养的指导原则：以坚守儿童立场、关切幼儿内在需求为根本，以把握全面发展、促进幼儿多维度素养提升为指向，以深挖教育资源、助推幼儿经验习得为关键。具体的教育策略

---

① 杨慧：《家园共育，共同促进幼儿劳动素养提升》，《幼儿100（教师版）》2023年第11期。

② 吉培培：《家园联合下幼儿劳动素养培养的实践研究》，《基础教育论坛》2023年第15期。

③ 熊理美：《幼儿劳动素养培育路径的实践研究》，硕士学位论文，成都大学，2023。

④ 董春霞：《通过种植活动提升大班幼儿劳动素养的行动研究》，硕士学位论文，浙江师范大学，2023；张娜：《幼儿园值日生活动中的劳动素养培养策略》，《基础教育课程》2023年第12期；文灵芝：《在值日生活动中培养幼儿劳动素养的实践研究》，《当代教育理论与实践》2023年第2期；范文嘉：《依托种植活动提升幼儿劳动素养》，《教育界》2023年第17期；宋旭涛、陈晓辉、李静：《幼儿劳动意识与劳动素养培育策略探究——以面工坊实践活动为例》，《教育实践与研究（C）》2023年第10期。

有：提升教育敏感度，正向转化幼儿劳动体验；重视亲历与实践，让幼儿真正劳有所获；及时反思与评价，引发幼儿体悟并逐步内化；以无痕融于生活，助力幼儿厚植劳动认同感。

4.2.4.3　中小学生劳动素养培育研究

中小学生劳动素养培育研究主要包括中小学生劳动素养培育模式研究、资源利用研究、不同视角下的中小学生劳动素养培育研究等。有研究者结合区域、学校实践，总结出了中小学生劳动素养培育的模式。例如，孙美荣[1]针对当前劳动教学忽视劳动素养、内容散点随意、讲授指导偏多、教学场域单一等问题，提炼出"做—研—创"劳动教育模式，以"发现、分析、设计、动手、反思、领悟、创造"为劳动学习主流程，培养学生劳动素养。许凤英和李维[2]结合学校资源优势和实际探索，提炼出"一点一泛一迁"的劳动素养提升模式，"一点"是指以学校小农田为基点，让学生在小农田的劳作中掌握基本的劳动技能，形成基本的劳动意识与习惯；"一泛"是指劳动教育场域的拓展与课程资源的丰富，将劳动教育场域延展到校外的广阔天地；"一迁"是指学生把在日常耕作中习得的劳动技能、劳动态度等迁移到班务、家务社区劳动中。张立秋和吕树君[3]提出劳动素养培育的"四个三"模式，"四个三"分别指强化组织建设、基地建设、队伍建设"三个抓手"，构建家校社"三融合"课程体系，开展制定校本化劳动清单、设立自主化管理岗位、开展项目化展示活动、拓宽社会化实践渠道等家校社"三位一体"活

---

①　孙美荣：《做-研-创：指向劳动素养的区域劳动教学范式探索》，《江苏教育研究》2023 年第 8 期。

②　许凤英、李维：《"一点一泛一迁"：劳动素养提升校本探新》，《中小学德育》2023 年第 4 期。

③　张立秋、吕树君：《构建"四个三"育人模式促进学生劳动素养提升》，《辽宁教育》2023 年第 2 期。

动，完善评价机制、激励机制和督导机制"三项机制"。

一些研究者对中小学生劳动素养培育中的资源利用问题进行了研究，提出要"整合教学资源，开辟劳动实践教育基地"①。王睿和邹秋惠②对农村劳动教育资源进行了研究，认为农村既有广阔的土地、又有世代劳作的广大农民，既有丰富的生活劳动内容、又有一批懂技术的技能型人才，农村学校应充分挖掘并利用好这些劳动教育资源，充分利用节假日开展劳动教育。刘洋等③对公共图书馆资源在青少年劳动素养培育中的优势及开发利用进行了研究，认为公共图书馆具有空间及服务优势、文献资源优势、人力资源优势、志愿实践优势，可通过"劳动知识实验课堂""劳动研学之旅""公益志愿服务""劳动技能类图书荐读"四大体系开展劳动素养教育。王晓红④对劳动素养培育中的家庭、家长资源进行了研究，从家校协同的角度提出提升小学生劳动素养的策略，认为可通过明确家校任务、设计基于真实生活的劳动任务群、开展"主体"互动活动、创生劳动项目等方法，培育学生劳动素养。

还有一些研究者对某一视角下的劳动素养培育进行了探讨。朱钰嵘⑤从学校教育视角出发对小学生劳动素养培育进行了研究，认为学校应充分发挥其在劳动教育中的主导作用，加强学生劳动观念、引导

---

① 张小平：《新时代背景下提升中小学生劳动素养的研究》，《山西科技报》2023 年 12 月 12 日。

② 王睿、邹秋惠：《如何挖掘农村劳动教育资源，培养学生的劳动素养——农村学校假日劳动实践的做法及启示》，《教书育人》2023 年第 20 期。

③ 刘洋、张剑、张素萍：《公共图书馆开展青少年劳动素养教育的优势及路径探究》，《图书馆界》2023 年第 4 期。

④ 王晓红：《依托家校协同提升小学生劳动素养的策略探讨》，《新课程研究》2023 年第 10 期。

⑤ 朱钰嵘：《学校教育视角下小学生劳动素养培养研究》，硕士学位论文，湖北师范大学，2023。

家长转变劳动教育观念；为学生提供劳动实践机会，开辟校内外劳动实践场地；关注学生劳动品质的养成；建立劳动素养评价机制；加强劳育师资队伍建设等。陆芹[1]从制度创新的视角介绍了学校关于劳动素养培育的经验，认为制度是劳动素养培育得以落实的保障，为此学校逐步建立了家务劳动管理和活动评价制度，包括"周周推"制度、"家长进课堂"制度、"一月一微课"制度、社区共建制度、"乐币争分"达标制度、"诚信为尚"承诺制度、"周周微评"评价制度等。李小旭等[2]从知行合一的视角对职业院校学生劳动素养培育进行了研究。

4.2.4.4 大学生劳动素养培育研究

大学生劳动素养培育研究主要包括研究者通过实证研究或经验总结的方式对大学生劳动素养培育现状与培育路径的研究。在培育现状方面，研究者指出当前大学生劳动素养培育过程中存在以下问题：大学生对劳动素养的认知不准确，在劳动素养培育方面主观能动性不强；[3] 劳动教育师资力量薄弱，对劳动素养培育措施落实不到位，劳动素养培育支撑保障不足；[4] 学校重教学轻劳动，劳动素养培育协同性不强，重理论轻实践，劳动素养培育实践性贫乏，重传授轻习得，劳动素养培育实效性较差；[5] 部分学生尚未形成正确的劳动观念和良

① 陆芹：《依托制度创新提升闵乐乐劳动素养》，《上海教育》2023年第Z2期。
② 李小旭、闫军、桓美丽：《知行合一视域下职业院校学生劳动素养的优化研究》，《就业与保障》2023年第2期。
③ 高云、周宇、史晓燕：《高职院校工程造价专业学生劳动素养培养途径研究》，《职业教育》2023年第13期。
④ 丁源：《师范院校大学生劳动素养培育路径研究》，硕士学位论文，长春师范大学，2023。
⑤ 陈攀、陈春萍、刘翔：《新时代高校推进大学生劳动素养培育的现实意义、困境与实施路径》，《湘潭大学学报》（哲学社会科学版）2023年第2期。

好的劳动习惯；① 等等。在培育路径方面，研究者从观念强化、课程建设、资源整合、评价优化、氛围营造等方面提出了建议。② 在观念强化方面，应重视引导大学生树立新时代劳动价值观，从五育融合的视角构建高校全面发展的育人体系。在课程建设方面，应结合专业特点，将劳动教育融入人才培养方案，优化劳动教育课程体系，规范劳动教育理论课程和实践课程的设计与实施。在资源整合方面，要深化多方参与，整合政府、社会、学校、家庭等多方力量协同共育，不断加大大学生劳动素养培育力度。在评价优化方面，要建立劳动素养测评体系和评价机制，发挥信息技术等在评价中的独特作用。在氛围营造方面，应营造浓厚的劳动教育文化氛围，如加强对劳动教育主题活动的策划组织与宣传报道等。

4.2.4.5 基于某种理论模型的学生劳动素养培育研究

研究者基于多种理论模型的启发提出了学生劳动素养培育路径，

---

① 韩章：《互联网时代高职学生劳动素养培养现状及路径研究》，《公关世界》2023年第3期。

② 崔健、孟鸿：《大学生劳动素养状况及培育路径研究》，《西北高教评论》2023年第1期；王国喜：《高职院校大学生劳动素养培育探析》，《江苏经贸职业技术学院学报》2023年第5期；安腾燕：《新时代大学生劳动素养培育的实践路径》，《教育教学论坛》2023年第35期；刘芳：《基于劳动素养提升的高职院校劳动教育模式与实施路径创新研究》，《湖北开放职业学院学报》2023年第9期；高云、周宇、史晓燕：《高职院校工程造价专业学生劳动素养培养途径研究》，《职业教育》2023年第13期；丁源：《师范院校大学生劳动素养培育路径研究》，硕士学位论文，长春师范大学，2023；陈攀、陈春萍、刘翔：《新时代高校推进大学生劳动素养培育的现实意义、困境与实施路径》，《湘潭大学学报》（哲学社会科学版）2023年第2期；王欢、谢青松：《新时代高职院校学生劳动素养培育现状及影响因素探析》，《职业技术教育》2023年第8期；韩章：《互联网时代高职学生劳动素养培养现状及路径研究》，《公关世界》2023年第3期；黄阳斯婕、白芮菡、童小军：《校园文化、课程体系塑造大学生劳动素养研究》，《西部素质教育》2023年第23期。

为学生劳动素养培育研究提供了多种理论视角，拓宽了研究思路。徐雪梅①借鉴冰山模型理论构建了劳动素养冰山模型，提出劳动素养培育需要从外显和内隐两个路径进行，外显路径包括优化劳动课程设置，注重知识和技能提升，改革评价方式；内隐路径主要在于构建家庭、学校、社会三位一体的育人格局。梅亚蒙②基于自组织理论视角对小学生劳动素养培育进行了研究，认为劳动素养的养成本质上是一个自组织过程，这就要求教师将主体地位还给学生，让小学生感受到自身的力量，进而发挥主观能动性，实现劳动素养的养成由他组织向自组织转化。常素梅③基于 SECI 模型提出高职院校学生劳动素养培育应发挥共育力量，营造潜移默化的创始场；优化课程体系，提供积极互动的对话场；依托网络平台，打造资源丰富的系统场；整合实践资源，拓宽多元化的练习场。任洪亮和李家俊④基于工学一体化视角构建了技工院校劳动素养培养模式，即以企业对人才素养的需求为目标，以卓越工坊为平台，在工学一体化教学改革大背景下，采取校企合作的方式开展劳动价值观培育、劳动素养教育、劳动实践体验及劳动生产锻炼，形成内在价值引领与外在行为养成相结合的浸润式、体验式劳动素养培养模式。汪秉清⑤基于"三全育人"视角对大学生劳动素养培育路径进行研究，提出"三全育人"背景下应注重构建全员

---

① 徐雪梅：《冰山模型理论视域下中学生劳动素养提升路径研究》，《当代教研论丛》2023 年第 3 期。

② 梅亚蒙：《自组织理论视域下小学生劳动素养养成路径研究》，硕士学位论文，天津师范大学，2023。

③ 常素梅：《SECI 模型视阈下高职院校学生劳动素养培育路径探索》，《山西青年》2023 年第 22 期。

④ 任洪亮、李家俊：《工学一体化视角下技工院校劳动素养培养模式研究》，《山东人力资源和社会保障》2023 年第 3 期。

⑤ 汪秉清：《"三全育人"视角下大学生劳动素养培育路径研究》，《普洱学院学报》2023 年第 6 期。

育人格局、全过程育人机制、全方位育人空间。

4.3　评论与展望

总体而言，2023 年学生劳动素养研究在研究数量上相较于前几年呈稳步增长态势，研究的范围和领域越来越广，研究的对象群体越来越全面，说明劳动素养研究受到越来越多的关注和重视。

现有研究有以下四个特点。一是劳动素养的基本理论探讨越来越深入。在劳动素养内涵和结构方面，研究者对于劳动素养是一个综合体达成了基本共识，但对于这个综合体由哪些具体要素综合而成则有不同的探讨，主要有"三维度"说、"四维度"说等。"三维度"说有不同的主张，有的认为劳动素养由劳动价值观、劳动知识、劳动能力三要素构成，也有的认为由劳动观念、劳动能力、劳动习惯和品格三要素构成。"四维度"说也有不同主张，有的认为劳动素养由劳动态度、劳动能力、劳动习惯和劳动精神四要素构成，也有的认为由劳动观念、劳动能力、劳动习惯和品质、劳动精神四要素构成，还有的认为由劳动价值观、劳动情感品质、劳动知识技能和劳动实践习惯四要素构成。在劳动素养特征方面，研究者对劳动素养特征的认识越来越全面、具体，研究者主要就劳动素养的思想性、系统性、整体性、具身性、阶段性等特征进行了探讨。其中思想性反映了劳动素养的价值诉求，系统性和整体性反映了劳动素养的结构特征，具身性和阶段性则体现了劳动素养的生成和发展特点。在劳动素养价值方面，研究者从个体与社会、国际与国内等不同层面对劳动素养价值进行了探讨。从个体层面看，劳动素养是个体德智体美劳全面发展的重要组成部分；从社会层面看，劳动素养是新时代社会发展所需人才的必备素养；从国际层面看，《PISA 全球素养框架》、联合国教科文组织提出的"四个学会"等与劳动素养有紧密关联；从国内层面看，劳动素养是学生发展核心素养的有机组成部分。

二是学生劳动素养现状的实证研究越来越丰富，既有从幼儿园到大学不同学段学生劳动素养现状的调查，也有普通学校、职业学校、特殊教育学校等不同类型学校的学生劳动素养现状的调查，还有城市学校、农村学校等不同地区的学生劳动素养现状的调查与比较研究。

三是学生劳动素养评价研究重点突出。其中，2023年的一个研究重点是学生尤其是大学生劳动素养评价指标体系构建研究，有多篇学位论文对此进行了探讨。从研究思路看，大多研究者在文献研究、调查研究、德尔菲法、层次分析法等的基础上构建劳动素养评价指标体系并进行实证检验，思路较为统一。从研究结论看，研究者构建的评价指标体系并不完全一致，有的是3个一级指标，如劳动价值观、劳动知识、劳动技能；有的是4个一级指标，如劳动观念、劳动知识技能、劳动品质、创新劳动；有的是5个一级指标，如劳动知识、劳动技能、劳动价值观、劳动态度、劳动行为习惯；有的是6个一级指标，如劳动观念、劳动知识、劳动能力与技能、劳动精神、劳动态度、劳动习惯与品质。数字化劳动素养评价研究也是一个研究重点，突出了评价研究的时代性，研究者尝试借助数字化技术搭建劳动素养评价平台，力争实现劳动素养评价的过程性监测和结果的直观性呈现。

四是劳动素养培育研究数量众多。从研究主题看，涉及劳动素养培育路径研究、不同学段学生劳动素养培育研究、不同理论视角下的劳动素养培育研究。具体而言，在劳动素养培育路径方面，探讨较多的是以劳动课程培育劳动素养、在学科专业教学中培育劳动素养以及基于项目化学习培育劳动素养三种路径；对劳动素养培育的分学段探讨涉及幼儿园、中小学、大学等各学段；不同理论视角下的劳动素养培育研究则涉及冰山模型视角、SECI 模型视角等。

　　同时，我们也看到，尽管 2023 年关于学生劳动素养的研究从不同角度、不同程度拓展和深化了我们对于什么是劳动素养、学生劳动素养的实际发展状况如何、如何评价学生劳动素养、如何培育学生劳动素养等问题的认识和理解，但已有研究仍然存在一些局限。一是关于学生劳动素养的理论探讨还有待加强。学生劳动素养的已有研究尽管数量不少，但有很多研究仍停留于经验总结层面，理论性不强，缺少对劳动素养相关问题的本质性、体系化认识，这就限制了研究的水平与质量。二是大中小学学生劳动素养一体化视角下的贯通性研究较少。比如，关于学生劳动素养现状和培育方面的研究大多是基于某个学段的分段式研究，这可以为我们具体细致地揭示某个学段学生的劳动素养发展状况和培育路径，但却缺少大中小学学生劳动素养一体化视角下的贯通性研究，缺少从全局全程视角定位某一学段学生劳动素养培育着力点的研究，这就容易导致研究视野的局限。三是关于劳动素养的时代性新问题的研究还有待加强。比如，立足于智能时代的新要求，如何认识和培育劳动素养？数字时代数字技术如何真正赋能劳动素养评价？未来研究需加以关注与回应。

5 2023年劳动教育的国际研究进展与反思

2018 年以来，尤其是 2023 年以来，诸多学者在思考我国劳动教育发展方向的同时，也更多地将目光转向劳动教育的国际比较研究，希望从其他国家劳动教育的思想研究和实践探索中找到能为我国所借鉴的有效经验，并将其本土化，以更好地服务于我国劳动教育的发展。纵览已有研究成果，可以发现学者们研究的焦点主要集中于亚洲地区（如日本、韩国、新加坡等）、欧洲地区（如丹麦、德国、芬兰、法国等），以及美国、澳大利亚等地，亦有部分学者对国外劳动教育发展进行综合比较，这些研究成果都可以为当前我国开展劳动教育提供宝贵且有益的参考。

5.1 亚洲地区：儒家文化影响劳动教育的育人观念

日本的劳动教育要求学生掌握劳动的知识、技能并形成爱劳动的态度。在日本，劳动教育有三个不同的实施主体，分别是学校、家庭与区域社会。王文静[①]指出，劳动教育是日本教育中不可或缺的部分，日本《教育基本法》提出教育的目标之一是培养个人爱劳动的态度，《学校教育法》进一步提出学生要掌握有关劳动的专门知识与技能。

---

① 王文静：《"三驾马车"拉动日本劳动教育》，《上海教育》2020 年第 8 期。

学校劳动教育围绕《学习指导要领》中的课程要求向学生传授劳动知识与技能并培养学生热爱劳动的态度；家庭中的劳动教育以家务劳动为主要形式，家庭为学校家政课提供进行课程实践的场所；区域社会为学生进行劳动体验提供设施和服务等。

王潇[1]认为，日本劳动教育的主要特点包括以下几点。第一，理念先行：健全法律法规，规范劳动教育。第二，深度整合：设置专门课程，统领劳动教育。第三，亲身实践：鼓励参与实践，融入劳动教育。第四，指导评价：完备总结反思，保障劳动教育。其对我国劳动教育有以下重要启示。在学校层面，一要丰富劳动教育教学模式，构建"三课堂互动"机制；二要建立高效指导评价体系，加强劳动教育顶层设计。在家庭层面，一要转变家庭教育理念，用恰当关爱培养孩子劳动意识；二要鼓励孩子亲身体验，用科学方法锻炼孩子劳动能力。在社会层面，一要规范大众媒介宣传，营造劳动教育良好氛围；二要创建多方合作模式，激发社会力量积极融入。

蒋洪池和熊英[2]通过对日本劳动教育的研究，指出劳动教育对学生人格养成具有重要作用。日本小学劳动教育大致可分为自我服务性劳动教育、家务劳动教育、公益劳动教育和简单生产劳动教育四种形式。日本小学劳动教育具有以下特点：注重培养学生独立生活与自我管理能力；注重男女共育下的知识教学与实操相结合；强调地域合作下的道德教育和活动教育并举；强调生产活动与产业学习并重。在借鉴日本小学劳动教育经验的基础上，我国小学可在已有的教育体系中渗透全方位劳动教育、重视多样化劳动体验、注重系统劳动知识学习、强化"家校社"协同共育。

---

[1] 王潇：《日本劳动教育的主要特点及其启示》，《山西青年职业学院学报》2021年第2期。

[2] 蒋洪池、熊英：《日本小学劳动教育：形式、特点及启示》，《外国教育研究》2020年第12期。

　　除日本以外，还有学者对新加坡、韩国等国家的劳动教育进行了比较研究。郑蕊等[①]认为，新加坡、韩国与中国深受儒家教育思想影响，在教育理念上有诸多共同之处：新加坡教育指出，知识与技能必须以尊重、责任感、正直、关爱、和谐等价值观为基础；韩国教育指出，"以人为本，未来教育"是其核心价值观，只有把以人为本的未来教育具体化才能建立健全的人才培养体系。该研究以新加坡的品格及公民教育、韩国幼儿劳动精神涵养教育为切入点，总结新加坡、韩国在学生成长各阶段的教育目标及具体做法，结合中国特色社会主义教学实践，为中国建设具有整体性与时序性的劳动教育体系提供经验借鉴与参考。

　　在劳动教育的具体实施方面，郑蕊等指出，作为一个多种族文化并存的移民国家，新加坡的教育制度要求学生拥有良好的自我意识、健全的道德准则以及应对未来挑战的必要技能和知识。品格及公民教育（Character and Citizenship Education）作为新加坡教育制度体系的核心，贯穿新加坡主体教育的始终，其主要目标是通过教育使学生学会承担家庭以及社会责任，同时明确自身在建设新加坡未来过程中所扮演的角色。与新加坡不同，韩国将劳动教育以项目形式写进幼儿（3~5 岁）教育的全过程，并将其直接命名为"幼儿劳动精神涵养教育"，作为中小学及后续各学习阶段职业教育的基础，其定义为确立幼儿对劳动和多种职业的正确价值观，使之发现有能力的自我并主动追求幸福生活，逐渐成长为成熟的社会市民。韩国对公民劳动精神的培养不仅前置且将重点放在幼儿时期，认为劳动精神的价值是个人通过对自己的正确理解获得有能感和满足感，在设定适合自己能力与兴趣的目标后，通过个人的努力，为社会发展做出贡献，并在此过程中

---

① 郑蕊、隋海娇、姚彬：《境外劳动教育主要特色分析与启示——以新加坡、韩国为例》，《高校学生工作研究》2021 年第 2 期。

获得成就感和幸福感。个人在完成劳动本身、职业选择及工作之前需要首先通过教育树立健康的劳动精神。

柴雨涵[1]指出，作为国家教育体系的重要组成部分，新加坡劳动教育形式多样、内容丰富，回应了新加坡重视培育核心素养的教育理念，在该国基础教育中具有重要作用。柴雨涵以新加坡教育部统一课程大纲以及三所具有代表性的小学为例，梳理了新加坡小学劳动教育的六种做法与经验，包括日常劳务训练、社会服务与志愿活动、课后社团活动、研学旅行、职业规划与体验、多学科综合项目中的劳动实践。在此基础上，总结了新加坡劳动教育的五个特点，分别是面向现实需求的生活化导向、强调公民身份与社会责任、融合理论思辨与劳动实践、涵盖多层内容与活动场合、回应核心素养与时代愿景。

5.2 欧洲地区：以课程为载体和衔接点

丹麦历来重视劳动教育，在内容安排和评价方式等方面都有许多可供借鉴之处。刘惕若和刘正伟[2]系统研究了丹麦中小学劳动教育课程改革的相关政策、内容与评价，指出自 21 世纪以来，丹麦中小学劳动教育课程改革与时俱进，于 2013 年取消了"家政学""手工艺""针线活"课程，正式设立"食品科学"和"工艺与设计"两门课程，以培养学生健康、科学的生活观念以及创意开发与设计能力。丹麦中小学劳动教育课程贯穿小学 3 年级至初中 9 年级，课程围绕中小学教学计划的共同目标，按照"能力目标+知识+技能"的方式展开，以未来家庭生活和职业需要为取向，为参与未来民生社会生活作准

---

[1] 柴雨涵：《新加坡小学劳动教育：背景、做法与特征》，《基础教育参考》2023 年第 3 期。

[2] 刘惕若、刘正伟：《丹麦中小学劳动教育课程改革：政策、内容与评价》，《比较教育研究》2023 年第 3 期。

备。课程实施倡导真实情境学习、跨学科交叉主题学习和项目化学习；课程测试与评估提倡形成性评估与终结性评估相结合，不仅关注专业知识与技能的掌握，而且关注产品制作中的创意与美学价值。

在此基础上，他们总结了丹麦劳动教育的重要特点。首先，在劳动教育课程内容上，丹麦与时俱进，建构了以"食品科学"和"工艺与设计"为核心的课程体系。劳动教育不再仅仅培养中小学生劳动知识、观念和日常实用性的技能，而是在科技发达的社会中，培养学生科学健康的生活观念和创新创业素养，造就敬业和富有责任感的公民，以参与未来民主社会及国家的建设。其次，以跨学科交叉主题学习的方式推进劳动教育课程的实施，改变了以往劳动教育课程教学中师生简单的授受方式，而代之以学生积极参与为中心、以解决问题为取向的多学科综合性实践学习。跨学科交叉主题学习不仅使劳动教育课程与其他学科相互融合、相互促进，指向"共同目标"，而且赋予学生学习以更大的创造空间和协作解决问题的能力。再次，劳动教育课程的评估采取国家通行的七级制评分标准以及较为完备的评估框架，聚集于劳动教育课程——"食品科学"和"工艺与设计"的专业知识、技能的掌握，以及是否朝着课程既定的目标前进。最后，关注学生在产品制作过程中的语言表达、创意设计、合作精神、安全意识和美学特征，充分体现了劳动的特性与价值。

任平和林嘉雯[1]以吉森大学、卡塞尔大学、柏林工业大学、慕尼黑工业大学、波茨坦大学与汉堡工业大学六所德国独立设有劳动教育专业的高校为例进行研究，通过对劳动教育专业课程体系的比较分析，发现其课程体系呈现以下主要特征：课程目标以培养综合行动能力为基本导向；课程设置指向劳动教师专业素养的发展；课程实施凸

---

[1] 任平、林嘉雯：《德国高校劳动教育专业课程体系的主要特征与建设经验——以六所高校劳动教育本科专业为例》，《中国人民大学教育学刊》2023年第1期。

显实践行动技能的培养；课程考核重视教师个体的专业成长。同时提出对我国高校劳动教育专业课程建设有益的参考与借鉴：第一，回应时代需要，打造特色专业；第二，强化教学实践，聚焦专业素养；第三，建立培养标准，保障师资水平。

也有学者从历史变迁的角度考察了德国劳动教育的发展历程。贺阳等[①]指出，德国学校劳动教育的发展历经四个时期，其人才培养目标从工匠、技术工人、负责任的劳动者逐步过渡至具有数字能力的劳动者。在此过程中，德国形成了以职业准备课程模式、工艺课程模式、情境课程模式和结构课程模式为代表的多种劳动课程模式。但这导致当前德国劳动教育面临着课程内涵界定不清、高校劳动教育（师范）专业和中小学劳动课程建设困难以及劳动课程地位低下等现实困境。进而提出德国学校劳动教育发展的经验与挑战对于我国提升劳动教育质量有以下启示：以劳动素养为导向，开发劳动项目；强化时代特征，优化劳动课程内容；重视职业体验，促进普职融合。

孙进和陈囡[②]指出，劳动教育是德国中小学教育的重要组成部分，目前已经发展并形成了完备的劳动教育课程体系。从目标来看，德国中小学的劳动教育课程旨在传授与劳动和生活相关的知识及能力，增强学生劳动价值意识和公民意识，为其参与社会生活作好准备。从劳动教育课程的内容来看，涉及经济、社会、技术、家政、法律、生物、自然科学、日常文化、职业和学业导向等领域。从考评方式来看，劳动教育课程有笔试、口试、实践工作和展示等多种考评方式。总体来看，德国中小学的劳动教育课程具有体系完备、主题和内容综合化、以生活和职业为导向等特点，受到参与各方的重视。

---

① 贺阳、张中华、柳雁勇：《德国学校劳动教育：发展历程、课程模式、现实困境与启示》，《教育理论与实践》2023年第8期。

② 孙进、陈囡：《德国中小学的劳动教育课程：目标·内容·考评》，《比较教育研究》2020年第7期。

芬兰劳动教育的实施具有衔接性、综合性、统筹性和时代性特征，且其高质量的劳动教育促进了对学生的全方面培养，为其他国家开展劳动教育提供了新的思路和方法。王曼柳[1]对芬兰劳动教育的体系化开展进行了研究，指出芬兰作为教育水平领先的国家之一，其劳动教育历史悠久。芬兰各学段均具备相应的法律及制度规范，逐渐形成了小学、初中学段以家政课等劳动课程为主，高中学段以综合活动为主的劳动教育体系。具体来说，芬兰义务教育阶段的劳动教育可以分为小学和初中、高中两个阶段。在小学和初中阶段，劳动教育为必修课，主要根据2014年版《基础教育核心课程标准》的规定，依托家政课程和手工艺课程，注重培养学生的劳动意识和动手实践能力，在高年级会涉及消费观念、环境保护观念等衍生领域的知识；部分地方还设置了与劳动教育相关的选修课和综合类课程。在高中阶段，劳动教育主要与社会研究、跨学科课程等结合实施。

在法国劳动教育方面，邵献平和徐婧怡[2]指出，法国小学劳动教育的成功得益于其秉持将学生个人成长需求与社会发展需求相融合的理念，以回应现实需求为导向，以劳动技术实践活动为载体，利用教学连贯性渐进、跨学科实践教学、家校社协同育人和系统化的评价方法，引导学生在具体的劳动实践中将理论的世界与客观物质世界进行融通，在劳动实践中培养劳动精神和劳动技能。以之镜鉴我国小学劳动教育，有必要在课程目标、学科联动、协同共育、评价体系等方面加大改革创新力度，使劳动教育充分发挥其独特的育人功能。

---

[1]　王曼柳：《芬兰劳动教育的体系化开展与特点》，《基础教育参考》2023年第3期。

[2]　邵献平、徐婧怡：《法国小学劳动教育及其现实启示》，《教育导刊》2023年第10期。

5.3 美国：家校社协同特色明显

谷贤林[1]研究了美国学校如何开展劳动教育，指出美国小学和初中的劳动教育主要分散在家庭日常生活和学校的活动中，旨在培养一个人终身的习惯、品质，而不是仅当作一个阶段性学习任务。在美国，劳动主要分为体力劳动、脑力劳动和手工劳动三类。但不管哪类劳动，在学校教育中，劳动的目的都是培养学生的劳动习惯、劳动态度和尊重劳动的精神。美国中小学的教育宗旨是保持身心健康、掌握学习的基本技能、成为家庭的有效成员、养成就业技能、胜任公民职责、善于利用闲暇时间、具有道德品质。在美国人看来，学校正规的课堂教学可以教给学生知识、技能，提高学生的能力。但是，态度、习惯、品质、行为方式等需要通过课堂外的各种活动、实践来加以培养，需要通过反复经历、体验，最终成为习惯或品性。基于上述认识，为实现教育宗旨，美国的劳动教育主要有以下三类：一是基于成为家庭有效成员的劳动教育；二是基于就业的劳动教育；三是基于公民培养的劳动教育。

汪静和李炳煌[2]研究了美国中小学家校协同开展劳动教育的特点及启示，指出美国已经形成了家庭、学校、社区一体化的具有美国特色的劳动教育模式，该模式以课程和活动为载体、组织和协会为媒介、意识和生活渗透为手段、法律和法规为支撑，体现了极强的实践性、联动性、渗透性和组织性，且具备学生劳动教育生活化、家校劳动影响无形化、家校互动常态化和家校劳动教育规范化的特点。对我

---

[1] 谷贤林：《美国学校如何开展劳动教育》，《人民教育》2018 年第 21 期。
[2] 汪静、李炳煌：《美国中小学家校协同开展劳动教育的特点及启示》，《教学与管理》2021 年第 22 期。

国家校协同开展劳动教育的启示包括：第一，增设家政等劳动教育课程；第二，拓宽家校联合渠道；第三，有机渗透劳动教育；第四，完善相关法律法规。

周群英和刘小英[①]以美国伯利亚学院为例，研究了该学院的劳动教育体系，指出伯利亚学院劳动教育从创校开始能得以贯彻实施，与其合法合规、严密的组织和管理密不可分，具体体现在以下几方面。第一，劳动教育实施合法合规。高校要通过劳动教育达成人才培养目标的实现，必须合法合规合理地实施劳动教育，在这一问题上，伯利亚学院劳动教育的实施遵循联邦、肯塔基州和自身章程的各项规定。第二，建立健全的劳动教育组织管理机构。伯利亚学院每年招收1600多名本科生，要使这么多学生通过劳动获得为期四年、价值约10万美元的学费承诺奖学金，不仅需要法律的保障和许可，而且需要强有力的组织和管理，为此，伯利亚学院自上而下成立对劳动教育进行审查、决策、组织和实施的行政机构。第三，明确劳动教育学习目标和内容体系。伯利亚学院运用恰当的方式表述学习目标和对学习结果的期望，并为学生提供阶梯式的学习内容以帮助学生来达到学习目标。同时，伯利亚学院还建立了学生劳动评价（Student Labor Evaluation，SLE）和劳动经验评估（Labor Experience Evaluation，LEE）两种工具来评估劳动教育的表现和效果，以保证学生参与劳动教育实践的深度和广度。该学院劳动教育体系对我国高校开展劳动教育的启示主要有：一要有健全的劳动教育组织管理体系；二要制定具有可操作性的劳动教育目标；三要使劳动教育内容具有丰富性、连贯性和层次性。

---

①　周群英、刘小英：《美国伯利亚学院劳动教育体系及启示》，《煤炭高等教育》2022年第3期。

5.4 澳大利亚：在实践中训练劳动技术

澳大利亚重视实用型人才的培养，中小学普遍开设劳动技术课，拥有丰富经验。孙智昌[①]研究了澳大利亚中小学的劳动技术教育，指出澳大利亚的劳动技术课教学颇有特色，概括起来，有如下几方面。第一，全方位地开发劳动技术课的功能。这明显地反映在这门课教学目标的设置上，例如，将初中农业课的教学目标分为认知目标、技能目标和情感目标三部分。第二，教学方法灵活多样。教师在教学时，要采取各种方法以最好地完成教学任务，如在学习商业研究科目时，教师将运用讨论、辩论、讲座、角色扮演、调查研究、游戏、模拟、社会访问、现场参观、设计情景、解决某一问题等方法来完成教学任务，具体使用什么方法，教师要根据自己的情况、学生的情况、教学内容和教学条件来定。第三，重视实践。劳技教学主要在实践中进行，例如，在教授农业课时，重视野外实习、设计作业、对照实验、观察、采集标本、参观农业机构、走访农业专家等活动；在手工教学中，重视操作技能的培养，初中学生必须学会台虎钳、锤子、刨子、凿子、木褪、丁字尺等手工工具的使用，在初二、初三时，还要学会使用一些机械设备。第四，贯彻安全第一的原则。在安排教学内容、决定教学方法和购买设备时，安全问题始终是头等大事，所有学校都不准将金属浇铸、树脂浇铸、电镀等技术列入教学范围，玻璃纤维强化塑料、聚氨酯泡沫塑料等材料一律不准作为教学材料。为了搞好劳技教育，澳大利亚也很重视劳技师资的培养和教学设施的建设。总之，澳大利亚的劳技教育适应经济发展的需要，起步早，政策稳定，得到了持续的发展，在课程设置和教学方法方面也取得了成熟的经

---

① 孙智昌：《澳大利亚中小学的劳动技术教育》，《世界教育信息》2000 年第 2 期。

验，这些都值得我们借鉴。

5.5 苏联时期：劳动教育思想历久弥新

苏霍姆林斯基的劳动教育思想是学者们研究的重点。常蓉[1]指出，劳动教育是苏霍姆林斯基教育思想的重要组成部分，也是其教育活动与教育理论体系的核心。苏霍姆林斯基根据苏联社会主义革命和建设的要求，结合自己多年的劳动教育实践，提出了独具特色的劳动教育思想：强调劳动教育的普遍性和长期性；主张体力劳动和脑力劳动的有机结合；注重创造良好的劳动教育环境；提倡劳动实践是劳动教育的重要途径。徐凯伦和董志华[2]认为，苏霍姆林斯基倡导劳动教育，以培养未来公民、共产主义建设者为教育目的，以培养学生的创造性劳动素养为教育任务，要求在劳动教育过程中贯彻道德性、尽早性、量力性、全面性、创造性、长期性六大原则，启示当代教育应改变教师教育观念，培养劳动型教师，注重丰富劳动教育的实施途径，同时注重学校劳动活动常态化。孙丹和徐辉[3]指出，苏霍姆林斯基深刻审视劳动教育与培养"真正的人"的内在关联，系统诠释了劳动教育培育"真正的人"的公民品格、提高"真正的人"的综合能力和丰富"真正的人"的精神生活的三重逻辑。

马卡连柯的教育思想中也蕴含着非常丰富的劳动教育内容。郑

---

[1] 常蓉：《试论苏霍姆林斯基的劳动教育思想》，《湖南人文科技学院学报》2013年第2期。

[2] 徐凯伦、董志华：《苏霍姆林斯基的劳动教育理论及对当代教育的启示》，《成才之路》2023年第8期。

[3] 孙丹、徐辉：《苏霍姆林斯基劳动教育培养"真正的人"的三重逻辑与时代价值》，《西南大学学报》（社会科学版）2023年第1期。

丹①指出，马卡连柯认为教育必须与生产劳动相结合，劳动教育是集体的教育，能促进人综合素质的发展。王俊梅②指出，马卡连柯注重对学生进行劳动教育，强调劳动教育不仅有利于社会进步，而且有利于学生全面发展，同时，他还认为学校是学生劳动教育的主要场所，家庭是学生劳动教育的重要辅助，在马卡连柯劳动教育思想的启示下，中国学校及家长应该重视青少年及儿童的劳动教育，并且要运用科学的方法进行劳动教育。宋航和张良③指出，在马卡连柯的教育思想中，劳动教育居于核心地位，马卡连柯认为要使劳动成为教育的途径或手段，就必须同政治教育和道德教育相结合，让其成为改造人和培养人的重要途径和手段，劳动教育不仅是让学生体验劳动过程，还需要教育者循循善诱，使学生理解劳动对个体以及对社会的意义。此外，劳动教育是脑力劳动与体力劳动的结合，也是知识教养与熟练技术的结合，在这个过程中，体力劳动为增强学生的身体素质带来一定好处，而脑力劳动会促进学生的智育发展，对劳动成果的鉴赏与评价会促进学生美育的发展，因此，劳动教育是德育、智育、体育、美育的综合。

乌焕焕④研究了克鲁普斯卡雅的学前劳动教育思想，指出克鲁普斯卡雅在十月革命前后长期的学前劳动教育事业建设中形成了完整的思想体系，强调社会进步与个人全面发展相结合，内容及方法主要涵盖间接了解和实地观察成年人的劳动以及参加力所能及的劳

① 郑丹：《马卡连柯劳动教育思想视角下小学劳动教育问题探析》，《教育观察》2021 年第 27 期。
② 王俊梅：《马卡连柯的劳动教育思想述评》，《河南科技学院学报》2012 年第 6 期。
③ 宋航、张良：《马卡连柯劳动教育思想价值探析》，《品位·经典》2021 年第 24 期。
④ 乌焕焕：《克鲁普斯卡雅学前劳动教育思想及其启示》，《大学》2023 年第 19 期。

动三个方面，教育途径关照儿童游戏与生活，实施过程注重尊重儿童。

5.6 总结与评析

总体来看，自 2018 年以来，关于劳动教育的国际研究总体呈现稳步增长的趋势，并在劳动教育的课程建设、教材建设、师资建设、大中小学各学段研究等方面不断涌现出新成果，越来越多的学者将目光投向国外，积极从各国劳动教育富有成效的实践中归纳总结可供我国借鉴的经验。这些研究呈现了研究国别广、研究内容深入、研究领域丰富等特点，为我国开展劳动教育提供了非常有益的参考。当前劳动教育的国际经验总体上呈现以下特点：第一，劳动教育的政策与制度基本完善；第二，劳动教育课程内容注重融合与全面发展；第三，劳动教育以实践为主，强调家庭、社会与学校三方协同；第四，多种评价机制反馈劳动教育实施成效；第五，多方资源合力保障劳动教育实施。这些国际经验对我国劳动教育有以下启示：第一，以正确的劳动观与劳动教育观引领劳动教育实践；第二，完善劳动教育政策与内容框架；第三，构建劳动教育实践框架；第四，充分发挥现代职业教育体系的劳动教育功能；第五，家庭、学校与社会多方合作推动劳动教育；第六，完善劳动教育的评价机制[①]。

尽管如此，现有研究还存在以下不足。首先，研究地域还需进一步拓展，目前的研究大多集中于美国、德国、日本、芬兰、丹麦等比较成熟的地区，其他国家的劳动教育如何开展，还需要进一步挖掘。其次，研究的时效性有待进一步提高，部分研究还是局限于对一些教

---

① 陈波涌、黄鑫楠：《中小学劳动教育的国际经验及启示》，《当代教育论坛》2021年第 4 期。

育家经典劳动教育思想进行探讨，对劳动教育理论创新的关注不足，对劳动教育的具体实践时效性更新不足，研究还立足于某一时期或某几个学校案例的探讨，对当前最新的劳动教育有效做法探讨不足，因而在为我国劳动教育的开展提供具有时效性的最新参考方面尚有不足。

实践推进篇

6 2023年中小学劳动教育的主要进展、亮点与展望

2023 年，中小学劳动教育逐渐呈现规范化、常态化发展。相比于以往师资数量不足与质量不高、劳动教育实践基地"内涵式"发展不足等情况，2023 年各地中小学师资队伍建设逐渐加强、教育基地量质齐升、劳动教育政策保障不断增强。全国中小学劳动教育实施呈现劳动课程特色化、推进方式多样化、课程评价创新化、范式数字化等亮点。中小学劳动教育取得的积极进展，为促进学生德智体美劳全面发展提供了有力支撑，对培养适应社会需求的全面发展人才具有重要意义。但目前劳动教育也存在劳动项目开发创新性与完整性不够、劳动课程教学方法较为低层次、劳动教育教研存在短板、城乡劳动教育发展不均衡等问题。未来，需进一步增强劳动教育的时代性、科学性、均衡性，以及劳动育人的实效性。

6.1 中小学劳动教育实践的主要进展

6.1.1 中小学劳动教育育人体系不断完善

2023 年，各地努力开齐开足中小学劳动课，落实劳动教育清单制度，加强校本课程开发，开发劳动教育教材，推动劳动教育逐渐走

向规范化、常态化。中国教育科学研究院对广东省 367 所中小学劳动教育情况进行调研发现，九成以上中小学已开设劳动教育课程，八成以上中小学能够保证平均每周不少于 1 课时。在课程规划上，58.86% 的学校独立开设了专门的劳动教育必修课程；在课程目标设置上，普遍重视学生劳动观念、劳动能力、劳动精神、劳动习惯和品质的养成。针对广州市全部中小学的调查显示，98.4% 的学校劳动教育课平均每周不少于 1 小时，88.8% 的学校劳动专题教育必修课课时达到了 16 学时，97.9% 的学校劳动课程学分设置满足 6 学分且包含 2 学分的志愿服务。超过 98% 的学校在其他学科中有机渗透劳动教育。91.1% 的学校设立了劳动周或劳动月。[①] 湖北省武汉市 62.71% 的学校根据实际开发了劳动校本课程，97.13% 的学校开设了劳动课，87.48% 的学校落实了每周一节劳动课的标准。[②] 湖北省武汉市、江苏省南京市、山东省东营市和淄博市、辽宁省本溪市、河北省保定市和定州市等纷纷制定、发布了中小学或中小学某个学段的劳动教育清单。尽管教育部提出国家不统一组织编写《劳动教育》教材，但各地积极开展劳动教育教材编写和出版工作，2023 年全国范围内中小学劳动教育教材出版 13 本，缓解了劳动教育课程开展缺乏依据的难题。

6.1.2　劳动教育师资队伍建设逐渐加强

针对劳动教育师资短缺的状况，2023 年，各地均探索建立了专兼职相结合的劳动教育师资队伍，一些劳动模范、大国工匠、技能大师、具备专业特长的家长和教师等被选聘为劳动教育兼职教师，全国劳动教育教师数量不断增加，为劳动教育顺利开展提供了师资保障。

---

① 资料来源：中国教育科学研究院对广州全市中小学劳动教育实施情况的调研数据。

② 《〈武汉市小学校园劳动清单〉正式发布》，《长江日报》2023 年 5 月 28 日。

目前，广东省广州市已实现全市"每所中小学至少有一名劳动教育专职教师"100%覆盖；贵州省目前已配备中小学劳动教育专兼职教师5.6万余名。① 在扩大教师队伍的同时，各地开始注重加强劳动教育教师培训，逐渐提升师资队伍水平。例如，山东省临沂市对全市2000余名劳动教育专兼职教师开展全员培训，着力提升教师的课程设计和教学能力。② 广州市越秀区构建了教科培评"四位一体"的教研体系，每学期至少开展4次区域集中教研活动，每两周开展1次学区互助教研和联动教研活动，促进教师专业化水平提高。③ 福建省安溪县树立"每个学科教师都是劳动教育的专任教师"的理念，组建以专职学科教研员为主体的劳动教育学科教研团队，每月定期开展课程资源研讨、课例展示等教研活动，不断提高劳动课程教师教育教学水平。④

6.1.3 劳动教育基地量质齐升

2023年，各地积极推进劳动教育基地建设，将盘活、用好、做优校内外资源作为出发点，结合学校资源条件、地方产业发展、历史文化资源和周边资源情况，加强区域统筹，通过校内外闲置资源改造或与园区、企业、社会场馆合作等方式，纷纷建立"农业+""工业+""科技+""生态+"等劳动实践基地，劳动教育基地数量快速增加，各类市场主体、社会力量参与意愿明显增强，基地课程内容开

---

① 《贵州推动劳动教育提质升级》，《中国教育报》2023年10月23日。
② 《山东临沂推进全息化、全学科劳动育人实践》，《中国教育报》2023年11月15日。
③ 《播下"劳动最光荣"种子——广州市越秀区"一体多翼"推动劳动教育课程化生活化》，《中国教育报》2023年3月23日。
④ 《新课标公布1年来，各地中小学优化劳动课程——多彩劳动课 创新更走心》，《人民日报》2023年5月4日。

发更加丰富,① 教师专业化水平不断提高，基地管理制度更加健全。江西省萍乡市中小学校已有 200 余个劳动教育实践基地，其中省级劳动教育实践示范基地 2 个、市级劳动教育实践示范基地 45 个、县级劳动教育实践示范基地 180 个。② 江苏省常州市采用"学校+基地"共建模式，156 所领衔校牵手 150 个劳动基地共同研发课程，形成 100 个劳动精品课程群。③ 辽宁省整合各地劳动实践基地优势力量，建立校外劳动教育资源平台，邀请各基地的专业教师组建课程教学研究团队，围绕不同类型的劳动实践项目开展教研工作，同时通过论坛沙龙、实地观摩、同课异构等方式，积极开展主题交流研讨活动，有效形成各基地间互学互助、互研互通的良好工作局面。④

6.1.4　地方对劳动教育的政策保障不断增强

2023 年，各级政府在组织领导保障、课时保障、实践基地建设、师资队伍专业化、课程内容创新等方面为中小学劳动教育提供了明确指导和规范，推动了劳动教育的深入实施。例如，上海市徐汇区教育局发布《徐汇区学校劳动教育改革和发展三年行动计划（2023—2025年）》，明确了劳动教育的课时和师资配备要求，每学期开足 12 课时劳动教育公共必修课及 6 课时劳动教育特色必修课，确保劳动教育课程的系统性和连续性；通过建立专兼职相结合的劳动教育师资队伍，

---

① 党印、魏玲云：《新时代劳动教育实践基地建设与发展状况探析》，《中国校外教育》2023 年第 1 期。

② 《田间地头收获成长，萍乡中小学劳动实践教育扫描》，《江西日报》2023 年 3 月 17 日。

③ 完利梅：《构建新时代劳动教育"常州样本"》，《中国教师报》2023 年 8 月 16 日。

④ 《辽宁省打造"四个一"体系 加强新时代大中小学劳动教育》，教育部网站，http：//www.moe.gov.cn/jyb_xwfb/s6192/s222/moe_1737/202311/t20231127_1092231.html。

提升了劳动教育的专业性。① 贵州省和江苏省常州市等地区重视劳动
教育实践基地的建设和管理，出台的《贵州省劳动教育实践实训基地
管理办法（试行）》② 和《常州市劳动教育基地课程群等级评估标
准》③ 等文件明确了劳动教育实践基地的申报条件、申报流程、管理
措施、管理责任和评估标准等，激发了劳动教育实践基地优质发展的
内部驱动力，促进了劳动教育与实践的紧密结合。

6.2　中小学劳动教育实践的年度亮点

6.2.1　劳动课程特色化

劳动教育课程的科学建设是保证劳动教育有效实施的重要环节。
创新、特色的课程设计和实践模式，能够为学生提供更广阔的学习视
野和更深层次的体验机会，帮助学生在实践中了解和传承本土文化，
引导学生认识自我、发展特长，为学生的终身学习和成长奠定坚实的
基础。

6.2.1.1　结合区域特色和产业发展设计劳动课程

在设计劳动教育课程时，将区域特色和生产实际充分融入其中至
关重要。这不仅有助于激发学生的学习兴趣，而且有助于学生更好地
理解和尊重劳动的价值，促进本土文化传承。重庆市巫山中学充分挖
掘、梳理、利用本地乡村资源，逐渐形成了"福田茶香""曲尺花
果"等4项劳动实践选修课，根据家乡湄潭茶叶、大方天麻、江口抹

---

① 《上海徐汇发布劳动教育改革和发展三年行动计划——每校配备专职劳动教育教
师》，《中国教育报》2023年6月12日。
② 《贵州：打出"组合拳"推动劳动教育"换挡升级"》，《中国教育报》2023年
8月12日。
③ 《构建新时代劳动教育"常州样本"》，中国教育新闻网，《中国教师报》2023
年8月16日。

茶等地方特色产业产品，推出 8 项"巫山地标美食选修课"。通过开展家乡特色产业劳动课程，引导学生崇尚劳动、走进自然、链接文化涵养、提升劳动素养，让学生知家乡、懂家乡、爱家乡，自信讲好家乡故事、传承传统乡土文化。① 浙江省安吉县溪龙小学借助茶山环绕的地理优势，以溪龙乡特色产业白茶为依托建立"生态茶园"，在生态劳动教育课程中充分浸润"茶文化"。通过开展具有地域特色的生态劳动教育，培养学生茶园生态劳动能力，理解人与自然、社会共存在、共发展、共繁荣的生态劳动观念，养成吃苦耐劳、团结合作、保护环境的品质，形成爱乡、爱家、爱茶的浓厚乡情，传承致富、共富的生态劳动精神。②

6.2.1.2　推进学科交叉、五育融合

劳动教育课程是实现学科交叉与五育融合的重要载体。在劳动教育课程中有效整合不同学科的教学内容，有助于加强德育、智育、体育、美育和劳动教育的有机结合，不仅能够加深学生对学科知识的理解，还能通过实际操作提升学生的综合能力，培养他们解决复杂问题的能力，对于培养学生的创新意识、审美情趣、社会责任感都有着不可替代的作用。例如，山东省淄博市临淄区齐陵中心小学积极探索开展基于 STEAM 理念的新时代劳动教育课程，推动日常劳动教育化、服务劳动公益化、生产劳动常态化、科技劳动创新化，不仅打破了传统学科的界限，更实现了德智体美劳"五育"的有机融合，为劳动教育赋予了新的生命力。学生在参与劳动的过程中，不仅掌握了基本的劳动技能，还学会了运用科学知识、技术手段、工程思维、艺术审美

---

① 《行走巫山之畔，上活思政大课——巫山中学思政老师和学生们的万里"走读"》，《重庆日报》2023 年 11 月 16 日。

② 汪丽娟、叶玉燕：《"茶文化"浸润下的生态劳动育人探索》，《中国民族教育》2023 年第 6 期。

和数学逻辑来解决问题，实现了知识的跨学科应用与综合能力的提升。[①] 吉林省长春市长沈路学校将科技创新与劳动教育作为推动"五育"全面育人的关键突破口，不仅丰富了教育内涵，也拓宽了人才培养的路径。学校独创性地构建了由必修课、汽车文化课以及一系列融合课程（如"民俗+""学科+""科技+""生活+""农业+"校本课）组成的劳动教育课程体系。这一系列课程不仅覆盖了传统劳动技能的传授，更将劳动教育提升至一个全新的高度，使之成为连接科学、技术、工程、艺术、数学等多学科的桥梁。学生在参与劳动实践的同时，能够自然而然地运用多学科知识解决问题，实现了知识的交叉融合与综合应用。[②]

6.2.1.3   融合劳动教育与学生生涯发展规划

在劳动教育课程的设计中，充分考虑学生的个性需求、成长需求，以及其未来职业发展。实施个性化的劳动教育课程，可以有效激发学生的学习兴趣和潜能，同时帮助学生认识和发展自己的特长与兴趣，为未来的职业生涯规划打下基础。例如，广东省广州市东风东路小学[③]和深圳市盐田区外国语学校[④]邀请家长分享职业经历，举办"职业进课堂"活动，邀请70多名家长走进学校，向学生讲述自己的职业经历。学生在了解不同职业的同时，明白了职业职责，丰富了知识储备，树立起初步的职业梦想，学会了尊重他人的劳动成果，也体会到家长工作的不易。上海市、浙江省宁波市推动职业院校和中小学组建劳动教育共同体，推动职业院校开发适合不同年龄段学生的职业

---

① 杨志伟：《向上追光，向下扎根》，《中国教育报》2023年10月1日。

② 《长春汽开区：统筹资源协调发展，推进区域教育高质量发展新跨越》，人民网，http://jl.people.com.cn/n2/2023/0919/c349771-40575714.html。

③ 《播下"劳动最光荣"种子——广州市越秀区"一体多翼"推动劳动教育课程化生活化》，《中国教育报》2023年3月23日。

④ 谢学宁：《如何建设特色化校本劳动课程》，《中国教育报》2023年11月10日。

体验项目课程，联动实施职业通识教育、职业技能体验、职业生涯规划等。①②

6.2.2 劳动教育推进方式多样化

劳动教育作为培养全面发展人才的重要组成部分，其推进方式的多样化有助于提高劳动教育的效果，形成"家庭劳动教育日常化、学校劳动教育规范化、社会劳动教育多样化"的协同育人格局，有效提升青少年学生的身体素质和劳动技能，营造崇尚劳动、热爱劳动的浓厚氛围，促进学生的全面成长和发展。

6.2.2.1 各地纷纷开展劳动技能竞赛

2023年，一些地区举办了省、市、县、校等不同级别的劳动技能竞赛，通过以赛促教、以赛促学、以赛促建、教赛结合，帮助广大学生增强劳动感受、体会劳动艰辛、分享劳动喜悦、掌握劳动技能、养成劳动习惯，营造良好的劳动教育氛围，引导广大学生积极参与劳动教育活动。例如，天津市、江苏省如皋市、贵州省黄平县、内蒙古自治区通辽市科尔沁区等地纷纷开展劳动技能竞赛，根据不同年龄段孩子发展特点，分层次、分年级、分项目进行比拼。

以贵州省为例，贵州省已在全省开展校级竞赛8233场次（占全省中小学数的93%）、乡级竞赛1000余场、县级竞赛89场、市（州）级竞赛9场，参与师生44.2万多名，覆盖学前、中小学、中职、特

---

① 任朝霞：《第二批上海市学生劳动教育基地（场所）公布——上海：统筹全市优质资源形成劳动教育合力》，http：//www.jyb.cn/rmtzcg/xwy/wzxw/202305/t20230529_2111048014.html。

② 史望颖：《宁波启动中小学劳动教育宣传月》，中国教育新闻网，http：//www.jyb.cn/rmtzcg/xwy/wzxw/202306/t20230613_2111055624.html。

教等多个学段，师生参与广泛，积极性很高。① 天津市举办以"与生活劳动相伴、与生产劳动同学"为主题的天津市中小学劳动技能大赛。大赛涵盖小学低年级组、小学高年级组、初中组、高中组4个组别。来自全市各区的600余名中小学生参加了整理行李、冷菜拼盘等14个项目的比赛。②

6.2.2.2　制定特色化劳动教育清单

实行劳动教育清单制度，有助于系统科学地规划劳动教育，对学校开展劳动教育具有很好的指引作用。2023年，湖北省武汉市、江苏省南京市、浙江省宁波市和湖州市、山东省东营市和淄博市、辽宁省本溪市、河北省保定市和定州市等地均积极落实劳动清单制度、制定中小学或中小学某个学段的劳动教育清单，要求学校细化校级劳动教育清单。越来越多的学校建立了校本化特色清单，使劳动教育能够在有目标、有针对性、可操作的项目中予以实施落地，切实解决劳动教育教什么、怎么教的问题。有的学校还以劳动教育清单为参考，评估学校劳动课程开展情况。

例如，浙江省湖州市月河小学教育集团围绕生态劳动教育的开展，在原有学校劳动清单中融入生态劳动内容，围绕三大类劳动，以10个任务群为基本单元，分别构建符合各学段特点的生态劳动项目，从而增强生态劳动的计划性和持续性，并从清单出发，进一步打造丰富多彩的生态劳动活动，促使学生在多元的体验中充分感受生态劳动的价值与魅力。③ 浙江省宁波市紧密结合该市现代化滨海大都市建设的有利契机，探索建立"日常生活劳动清单""校内'小岗位实践'

---

① 崔凯：《贵州举办首届中小学劳动教育实践技能省级竞赛》，中国教育新闻网，http：//www.jyb.cn/rmtzcg/xwy/wzxw/202307/t20230710_2111067596.html。

② 陈欣然：《劳动技能大赛显身手》，中国教育新闻网，http：//www.jyb.cn/rmtzcg/xwy/wzxw/202304/t20230424_2111032915.html。

③ 高佳薇：《打造生态劳动教育新范式》，《中国民族教育》2023年第6期。

清单""特色文化实践清单"特色产业研学清单" 4 张清单。与此同时，实施清单化打卡管理，要求各地各校参照市级指导清单，建立具体实践清单，每学年完成实践内容不少于 70%。① 武汉市陆续发布了武汉市小学家务、田园、社会、校园、科创 5 张劳动清单，从学生和地域实际出发，采用一体化设计，实现了生活场景全覆盖、课程体系全贯通、核心素养全链条，助力学生成为"生活小能人""田园小农人""社区小红人""校园小主人""科创小达人"，78.63% 的学校反馈这份清单"指导性强"。②

6.2.3 劳动课程评价创新化

劳动课程评价是检验教学实效、促进劳动教育质量提升的重要手段。③ 劳动课程评价必须以培养学生的劳动素养为出发点，引导学生形成正确的劳动观念和态度、积累劳动知识与经验、掌握劳动技能、塑造劳动品质，最终成为具备较高劳动素养的人才。④《大中小学劳动教育指导纲要（试行）》指出，要"健全和完善学生劳动素养评价标准、程序和方法"。随着劳动教育实践不断发展，越来越多的地区和学校开展劳动课程评价探索和创新。一些地区和学校积极探索劳动教育评价改革，革新评价理念，创新评价方法，注重评价结果运用。

---

① 史望颖：《宁波：打造行业参与、学段衔接的全景式劳动教育生态》，中国教育新闻网，http://www.jyb.cn/rmtzcg/xwy/wzxw/202302/t20230213_2110999725.html。

② 张渊：《构建三全"美好劳动"新样态，武汉市小学高年段科创劳动清单发布》，极目新闻，https://www.ctdsb.net/c1673_202309/1908651.html；周锐：《〈武汉市小学校园劳动清单〉正式发布》，搜狐闻，https://www.sohu.com/a/679930953_100199096。

③ 应黎莉：《数字化赋能中小学生劳动素养评价的区域实践——以上海市长宁区为例》，《现代教学》2024 年第 1 期。

④ 周婷婷，谢念湘：《小学劳动教育课程评价的问题与对策》，《西部素质教育》2023 年第 5 期。

6.2.3.1　革新评价理念

先进的评价理念不仅有助于提升学生的劳动技能和积极性，也为学校教育评价提供了更为丰富和多元的视角，有助于促进学生劳动素养的全面提升和个性化成长。江西省南昌市豫章学校通过"评价前置"策略，引导学生提前了解劳动评价标准，不仅确保劳动有章可循，也蕴含了其突出评价主动性与预见性，强调评价透明性与公正性，注重评价教育性与引导性的理念。[①] 陕西省大荔县洛滨小学的"水润少年"评价体系，通过基础章和特色章两条争章线，激发学生全面进步和个性化发展，展现了该校劳动教育评价尊重学生特长与兴趣，重视学生在不同维度的发展，强调学生的自我提升与管理。[②]

6.2.3.2　创新评价方法

创新评价方法有助于深入实施劳动教育，提升学生劳动素养。上海市长宁区利用数字教育平台和虚拟现实技术，进行劳动素养评价，同济大学第一附属中学通过数字化平台和 App，支持劳动学习轨迹记录和积分管理，形成个性化成长档案。[③] 青海省西宁市城中区陆续开展 10 期"城中区百名劳动好少年"评选活动，在区域范围内评选出1000 名具有热爱劳动、崇尚劳动好品质的少年儿童，并隆重颁奖。同时，借助城中区智慧云平台、大数据分析功能、线上 App 等信息技术手段，实现过程监测和纪实评价。[④] 山东省烟台市推出"1+1+X"评价体系，结合劳动成果展评和技能竞赛，将家务劳动和社会志愿服

---

① 邓国亮、熊玫：《劳动周：延展劳动的时空》，《中国教师报》2023 年 12 月 6 日。

② 李小伟、阮萱：《"水润少年"综合素质评价体系：让每个孩子都有闪亮的机会》，中国教育新闻网，http://www.jyb.cn/rmtxwwyyq/jyxx1306/202303/t20230329_2111021139.html。

③ 刘蓓蓓：《同济大学第一附属中学：完善机制为劳动教育提质增效》，《中国教育报》2023 年 7 月 12 日。

④ 《如何深挖劳动课育人价值——透视劳动教育"独立成课"的首个学期（下）》，《中国教育报》2023 年 1 月 12 日。

务纳入综合素质评价，采用劳动任务单等工具进行日常评价。[①]

6.2.3.3 注重评价结果运用

发挥评价结果的反馈作用，有助于引导学生发现自身的不足，不断提升劳动素养。浙江省宁波市提供综合素质平台，帮助家长根据孩子的数字画像进行精准干预，找到相匹配的优质师资。[②] 山东省潍坊市坊子区建立评价体系，将劳动教育纳入学校督导评估，评价结果作为考核奖惩依据，健全激励政策，激发教师育人积极性。[③] 四川省成都市金牛区实现评价数据随学生学段变化同步迁移，保证了劳动评价融入幼儿园、小学、中学各学段学生综合素质评价体系的一贯性和持续性。此外，将劳动教育评价结果作为"三好学生""先进班集体"等评优评先项目的基本条件。[④]

6.2.4 劳动教育范式数字化

大数据、云计算、区块链等数字技术推动了劳动教育范式转型，使教学内容、教学方式、教学评价手段与方法等发生了深刻变革，与此同时，也加强了劳动教育的资源统筹、供需匹配、教师沟通合作等，有助于解决劳动教育资源不足、劳动教育场域单一、教师能力不足、学生劳动素养评价难等问题。

6.2.4.1 推动劳动教育在线共研

数字技术可以打破教师沟通的时间和地域限制，使区域内部、跨地区以及城乡教师通过线上平台加强沟通，相互启发、教学共研、资源共享，提高劳动教育教学或教研水平。例如，山东省淄博市临淄区

---

① 林水：《"劳动+"校本课程放大育人效应》，《中国教育报》2023年3月17日。

② 张光明、周贤丰：《构建素质教育"五中心"，创新"五育并举"新模式》，《人民教育》2023年第13～14期。

③ 房师范：《全域联动推进劳动教育"坊子经验"》，《中国教师报》2023年8月16日。

④ 喻昌学、吴柯江：《评价让劳动教育走深走实》，《中国教师报》2023年10月18日。

遄台中学成立劳动教育专家资源库，积极聘请国内有丰富劳动教育经验的专家，利用"线上+线下"的形式进行劳动教育专题研究和实践培训，集聚全国劳动教育专家的智慧，全面提高学校劳动教育水平。①

6.2.4.2 实现劳动教育资源"一站统筹"

依托数字化平台强大的整合功能，实现课程、基地、师资等各类劳动教育资源的统筹、对接，增加劳动教育资源供给，有效解决劳动教育资源短缺、不均衡问题。例如，浙江省天台县开发了"劳动课堂"数字应用场景，其中的"实践共富园"场景，汇聚校内外基地、课程，供学校和家长自主选用、错时共享，使优质资源得以共享、稀缺资源服务范围最大化。与此同时，公开社会和企业劳动需求清单，供学校和学生志愿认领，快速实现劳动供需对接。其中的"匠师会客厅"场景，汇聚非遗传承人、大师工匠、农业专家等人员以及学校有特长的教师等校内外兼职劳动师资，由学校错时聘用，解决部分学校劳动教育师资短缺问题。

6.2.4.3 助力劳动教育管理及决策"一图总览"

借助数字化手段，实现劳动教育相关数据的采集、监测、分析和评估，有助于掌握劳动教育实施情况和学生劳动素养情况，服务教育决策。例如，河北省在全国率先研发、上线省级中小学劳动教育管理平台，该平台设立基本信息、总体方案、课程实施、师资队伍、实践场所等10大功能模块，能够对省、市、县三级教育行政部门及全省14000余所中小学校劳动教育实施情况进行周期性数据采集、统计监测和汇总分析，实现了"数字化监测、信息化研判、可视化展示、现代化管理"，推动全省劳动教育走深走实。② 浙江省天台县"劳动课堂"数字应用场景中的"教学雷达站"通过数字大屏呈现学校劳动

---

① 于莎：《在劳动中获得成长》，《中国教师报》2023年2月28日。

② 崔丛丛：《河北省中小学劳动教育管理平台上线》，《河北日报》2023年8月26日。

教育实时情况，实现教学进度清单化、动态化，推动过程管理实时化、闭环化；"数字农科院"借助人工智能、VR 等技术，为学校师生开展劳动提供全息体验、数据集成、动态追踪、虚拟实验、智能操控、结果分析等数字场景；"成长档案馆"为劳动教育评价提供数字化留痕、可视化呈现和数字化评估等。①

6.3　中小学劳动教育实践中的主要不足

6.3.1　劳动项目开发创新性与完整性不够

劳动项目是落实劳动课程内容及其教育价值的重要实施载体。开发劳动项目应以劳动素养为导向，依据学生发展规律和劳动素养养成规律，因地制宜。当前中小学劳动项目较为单一，且创新性不强。以生产劳动为例，大多数学校开发的校内外劳动项目属于农业生产劳动任务群，如各类校园"开心农场"、家庭植物种植、农场参观考察等，属于工业生产劳动、新技术体验与应用任务群的劳动项目较少。开发的农业生产劳动项目仍以人力耕作为主，对体现机械化、智能化、生态化的现代农业的开发力度不足。例如，很多水稻种植区均组织学生进行水稻人工插秧、举行插秧大赛，鲜有地区使学生领略水稻机械插秧的先进性和便利性。缺乏创新性劳动项目，使学生的劳动往往仅停留在出力流汗阶段，学生能够体验劳动的艰辛而难以真正体验劳动的价值，难以激发学生对劳动的积极情感。

此外，劳动项目的完整性不够。项目实践是劳动教育的关键环节之一，经历完整的劳动过程是影响项目实践效果的重要因素。《大中小学劳动教育指导纲要（试行）》指出，"围绕劳动能力的培养，让

---

① 陈程：《浙江省天台县：以"数智劳动"激活乡村教育》，《中国教育报》2023年 8 月 6 日。

学生完成真实、综合任务，经历完整劳动过程"，要"统筹劳动教育与通用技术课程相关内容，从工业、农业、现代服务业以及中华优秀传统文化特色项目中，自主选择1~2项生产劳动，经历完整的实践过程"。然而，当前劳动教育实践存在碎片化现象，很多劳动实践学生每学期只能集中参加一两次，缺乏持续性，使得学生难以经历深层次的劳动历练和劳动体悟，难以真正在劳动中锻炼发现问题、解决问题的能力。

6.3.2   劳动课程教学方法较为低层次

除了劳动课程本身的内容设计，课程开展方式也是影响劳动课程质量的重要因素。虽然当前有一些中小学校在劳动教育过程中尝试采用项目式学习等方式，但总体上有不少学校仍停留在课堂上"讲"劳动，课堂外简单地参观、考察、体验劳动，学生处于低层次参与阶段。《大中小学劳动教育指导纲要（试行）》指出，劳动教育的关键环节包括讲解说明、淬炼操作、项目实践、反思交流、榜样激励。《义务教育劳动课程标准》（2022年版）也提出了劳动过程指导建议。然而，教师对教学环节的设计不够完整，尤其是劳动前的准备、劳动后的反思环节较弱甚至缺失，教师的角色仅体现在"带领学生参与"这一层面；在劳动教育过程中对学生的指导与点拨不充分、不及时，对学生的激励、启迪不够，有劳动无教育的现象依然存在。

6.3.3   劳动教育教研存在短板

加强劳动教育教学研究，有助于提升教师课程实施水平，促进劳动课程高质量实施和核心素养培养目标的落实。当前，中小学劳动教育在教学研究组织与实施、教研资源支持、教研成果应用等方面尚存在一些短板，一定程度上制约了中小学劳动教育的有效开展和质量提升。一是教研专业性不足。教研团队内部往往缺乏明确的组织架构和分工，导致教研活动的组织和实施缺乏条理性、效率不高。与此同时，教研团队缺乏专业性和系统性，许多学校劳动教育教研团队缺乏劳动教育专家或劳动教师参与，教研活动往往局限于教学方法、教学内容的研究，缺乏对劳动教育深层次理论问题和实践问题的探讨，教研活动针对性不强、效果不佳。二是教研活动形式单一。许多教研活动仍然采用传统的讲座、报告等形式，项目案例探讨、工作坊、微论坛等创新型教研活动运用较少，缺乏互动性和参与性，难以激发教师的积极性和创造力。迫切需要引入多样化和互动性强的教研模式，以提升教师的专业热情和教育实践的活力。三是教研成果应用难。尽管一些学校开展了劳动教育教研活动，但由于缺乏有效的成果转化机制，教研成果往往未能得到充分应用和推广。

6.3.4 城乡劳动教育发展不均衡

城乡劳动教育不均衡是一个多维度、深层次问题，关系到农村地区学生全面发展的机会。这一问题主要体现在资源与设施、教学内容与方法等方面。

一是城乡劳动教育资源与设施存在较大差距。首先，城市学校通常拥有较为完善的劳动教育场所、设施和更充足的经费，有助于劳动教育的深入开展；而农村学校则常常面临场地不足、设施不全、经费不够等问题，[①] 不仅直接影响到当下劳动教育的质量和效果，也使得农村学校劳动教育难以常态化开展，进一步加剧了城乡之间的教育不均衡。[②] 其次，城市学校的学生更有可能获得额外的家庭或社会劳动

---

① 方菊：《劳动场域中的劳动逃离：乡村小学劳动教育实施的困境及对策研究》，硕士学位论文，湖北师范大学，2024；《江西抚州深入推进基础教育综合改革——风劲潮涌奋楫先》，《中国教育报》2023 年 11 月 6 日。

② 谢学宁：《如何建设特色化校本劳动课程》，《中国教育报》2023 年 11 月 10 日。

教育资源支持和指导，家庭或社会能够为学生提供多样化的劳动教育体验和丰富的劳动实践机会；而农村学校学生父母陪伴和支持有限、社会力量薄弱，限制了他们在劳动教育中的学习和发展。[①] 最后，城乡师资和教研团队也存在差距。城市学校能够吸引更多经验丰富的教师，并能为教师提供专业培训和持续教育的机会；而乡村教师资源短缺，教师可能需要同时教授多个科目，缺乏专业培训和专业发展指导。[②][③]

二是城乡劳动教育教学内容与方法差异明显。城市学校在开展劳动教育过程中更注重现代劳动技能、采取多样化的教学方法，例如，基于当地企业支持，与科学学科结合开设机器人技术课程、编程课程，再如，通过丰富多样的争章、竞赛等活动，让学生在实践中学习和体验劳动。相比之下，农村学校更侧重于传统农业劳动，教学方法较为单一，例如，基于区域现有的农业资源，让学生基于传统的、手工的、经验式的教授方式开展各类种植、养殖劳动活动。单一的教学内容、低层次的教学方法，不仅限制了农村学生的发展空间，也难以激发学生的劳动兴趣和积极性。[④]

6.4 中小学劳动教育实践的未来展望

6.4.1 彰显劳动教育的时代性

《大中小学劳动教育指导纲要（试行）》指出，要"创新劳动教育内容、途径、方式，增强劳动教育的时代性"。一是大力开发体现

---

① 乔锦忠：《义务教育阶段扩优提质的重点任务》，《人民教育》2023 年第 17 期。
② 方菊：《劳动场域中的劳动逃离：乡村小学劳动教育实施的困境及对策研究》，硕士学位论文，湖北师范大学，2024。
③ 《江西抚州深入推进基础教育综合改革——风劲潮涌奋楫先》，《中国教育报》2023 年 11 月 6 日。
④ 乔锦忠：《义务教育阶段扩优提质的重点任务》，《人民教育》2023 年第 17 期。

时代性、具有创造性的劳动项目。坚持教育、科技、人才三位一体，推动教育与产业、科技深度融合，积极拓展劳动课程内容，探索创新型劳动，引导学生了解并体验科技发展和产业变革带来的劳动工具、劳动技术和劳动形态的新变化，培养创新型人才。在开展劳动项目过程中，应充分体现"坚持面向世界科技前沿、面向经济主战场、面向国家重大需求、面向人民生命健康，不断向科学技术广度和深度进军"。例如，将劳动教育与世界科技前沿相结合，引入人工智能、物联网、云计算和虚拟现实等技术，让学生了解最新的科技成果和发展趋势，培养他们对新技术的敏感度和适应能力。将劳动教育与经济主战场相结合，引入自动化、智能化产业等，反映国家产业数字化发展需求。将劳动教育与国家重大需求相结合，让学生了解国防、航天、能源、环保等领域的战略方向和重点领域，使学生认识到个人发展与国家需求之间的紧密联系，感悟劳动的价值。与人民生命健康相结合，让学生参观、学习先进生物医药、医疗设备等内容，提高学生对健康生活方式的认识，培养学生对个人健康和公共卫生重要性的认识。

二是推动数字化更好赋能劳动教育。当前，劳动教育范式因数字技术发展而发生变革，应发挥数字技术优势，全面赋能劳动教育，构建新型劳动教育生态体系。充分利用虚拟现实（VR）、增强现实（AR）等技术进行课程资源开发，创设生动鲜活的劳动实践场景和活动内容，开发适合学生身心发展规律和学习规律的特色、精品课程，满足学生多样化、个性化的劳动需求，增强课程学习过程中的互动性。与此同时，充分发挥数字化平台的要素整合功能，借助平台实现优质资源汇聚共享，基于数据在各要素之间搭建"需求—供给"关系响应模式，促成家校社及"教、学、研、评、管"全主体、全过程、全维度融通。

6.4.2 增强劳动教育的科学性

一是鼓励教师不断创新教学方法。建议教师将创新精神和创新能力培养置于劳动教育的重要位置，通过教学方法创新，培养学生创新意识、创新思维和创新能力。围绕真实世界的问题和挑战，设计跨学科的项目任务，使学生综合运用所学知识，从设计、规划到实施、评估，全程参与并主导整个过程。在此过程中，学校应依托实验室、工作坊、企业实习基地等校内外实践基地，为学生提供丰富的实践机会，让学生亲手操作、亲身体验，将理论知识与实际操作相结合，加深对劳动的理解和体悟。

二是加强高水平教研团队建设，增强对劳动教育教师的科学、专业化指导。各中小学应建立专门的劳动教育教研团队，围绕校本活动设计、劳动实践指导方法开展教研活动。对标劳动核心素养培养目标，诊断学校劳动教育实践，及时进行调整、改进提升。充分利用外部研究力量或专家资源，加强对各地优秀劳动教育实践经验的学习、借鉴。注重提升教研活动的专业性和系统性，特别要注重结合时代发展和学生需求，拓展教研活动的深度和广度，探索新形态劳动教育项目开发路径。不断创新教研活动形式，可采取案例研讨、模拟教学等方式，提高教研活动的针对性和实效性。

三是加快完善劳动教育评价机制。首先，应建立科学的劳动教育评价指标体系，全面反映学生的劳动观念与态度、劳动能力、劳动习惯与品质、劳动精神，避免将劳动素养评价简化为劳动能力评价。其次，应建立多元主体评价体系，使学生、教师、家长、社会等多个主体共同参与劳动教育评价，保证劳动教育评价的全面性和科学性。

6.4.3　增强劳动育人的实效性

在开展劳动教育的同时，要着力在提高育人效果上下功夫。一是引导各主体正确、充分认识劳动教育的内涵与价值。加强劳动教育政策宣传、解读与培训，引导教育管理者、教师、家长及学生深刻理解劳动教育的内涵意蕴与重要性，充分认识劳动教育对学生全面发展、培养社会主义建设者和接班人的重要价值，增强各主体开展劳动教育的内驱力。

二是加强学校层面对劳动教育的顶层设计。以系统性思维，从理念、课程内容设计、课程实施方法、评价体系、教研与师资培训、保障体系建设（含劳动教育基地、资金、组织机制、家校社协同）等多个层面，统筹考虑劳动教育方案设计与实施。

三是完善教学环节设计，激发学生参与劳动教育的积极性、主动性、创造性。提高劳动育人效果、持续发挥劳动育人价值，最终要靠学生自身劳动观念与态度的转变，而这离不开教学环节的设计。劳动前，应引导学生充分认识劳动项目的意义与价值，让学生从内心深处理解"为什么要做"，而不仅仅停留在行为层面的"怎么去做"，使学生在意义牵引下主动投入其中。[1] 在此基础上，充分发挥学生主动性，鼓励学生开展资料收集、方案设计、工具准备等工作，确保学生明确劳动目标、劳动流程、劳动安全注意事项等。在劳动过程中，教师要密切关注学生的劳动表现、操作情况，及时给予指导和帮助，引导学生形成积极的劳动态度，自主解决劳动过程中遇到的问题，增强发现问题的惊喜感、解决问题的自豪感。加强劳动后反思交流，设立反思交流环节，引导学生分享在劳动过程中遇到的困难、解决方案及感悟，在讨论中促进学生自我反思、相互启发，全面提高学生劳动素养。

四是以专业化师资团队建设提高劳动教育质量。学校是劳动教育的主阵地，发挥好主阵地作用，离不开强有力的教师支撑。建议常态化开展教师劳动教育能力提升培训，将劳动教育理论素养、实践能力

---

[1] 李珂、陈婷婷：《中小学劳动教育实施现状、问题与展望》，《人民教育》2024年第 7 期。

等内容纳入教师日常培训计划，优化培训方式、内容和技巧，全面提升教师综合劳动素养。[①] 要提升教师对新兴科技和产业趋势的认知和敏锐度。通过定期开展专业培训和持续学习，确保教师深入了解当前科技发展的最新趋势和产业变革的动态，认识并理解由科技发展和产业变革带来的新劳动工具、劳动技术和劳动形态，并能将这些元素融入创新型劳动教育实践中。

6.4.4 提高劳动教育均衡性

一是加大乡村地区劳动教育宣传力度。纠正乡村教师、家长及学生对劳动教育的认知偏差，加大各主体对劳动教育的重视和支持力度。

二是优化区域劳动教育资源配置。提高乡村地区劳动教育资源倾斜度和使用效率。通过增强城乡间劳动教育帮扶合作，借助数字化手段，加大劳动教育资源整合的力度，最大限度地释放现有劳动教育资源的效力和潜能，促进优质劳动教育资源共享，缩小城乡差距。

三是加强乡村地区劳动教育教师队伍建设。建立常态化的城乡劳动教师学习共同体，定期开展"集体备课""问题研究""合作研究"等教学活动，加强不同地区劳动教师间教科研交流与协作，促进劳动教育活动的有效开展。[②] 借助"市管校聘""银龄教师行动计划""国培计划"等模式，通过走课送课等形式，让优秀劳动教师对乡村劳动教育发展起到辐射带动作用。另外，还要完善乡村教师激励晋升政策，有效提升乡村劳动教师获得感、成就感。

四是因地制宜开展乡村劳动教育。通过城乡帮扶，充分挖掘和利

---

① 吴文哲、周杰：《新时代大中小学劳动教育高质量发展的路径探析》，光明网，https://reader.gmw.cn/2023-12/07/content_37014382.htm。

② 陈锟春：《中小学劳动教育的现状与提升——基于大规模调查数据的分析》，《教育研究》2022年第11期。

用乡土化资源，帮助农村教师开发具有本土特色的劳动项目，通过数字技术促进劳动教育资源共享，丰富劳动教育内容和形式；[①] 创新乡村劳动教育教学方法，通过情景教学、项目式学习、互动式教学、技能竞赛与展示等方式，提升劳动教育实践性和创新性；完善乡村劳动教育评价机制，充分尊重乡村劳动教育开展实际和学生个体差异。

---

① 曾吴丹：《劳动教育乡村基地创立路径研究》，《中国果树》2022年第3期。

7　2023年职业院校劳动教育的主要进展、特色与展望

7.1　职业院校劳动教育发展概况

2023 年，教育界深入学习党的二十大精神和习近平总书记关于职业教育的重要指示精神，全面落实《中华人民共和国职业教育法》和《关于全面加强新时代大中小学劳动教育的意见》（以下简称"《意见》"），以"一体两翼五重点"现代职业教育体系建设改革为重点，以建设教育强国推进中国式现代化为使命，以创新体制机制为突破口，着力破解职业院校劳动教育发展面临的问题。

劳动教育与职业教育的融合，是新时代提升职业人才培养质量的重要途径，职业院校作为技能型人才培养的主阵地，承担着为国家经济社会发展输送高素质技术技能人才的重要使命。2023 年，各职业院校积极落实国家相关政策要求，将劳动教育融入人才培养全过程，不仅丰富了劳动教育课程体系，创新了劳动教育教学模式，还通过校企合作、产教融合等多种途径，为学生搭建了广阔的劳动实践平台。2023 年 3 月，教育部职业院校文化素质教育指导委员会成立了劳动教育专门委员会（以下简称"专委会"），5 月在重庆召开了第一次工作会议；全年专委会面向全国职业院校组织劳动战线教师，在杭州、徐州、扬州等地召开了数场培训研讨会，进行了"全国职业院校劳动

教育优秀案例和劳动清单""职业院校劳动教育'一校一品'典型案例"等的评选工作。

7.1.1 劳动教育观念进一步转变

7.1.1.1 追求高素质人才的培养目标

在职业院校的教育活动中，劳动教育始终贯穿在通识教育和专业教育之中，是造就全面发展的高素质技术技能人才的基础。随着劳动教育实践的深入和认识的提高，在新时代产业升级和经济结构调整不断加快的背景下，社会上各行各业对劳动者的综合素质要求越来越高。因此，加强劳动教育，培养高素质技术技能人才，提供优质人才资源支撑，已成为教育管理部门和职业院校在劳动教育目标上的普遍共识。2023年，教育部办公厅决定在巩固拓展2022年有关教育活动成果的基础上，继续开展职业院校"技能成才 强国有我"系列教育活动，旨在通过一系列的教育实践，深化学生对党的二十大精神的理解，培养德技并修的高素质技术技能人才。

7.1.1.2 打造全过程融入的教育模式

围绕劳模精神、工匠精神、劳动精神、劳动价值观、劳动态度等劳动元素，职业院校正逐步把劳动教育贯穿于学校教育教学和日常生活中，渗透于通识教育、专业教育、见习实践中，力求实现全员、全过程、全方位劳动育人。通过开设专门课程、举办专题讲座、开展实践活动等方式，大力弘扬劳模精神、工匠精神、劳动精神，帮助学生树立正确的劳动观念，实现以劳树德；将劳动教育融入专业课程，大力开展劳育课程建设，培养学生职业知识、技能和精神，实现以劳增智；通过在专业劳动和生活劳动中合理安排体力劳动，帮助学生强健体魄、磨炼意志、动手创造，把学生培养成辛勤劳动、诚实劳动、创造性劳动的高素质劳动者，实现以劳强体；将劳动教育与中国传统文化、非物质文化遗产、美育等相结合，通过举办丰富多彩的劳动实践活动，让学生在活动中创造富有美感的劳动成果，体会劳动带来的成就感和幸福感，实现以劳育美。

7.1.2　劳动教育中的职业特色更加明显

职业院校的劳动教育资源十分丰富，职业教育的场景和劳动教育的场景有着较高的重合度，丰富充足的职业元素为劳动教育提供了更多的可能性，形成了"你中有我 我中有你"的局面，例如，产教融合、校企合作、各类技能大赛都成为劳动教育的重要资源和教学场景。当下产业、行业的发展不断推进产教融合的深入，进一步带动了劳动教育的深度发展，学生不仅可以通过校内外实习实训参加职业化的生产劳动和服务性劳动，还可以通过现代学徒制、顶岗实习等形式在生产性实习和职业体验中参加真实的职业劳动。

差异化的劳动教育模式不仅满足了学生专业技能培养的需要，同时也注重对学生劳动观念和职业精神的塑造。当前，职业院校的劳动教育模式正在不断深化行业特色，强化专业针对性，以实现学生综合素质的全面提升。例如，浙江经贸职业技术学院打造"普、职、企、研、家、社"协同研究共同体，创建了有供销行业特色的"1+3+N"劳动教育育人模式和"三维五类一贯穿"的大中小学一体化劳动教育课程包。金华职业技术学院构建了"四融四式"劳动教育体系，即融合开发"菜单式"课程、融通平台打造"开放式"基地、融汇师资实施"协作式"指导、融育文化开展"沉浸式"活动。

7.1.3　劳动教育课程建设更加深入

7.1.3.1　普遍开设劳动教育必修课

《意见》明确指出"根据各学段特点，在大中小学设立劳动教育必修课"。越来越多的院校由学工部、基础部、马克思主义学院等牵头独立开设劳动教育必修课，劳动教育课作为公共必修课的地位逐渐稳固。安徽省教育厅于 2023 年 3 月发布《安徽省职业院校劳动教育实施细则（试行）》，规定"独立开设劳动教育必修课……普及与学生职业发展密切相关的通用劳动科学知识"[①]。贵州省印发《关于全面加强新时代大中小学学校劳动教育的实施方案》，要求"确保各地各校开足开好劳动教育课程"。[②]

7.1.3.2 落实课程劳育融合

《意见》提出："除劳动教育必修课程外，其他课程结合学科、专业特点，有机融入劳动教育内容。"在这一要求的指引下，公共基础课和专业课教师都要积极挖掘各类专业课程中的劳动教育要素，采取融合、渗透的方式，对学生进行劳动价值的熏陶与引导。长沙航空职业技术学院打造了包括独立课程形态（劳育必修课）、渗透课程形态（课程劳育）、拓展课程形态（第二课堂）"三课并行"的劳动教育体系，构建了"劳动教育理论课+岗位劳动锻炼周"的"理实一体化"劳动教育课程。

7.1.4 师资队伍建设更加完善

7.1.4.1 师资队伍质量并进

配足、配齐、配好劳动教育师资队伍是有效开展劳动教育的前提和保障。当前，职业院校正在建设一支全员参与、专兼职结合、校行

---

① 《安徽省教育厅关于印发〈安徽省职业院校劳动教育实施细则（试行）〉的通知》（皖教职成〔2023〕2 号），安徽省人民政府，https：//www.ah.gov.cn/szf/zfgb/564222721.html，2023 年 3 月 30 日。

② 《贵州省聚焦"五个体系"深入推进新时代学校劳动教育》，教育部网站，http：//www.moe.gov.cn/jyb_sjzl/s3165/202309/t20230921_1081817.html，2023 年 9 月 21 日。

企多元化的师资队伍，即以专任教师、专业教师和企业实习实训指导师为主体，全体教职工共同参与的队伍。第一，设立专职劳动教育教师岗位，通过专职教师团队建设，完成学校劳动教育课程建设和授课等工作。第二，劳动教育教师交流与培训越来越丰富，职业院校间的全国性劳动教育交流活动增加，广大教师可以通过研讨会等进行成果分享和借鉴学习。第三，与行业、企业开展校企合作，产教融合深度增加，劳动教育专任教师、专业课教师等都进入企业学习，邀请企业专业人员作为兼职教师，定期来校交流互动，并开展各类劳动主题课程。第四，建立劳模工作室、技能大师和工匠大师工作室，邀请劳动楷模、技能大师、大国工匠担任劳动实践指导教师或客座教授。2023年5月，江西电力职业技术学院主办的"劳模工匠进校园"活动邀请了全国劳动模范、第十四届全国人大代表、全国技术能手刘辉进校宣讲，营造了劳动美丽、劳动伟大、劳动光荣的教育氛围。重庆市江南职业学校探索实施"学长导师制"，积极发挥朋辈在劳动教育中的优势作用，聘请全国劳模李宪红、秦风等82名优秀学长作为兼职辅导员，学校每月举办"学长学姐面对面""江南劳育·朋辈上线"劳动教育主题活动，分享他们劳动出彩人生的故事，让学生明白"幸福不会从天降，美好生活靠劳动创造"。

7.1.4.2　教师考评管理规范化

大部分职业院校均已设置劳动教育专任教师岗位，有部分院校归口马克思主义学院管理，也有部分院校归口公共基础部或公共教育学院管理，基本已将劳动教育专任教师纳入编制内进行规范统一的考核。在全体教师作为劳动教育主体的"三全育人"背景下，各院校都在积极出台校级劳动教育的实施方案，明确各类人员和部门的角色分工，完善校内教师队伍、校外实习实训导师队伍、辅导员队伍、社团活动管理队伍、寝室管理队伍等，从劳动教育的角度进行规范化管理，形成全员参与、多元共育的格局，充分发挥劳动教育的合力。当前，劳动教育不仅是上级教育部门考评学校的一项指标，也被纳入教师年度绩效考核、职称评审、评优评先，以有效激励各级各类教师开展劳动教育的积极性和主动性。例如，贵州轻工职业技术学院成立了学院劳动教育工作领导小组及办公室，建立了劳动教育工作管理办法、学生参加劳动教育学分制度、劳动实践工作流程、劳动实践安全教育管理等队伍、措施和制度体系。

7.1.5　数字技术赋能劳动教育

传统的劳动教育模式已难以适应数字时代的发展，新的机遇与挑战迫使职业院校不断创新，构建适应数字时代的全新劳动课程体系。越来越多的职业院校正在借助最新的数字技术，如增强现实（AR）、虚拟现实（VR）、云计算等，开设人工智能通识课，让学生掌握并熟练运用各类数字化工具和平台。

2023 年 7 月，教育部印发《关于加快推进现代职业教育体系建设改革重点任务的通知》，提出 11 项重点任务，其中包括建设职业教育信息化标杆学校、建设职业教育示范性虚拟仿真实训基地等任务，到 2025 年，要建成 300 所左右全国性信息化标杆学校，带动建设 1000 所左右区域性信息化标杆学校，推动信息技术与职业院校办学深度融合。[①] 同月，第五届人工智能"职教百强"院校长论坛在上海召开，论坛设"数字变革，更 AI 教学——职业教育、劳动教育、教研西行、互联互通、共建共享"专题会议。论坛认为，在人工智能技术的赋能下，劳动教育能更好地培养学生的主体性和创新创造能力。[②]

[①] 《教育部办公厅关于加快推进现代职业教育体系建设改革重点任务的通知》，2023 年 7 月 7 日。

[②] 《第五届人工智能"职教百强"院校长论坛于上海召开》，环球网，https://lx. huanqiu. com/article/4DeWmccX5LQ，2023 年 7 月 10 日。

数字技术使劳动教育突破时间、场地和情景的限制，为劳动教育的开展和高素质技能人才的培养开启了前所未有的可能性。

7.2 职业院校劳动教育的特色实践

7.2.1 加强职业教育顶层设计，创新搭建产教融合平台

2023年，国家发改委、教育部等八部门联合印发《职业教育产教融合赋能提升行动实施方案（2023—2025年）》，提出五个方面十九条政策措施，通过培育建设产教融合试点城市、产教融合型企业等举措，坚持以教促产、以产助教，不断延伸教育链、服务产业链、支撑供应链、打造人才链、提升价值链，持续优化人力资源供给结构，加快形成产教良性互动、校企优势互补的产教深度融合发展新格局。

成立和认定一大批市域产教联合体和行业产教融合共同体，凝聚了政、行、企、校、社各方力量，提升人才培养质量，促进人才高质量就业。

7.2.2 开展劳动清单和案例遴选，提高劳动教育实效

各省根据教育部印发的《关于征集职业院校劳动教育清单的通知》，相继遴选了数批劳动教育清单。职业院校围绕日常生活劳动、生产劳动、服务性劳动三大类劳动实践活动，细化劳动教育内容，创新劳动教育形式，系统设计劳动教育清单，提升劳动教育实效。例如，山西省教育厅从各校报送的劳动教育清单中择优选择50个列入职业教育教学联盟平台劳动教育资源库，精选10个列入教育部全国智慧教育平台劳动教育资源库。①

---

① 山西省教育厅：《山西省教育厅关于征集推广山西省职业学校劳动教育清单的通知》，2022年11月16日。

教育部职业院校文化素质教育指导委员会劳动教育专委会于2023年12月底组织开展了职业院校劳动教育"一校一品"典型案例申报，重点围绕劳动教育育人模式、教学设计、专题活动、基地建设、服务中小学劳动教育实践等方面特色、做法征集案例，以加强职业院校劳动教育品牌建设，获选案例在教指委相关平台、媒体进行宣传展示。[①]

7.2.3 落实三教改革，完善劳动教育体系建设

职业院校紧扣实际，将劳动教育与"教师、教材、教法"三教改革相融合。2023年12月，深圳职业技术大学（原深圳职业技术学院）牵头组织国内十余所职业院校和中小学校，开展"同备一堂大中小学劳动教育课"跨校集体教研活动，与会专家从马克思主义劳动观、三个精神、职场必备劳动科学知识、创造性劳动与未来劳动形态四个专题对教学内容和教学设计进行了研讨，为职业院校老师讲好劳动教育必修课提供了丰富的素材和新的教学设计思路。

截至2023年12月，在"智慧职教"平台上，职业院校劳动教育课共32门（中职2门），其中国家精品课程2门、省级精品课程5门。在"学银在线"平台上，劳动教育相关公共课共34门，其中国家精品课程2门、省级精品课程1门；在"智慧树"平台上，劳动教育相关公共课共17门，包含深圳职业技术大学的《大学生劳动教育（高职版）》、陕西铁路工程职业技术学院的《相约劳动》和海南政法职业学院的《劳动与社会保障法》等省级精品课程。

三教改革理念下，职业院校注重教材内容建设的思想性、时代性和实践性，根据课程目标和学生需求，结合产业发展实际，科学编写数字化教材。例如，天津机电职业技术学院组织15所高等院

---

① 教育部职业院校文化素质教指委：《关于开展2023年职业院校劳动教育"一校一品"典型案例征集活动的函》，2023年12月19日。

校、职业院校的40余名专家和一线骨干教师编写了《职业院校劳动教育教程》，这是天津市首个职业院校劳动教育必修课配套教材。浙江经贸职业技术学院编写的《新时代高校劳动教育实务》教材以学生为本，把"教材"变"学材"，将职教特色和课程思政融合，新形态与数字化嵌入式加持，入选浙江省职业院校"十四五"重点教材建设项目。

7.2.4   突出实践导向，拓宽职教特色实践育人场域

实践性是职业院校劳动教育的重要特征，需坚持实践导向，同步强化日常生活劳动、生产劳动和服务性劳动教育，构建从校内到校外、从生活到学习、从个人到社会的职教特色劳动实践育人主线。

持续建设劳动实践基地。依托高新企业、科研院所、工业园区，为学生体验劳动实践新形态、新方式提供支持。加大职业院校与周边社区、其他层次类型学校在劳动教育中的工作协作。充分发挥职业院校自身专业优势和社会公共服务功能，建设一批省级生产性实训基地、校外实践教育基地，争创一批国家级基地，满足职业院校实训、实习和开展创新性劳动实践的需求。宁波职业技术学院在实训场所借助直播电商助推农产品网络营销，促进农民增收，大碶蜜橘、慈溪杨梅、象山红美人等特色农产品实现了线上销售推广。

建立劳动教育公共服务、公益实践平台。支持职业院校整合校内外资源，定期开展校内外公益服务劳动，参与文明校园、文明城市共建，探索公益服务与教学学习成果转化机制。积极参与劳动周活动，在学年内或寒暑假安排集体劳动，选派导师指导学生进行劳动实践，鼓励学生参与田间劳动、校园美化、校舍净化等活动。浙江省教育厅从2019年到2023年，先后认定了86家职业体验类基地，并面向全省职业院校（含中职学校和高职院校）开放申报，旨在充分利用职业

院校所属实训基地或开放实训中心，满足中小学生多样化劳动实践和职业体验需求。[①]

依托创新创业开展劳动实践。一方面，提高教师对学生创新劳动的指导力，积极鼓励支持和引导学生参加"互联网+"创业大赛、申报"劳动教育+"双创类科研立项，充分利用大学生创新创业孵化基地、大学生创业园等劳动实践和劳动创造平台，达到"以劳创新"的教育效果。另一方面，建立学校、家庭、社会的联动机制，形成"合力"，开创"三位一体"的劳动教育新样态，增强学校、政府、企业之间的有效合作。

例如，浙江省教育厅要求职业院校将劳动教育与创新创业紧密结合，有机融合学生劳动价值观培育与创新创业精神培养。开展与云计算、大数据、5G、物联网、区块链、人工智能等新技术相衔接的互联网新业态下的劳动教育，引导学生"线上线下"互动，开展创造性劳动。昆明冶金高等专科学校作为教育部"现代学徒制"单位，与云天化、云南建投、昆船等云南本土企业开展"融入式"校企合作，每年开展"技能文化月"。

7.2.5 做优环境文化，打造劳动教育职教品牌

以学生为中心，合力构建浸润式劳动教育"场域"，环境建设充分体现职业特点，建立劳动文化长廊，开辟劳动体验馆，建设劳动教育基地等，为学生营造浓厚的劳动实践氛围。组织不同形式的主题教育活动，将劳动教育与工匠精神培育、学徒制建设、思政教育等有机结合，定期开展"劳动文化沙龙"等系列活动，实现劳动体悟与价值观内化相融合。

[①] 《浙江省教育厅关于省政协十三届一次会议第134号提案的答复》，http://jyt.zj.gov.cn/art/2023/7/4/art_1229266358_5136914.html，2023年7月4日。

做实制度文化。科学组织、规划、统筹推进劳动教育实施方案，形成学校与社会、行业企业联动的协同育人机制。制定劳动教育基地与工作室建设制度、劳动教育清单制度，完善劳动教育评价制度等，将劳动素养纳入学生综合素质评价体系。确保教育有方向、操作有指南、评价有标准、经费有保障，推动劳动教育向更高层次迈进。

做亮品牌文化。推进以专业文化为核心的劳动教育品牌建设。设立育人工作室，建好劳动教育阵地，成立学生社团，培育"劳动文化节"等高职劳动教育品牌，打造劳动育人"金名片"。辽宁农业职业技术学院传承70余年耕读文脉，赓续劳动文化基因，成立劳动社团"耕读社"，劳动教育清单专设"耕读教育"模块。山东省轻工工程学校把学雷锋志愿服务和劳动教育结合起来，学校的"万能修"社团是青岛市"十佳明星社团"之一，近5年来坚持为街道、社区居民维修家电超过2000件，乡亲们亲切地叫他们"万能修"。

7.2.6　加强质量监督，健全劳动教育评价制度

劳动教育评价体系要以学生的劳动认知、劳动习惯、劳动能力为基础，把劳动教育贯穿于人才培养全过程，这就要求职业院校制定完善的劳动课教学计划、管理制度、评价细则、奖惩方法等，确保劳动教育取得实效。将劳动教育纳入学生评价体系，定期开展劳动评比活动，以赛促学，以评促建，选树劳动能手进行表彰与宣传，发挥榜样的示范引领作用，提升学生主动劳动的内生动力，加强劳动教育质量监督。完善学生劳动素养评价制度，准确记录学生课内外劳动的过程、结果，并定期公示。强化劳动教学的质量评估与督导检查，完善劳动教育质量的监测机制，将考评结果纳入工作考核，确保劳动教育落实落细。

例如，江苏旅游职业学院依托"智慧校园"建设工程，建设学生

劳动素养赋能"大数据"平台，建立全体在校生劳动教育科学评价体系，建设信息化劳动素养跟踪评价平台，推进全校学生劳动教育总体数据可视化、学生个人劳动实践参与情况具象化，实现学生劳动实践效果评价个性化，使得学校和学生都能实时掌握劳动教育的开展、参与及成效情况，实现评价过程化、跟踪全程化。

7.2.7　加强国际交流合作，推进劳动教育职教出海

2023 年 10 月，习近平总书记在第三届"一带一路"国际合作高峰论坛上将"通过鲁班工坊等推进中外职业教育合作"作为中国支持高质量共建"一带一路"八项行动内容之一，① 职业教育被赋予重要使命。从 1866 年引进国外技术建立福建船政学堂，到 2016 年在泰国建立首个鲁班工坊，再到 2023 年在柬埔寨成立柬华应用科技大学，我国职业教育实现了从"引进来"到高质量"走出去"的重大转变。"职教出海"已经成为教育出海的生力军，成为职业院校发力的新方向。② 我国职业院校积极响应"走出去"办学号召，涌现出天津"鲁班工坊"、浙江"丝路学院"、江苏"郑和计划"、四川"熊猫学院"、甘肃"岐黄学院"、江西"天工学院"、水利水电类院校"大禹学院"、教育部"人文交流经世项目"的"经世国际学院"、教育部中外语言交流合作中心"中文+技能中心"，以及院校自设的"燕赵学院""祖冲之学院""六艺学院"等百花齐放的多样化办学品牌。③

2023 年 8 月，贵州建设职业技术学院、江苏建筑职业技术学院、

---

① 习近平：《建设开放包容、互联互通、共同发展的世界——在第三届"一带一路"国际合作高峰论坛开幕式上的主旨演讲》，《中华人民共和国国务院公报》2023 年第 30 期。

② 彭斌柏：《我国职业教育国际化发展实践与探索》，《教育国际交流》2024 年第 4 期。

③ 李长波、王阳：《中国职业教育走出去的时代选择》，《神州学人》2021 年第 11 期。

广东建设职业技术学院、山东商务职业学院联合主办首届中国—东盟建筑职业教育高质量发展论坛，并牵头发起成立跨国区域性建筑职业教育产教融合共同体——"中国—东盟建筑职业教育联盟"。省级"陶艺大师工作室"和"木作大师工作室"将"贵州牙舟陶陶艺制作"等劳动精品课程推向世界各地。浙江经贸职业技术学院2023年7月被浙江省教育厅授予"浙江省高校台湾青年创业创新平台"荣誉称号，并于2023年11月承办"浙里寻梦·遇见亚运"浙台大学生亚运文化交流营活动。该活动吸引了100余位岛内师生赴杭州感受亚运文化活力，动手体验宋韵非物质文化遗产，在"体育+劳育"交流中加深两岸情感融合。

7.3 职业院校劳动教育实践的未来展望

劳动教育在过去几年得到了快速的发展，取得了显著的成就，走出了一条极具中国特色的劳动教育发展道路。但是，如何将职业教育中的"职业"赋予劳动教育不同于普通本科劳动教育的内涵，让劳动精神在职业院校的青少年心中扎根，还有很大的空间值得深入挖掘。

具体在三个方面有待提升。一是劳动教育空心化，有待探索本质。职业院校劳动教育课程标准尚未有官方版本，劳动教育课程尚未完全覆盖各级各类学生，不能满足其差异化、个性化、多样化的劳动需求，学生的主体活力不能得到充分激发，对劳动教育的理解、认可度、接受度都有待提升，劳动教育体系建设有待进一步深化。二是劳动教育概念化，有待突破边界。劳动教育不能局限于书本，只在课堂上完成所谓的成长，脱离真实生活情境。劳动项目随意矮化或过度拔高，学生不愿意参与、不容易参与、不利于持续参与，以至于劳动教育走向概念化、片面化。要让学生面对真实的个人生活、职业教育背景、生产任务情境，结合学生发展规律和校情社情，带领学生亲历劳动过程，解决现实问题，让学生在真实的劳动教育中拔节生长，有效提升其劳动素养和劳动技能。三是劳动教育碎片化，有待形成合力。从各学段来看，大中小学劳动教育一体化体系亟待构建。2020 年《意见》颁布之后，大中小学纷纷对劳动教育改革开启了全新的探索，积累了许多宝贵经验。但各学段又容易陷入"自我封闭"的状态，缺乏整体性和连贯性。经过几年的探索，中高职思政课一体化建设、大中小学思想政治教育一体化建设已成体系并统一标准，那么如何对大学、中学和小学的劳动教育系统进行分层设计，使各要素实现有机衔接、层层递进、共同发展呢？

苏霍姆林斯基说："劳动以外的教育和没有劳动的教育是不存在的，也不可能存在。"[①] 我们必须充分认识到回归真实的劳动教育是新时代社会发展的要求。展望未来，职业院校在扎实推进"德智体美劳"五育并举的新征程上，要把劳动教育放在更加突出的位置，把数字技术作为重要驱动引擎，去审视、思考和揣摩当今实施劳动教育的"理"与"路"，培养一批又一批高素质劳动者，为厚植发展新质生产力奠定人才基础，为创建中国特色劳动教育新格局积蓄力量。

1. 健全劳动教育制度，推动劳动教育稳步发展

劳动教育是中国特色社会主义教育制度中的重要组成部分，作为党和国家重要的教育方针和理念，必须要有相应的公共政策确保其落地实施。近年来，各地区根据自身实际，不断完善劳动教育政策体系，贯通大中小学各学段，将劳动教育纳入人才培养全过程，确保了劳动教育的有效实施。总之，劳动教育政策变迁推动了劳动教育事业的蓬勃发展，不断完善的劳动教育政策促使劳动教育更快更好实施并

---

① B. A. 苏霍姆林斯基：《苏霍姆林斯基论劳动教育》，萧勇、杜殿坤译，教育科学出版社，2019。

贯彻到位。未来，各地在已经出台的指导意见、实施方案的基础上，有待进一步细化劳动教育实施的细则、指南等，增强实际可操作性，同时密切关注地方出台的劳动教育配套政策体系，研究政策的可行性、科学性、合理性，分析可能存在的问题，为进一步完善劳动教育政策体系提供智力支持。

2. 正确把握劳动教育政策要求，增强劳动实践育人功能

2020 年 7 月，教育部印发的《大中小学劳动教育指导纲要（试行）》在对职业院校的要求里指出："重点结合专业特点，增强职业荣誉感和责任感，提高职业劳动技能水平，培育积极向上的劳动精神和认真负责的劳动态度。"[①]

职业院校要瞄准劳动教育价值取向，细化劳动教育的目标内容，促进学校劳动教育高质量实施。一是明确劳动教育目标框架，具体包括引导学生树立正确的劳动观念、具备必备的劳动能力、培育积极的劳动精神、养成良好的劳动习惯和品质四个方面。二是明确三类劳动教育（日常生活劳动教育、生产劳动教育、服务性劳动教育）的育人价值定位，选择日常生活劳动内容来注重培养学生最基本的生活技能和适应社会的生存能力和自理能力；选择工农业生产劳动内容来注重培养学生尊重劳动、尊重劳动者，热爱劳动、创造性劳动的良好品格；选择服务性劳动内容来注重培养学生的社会责任感和奉献精神。但在所有的内容中，劳动教育课程都应以实践为主线，将理论与实践紧密结合。这意味着把握劳动教育的根本特征，要让学生面对真实的个人生活、社会生产和社会性服务任务情境，亲历现实的劳动过程，善于观察思考，注重运用所学知识解决实际问题，提高劳动质量和效率。三是明确小学、初中、普通高中、职业院校、普通高等学校这几

---

① 《教育部关于印发〈大中小学劳动教育指导纲要（试行）〉的通知》，2020 年 7 月 7 日。

个劳动教育主体各自的要求和侧重点。

3. 融合"劳动+创新创业"教育，培育创造性劳动能力

职业院校在促进实现以劳树德、以劳增智、以劳强体、以劳育美的同时，也应将目光聚焦于劳动教育与创业教育的融合，推进以劳促创。2021年10月，国务院办公厅发布《关于进一步支持大学生创新创业的指导意见》，明晰了要将创新创业教育贯穿人才培养全过程。创新创业教育与劳动教育具有一致的价值取向、相似的教学理念和教学模式，但新时代劳动教育与大学生创新创业教育的融合不是简单的相加相契，而是两者具有广度和深度的有机融合。一是推动形成教育教学新形态，提升劳动教育教学和创新创业教育教学效益与课程成效，既要在传授传统劳动基本知识和技能的基础上，适当引入现代科技创新技术、前沿数字技术、智能生产制造等现代劳动内容，帮助学生掌握创新性现代劳动知识和劳动技能，又要在创新创业课堂上展开创新思维模式的训练及新技术方法的学习应用，引导学生创造性地解决问题，提升学生创造性劳动能力。二是劳动教育与大学生创新创业教育都具有很强的社会实践性，而非单纯地依靠课堂上理论知识的学习。实践是劳动教育与创新创业教育融合的关键实现方式，以实践为基本要义的劳动教育，必须进行谋篇布局、统筹规划，打造劳动实践体系新样态，在校内外架构劳动教育实施的场域资源，挖掘场域内鲜明的劳动教育内容。因此，主动变革劳动教育方式，发挥校内外劳动教育教学基地和创新创业教育基地的重要作用，在安排生产劳动和服务性劳动项目时，注重结合产业新业态、劳动新形态，结合学科和专业强化实习实训、专业服务、社会实践等。同时，立足创新创业教育竞赛平台，鼓励学生在专业擅长领域和兴趣所在范围开展创造性劳动，如鼓励学生积极参加"挑战杯"大学生创业计划竞赛、中国（国际）"互联网+"大学生创新创业大赛等各级各类创新创意创业赛

事，在培养学生创造性思维、团队合作能力的同时增强其劳动技能、锤炼其劳动品格。

4. 打造劳动教育共同体，增强劳动教育的协同性

劳动教育是一个系统工程，需多领域、跨学科的教师和社会力量共同参与，需要持续深入挖掘劳动教育资源，在"请进来"与"走出去"的过程中形成可持续的良性循环。

打造职业院校劳动教育教学共同体，要在遵循教书育人规律、学生成长规律和劳动教育规律的基础上，融合专业教育，打破学段壁垒，将劳动教育的理论知识与实践内容贯穿于各学段学生的学习实践全过程，因材施教、循序渐进地传授劳动教育知识。一方面，学校根据需求，配齐劳动教育专任教师，定期开展劳动教育培训，提升教师的数字化思维、技术技能，提高数字劳动教育教学水平。另一方面，从相关行业、企业吸纳数字技术产业能手等人员担任劳动教育指导教师，建立一支教学经验丰富、实践技能过硬的劳动教育师资队伍。总之，用"1+N"的形式组建劳动教师队伍，采用校内专职与校外兼职相结合的方式，寻找各个行业的代表人物，组建以学校教师为主、社会师资为辅，汇集各行各业精英的劳动教师队伍。

打造劳动教育资源共同体，需要结合地域特色，对课程资源进行深度开发、重构整合，建立内容丰富、形式多样的课程资源架构。而学校、家庭和社会正是学生劳动教育成长支架的三个关键支撑点，核心是始终保持学生的劳动教育主体地位，以学生劳动场景为纽带联通家校社，建立以学校为主导，以家庭为基础，以社区、企业为依托的协同实施机制，形成共育合力。学校是新时代劳动教育的主战场、主渠道和主阵地，学校资源是第一资源，因此学校劳动教育课程体系的建构与完善就显得尤为重要。学校劳动教育是教育理念与方法的探索，例如，基于产教融合与校企合作，着眼于探讨现代学徒制、一体

化教学、实习实训等教育方法在劳动教育课程中的运用；拓展创新特色场域，开拓学生劳动思维，以"劳模精神寻访"为契机，深入工厂企业一线，以研学的方式开展劳动教育的实践，通过一次专业的学习、一次深度的体验，针对性指导，让学生亲手触摸现代科技脉搏，在可视化感知和动手实践中了解职业、体验劳动乐趣。家庭资源是重要资源，鼓励家庭成员在家庭中开展基于真实生活情境的劳动教育，倡导亲子共同劳动，提升其劳动的责任感和幸福感。社会资源是特色资源，例如，打开劳动教育的乡村思路，结合农事活动、农村自然地理环境、民风民俗等进行课程资源开发，老师、家长、当地居民都可以成为学生劳动教育的教师；在乡村振兴的语境中开展劳动教育，让学生真切地亲近自然、理解乡村文化，真正培养乡村学生的家乡认同感和文化自信。

打造劳动教育评价共同体，科学、规范的评价体系有助于劳动教育的落地与提升。探索多维度指标，创设评价体系，下设劳动观念、劳动精神、劳动习惯与品质、劳动技能等多个一级指标，并细化为更多的二级指标，让日常劳动评价有据可依。落实技能实践评价，如结合劳动节、端午节等特殊节假日，开展易操作、可量化的劳动技能比拼。既可以开展以简单生活能力为主要内容的寝室整理大赛、教室装扮比拼等，也可以结合学校地域特色立足生产创造，如刺绣、编织等，传承优秀的中华文化。初探动态跟踪评价，可借助数字化劳动教育App，建立学生劳动素养电子档案，让过程性评价贯穿劳动全过程。一是评价主体多元化，多主体参与开展自评、互评、教师评价、家长评价、社会评价等；二是评价内容多维度，劳动态度、劳动技能、劳动成果等多维度评价有助于科学评价；三是评价过程动态化，贯穿劳动准备、实施、总结各阶段；四是评价形式多样化，文字、图片、星级打分、表彰、展示、竞赛等评价形式融会贯通。

5. 洞察劳动形态变革趋势，增强劳动教育的时代性

随着数字时代的来临，新兴数字技术与各行各业深度融合，改变着劳动的内容与方式，也使劳动教育面临新的机遇和挑战。如何准确把握新时代劳动工具、劳动技术、劳动形态的新变化，创新劳动教育内容、途径、方式，增强劳动教育的时代性成了重要内容。但对于数字劳动教育这种新生态，无论是学校还是社会，重视程度都不够高，更没有将数字技术与劳动教育相融合的观念意识。此外，数字劳动资源匮乏，例如，教学活动中使用的关于劳动教育的平台和资源相对较少，教育与劳动相分离的现象层出不穷。洞察未来新时代劳动教育的发展趋势，使劳动教育研究与社会发展保持同频是重要课题。于学校而言，第一，要适应科技发展和产业变革，创设数字化环境。通过搭建智慧劳动教育平台，以技术赋能实现学生劳动学习与实践方式的变革。针对劳动新形态，依托学科专业特色，深化产教融合，不断创新劳动教育的内容、途径和方式，让劳动教育与时俱进、因地制宜，满足学生成长成才的实际需要，构建体现时代特征、中国特色的数字劳动教育长效机制。第二，要公平、公正、公开地组织开展数字劳动教育竞赛等活动，加强数字劳动素养考核。结合数字时代下的产业新形态，创新劳动教育理念，制定科学合理的评价标准，将数字劳动素养纳入学生综合素养评价体系，借助数字技术进行数字劳动教育各环节、全方位的个性化评价。于教师而言，数字教学能力欠缺将会成为数字时代下劳动教育发展的瓶颈。要鼓励教师尝试扩展数字劳动教育方式、场景，带领学生以沉浸式的学习方式深入体会劳动获得感，以新视角、新方法展开对劳动教育的研究，重构符合时代特征和学生成长特点的数字劳动教育课程体系。于学生而言，要投身于新形态劳动，学习大数据、AR、AI、VR 等新兴数字化技术，提升劳动技能、提高劳动效率，展现劳动教育价值。

　　总之，劳动教育具有时代性。当前，职业院校的劳动教育工作充分结合了职业特点，不仅有助于提高学生的职业技能水平，还能增强他们的职业荣誉感。随着顶层设计的进一步加强、教育教学方式的进一步创新、评价机制的进一步完善，劳动教育将与职业院校的人才培养更加融合，劳动教育价值引领作用将得到更大程度的发挥，我国职业教育也将不断构建和完善具有行业特点和院校特色的劳动教育体系。

8 2023年普通高校劳动教育的主要进展、亮点与展望

2018年9月，习近平总书记在全国教育大会上提出，要培养德智体美劳全面发展的社会主义建设者和接班人。2020年，中共中央、国务院发布了《关于全面加强新时代大中小学劳动教育的意见》（以下简称"《意见》"），教育部发布了《大中小学劳动教育指导纲要（试行）》（以下简称"《纲要》"），为高校劳动教育的全面实施指明了方向、设计了路径。从2020年到2023年，高校劳动教育从初期的探索到全方位实施，实现了从量的累积到质的飞跃，在理论课程、实践活动、校园文化、社会服务等方面体现出不少亮点。为了梳理2023年普通高校劳动教育的主要进展，团队走访了25所高校，调研了115所高校，发放问卷5761份，并从《中国教育报》、学习强国、中国新闻网、《中国青年报》、人民网、《光明日报》、新华网以及各地方日报等平台搜索、整理了2023年关于普通高校劳动教育的新闻报道200余篇，研读了166篇劳动教育文献，进而分析汇总出2023年普通高校劳动教育的主要进展、亮点、问题与展望。

8.1 普通高校劳动教育主要进展

2023年，普通高校劳动教育在全国范围内得到了深入推广和有

效实施，着力全面推进新时代劳动教育高质量发展，总体呈现蓬勃发展的良好态势。高校主动作为，把劳动教育作为立德树人的重要途径，努力构建高质量的劳动教育实施体系，取得了明显进展。

8.1.1 劳动教育普遍被纳入人才培养体系

新时代高校劳动教育体系是高等教育治理体系的有机构成，科学合理构建劳动教育体系是高校紧密对接和满足社会需求的必要途径，是高校立德树人、培养高素质劳动者的必然要求。《意见》明确提出，全面构建体现时代特征的劳动教育体系。各高校积极响应国家政策，主动作为，将劳动教育纳入学校人才培养体系，确定为整个教育体系的重要组成部分。据统计，调研高校中已有超过90%的普通高校将劳动教育纳入人才培养体系，制定了具体的实施方案和课程计划。有的高校为了评估劳动教育的效果，还建立了较为完善的评价机制，包括对学生劳动素养的评价、对教师教学效果的评价以及对劳动教育课程本身的评价。例如，西安电子科技大学充分发挥学科优势，坚持"应用为王、服务至上、简洁高效、安全运行"的原则，按照数据"产生—处理—汇集—应用"的建设脉络，建成劳动教育信息平台，记录学生理论、实践课程，全要素、全过程预警和展示课程完成情况。[①]有的高校还注重劳动教育激励措施的制定和实施，激发学生和教师参与劳动教育的积极性和创造性。例如，金陵科技学院一方面对开展专业劳动实践成效明显的学院，在院部考核时予以优先考虑；另一方面将劳动素养评价结果作为衡量学生全面发展情况的重要内容，作为评

---

① 李依环、熊旭：《西安电子科技大学：电子与信息特色鲜明优势突出，培养"信息尖兵、强国先锋"》，人民网，https：//news. xidian. edu. cn/info/2106/224998. htm。

优评先的重要参考和依据。① 从劳动教育实施方案到课程化建设再到评价考核与激励措施，部分高校将劳动教育纳入学生能力证书或综合素质测评系统，注重劳动教育与德育、智育、体育、美育、创新创业教育的有机融合，不断推进形成五育并举的教育格局，引导学生扩大优势、补足短板，促进学生全面发展。

8.1.2 课程化建设逐步完善

劳动教育是立德树人的重要路径之一，课程建设是培养学生的主渠道。《纲要》中明确指出："普通高等学校要将劳动教育纳入专业人才培养方案，明确主要依托的课程，可在已有课程中专设劳动教育模块，也可专门开设劳动专题教育必修课，本科阶段不少于32学时；课程内容应加强马克思主义劳动观教育，普及与学生职业发展密切相关的通用劳动科学知识，并经历必要的实践体验。"这就为普通高校劳动教育从无到有的开展明确了方向和目标。在深入贯彻落实《纲要》的过程中，各级教育行政部门相继出台了劳动教育的实施方案，普通高校在实施方案的指引下纷纷开设了劳动教育必修课程，不断推进高校劳动教育课程化的实施，并注重课程的系统性和针对性。最先开设并活跃起来的是劳动实践活动，但起初多以体力劳动和日常生活劳动技能的体验为主要课程内容，对劳动实践活动缺乏基于高校劳动育人目标的课程化、项目化建设与提升，导致劳动教育实践零散化、碎片化，难以实现劳动育人目标并常态化发展。随着部分普通高校独立劳动教育课程的开设和主要依托课程的明确，普通高校的劳动教育从实践活动逐渐规范到理论和实践课程。2023年5月6日，人民网教育频道报道，为系统、深入推进劳动教育工作，北京多所高校推进劳

---

① 金陵科技学院：《金陵科技学院：在劳动教育中锻造时代新人》，2023年3月23日。

动教育课程建设，把劳动教育纳入人才培养全过程，推动劳动教育提质增效。① 2023 年 12 月 9 日，"以劳树德 以劳启智"首届高校劳动教育示范案例征集展播活动交流会暨第二届高校劳动教育课程教学研讨会在河北石家庄举办。该活动启动以来，共收到来自 74 所高校的 120 个劳动教育课程教学案例，直观展示了各学校在劳动教育理论培养、实践引导方面的劳动教育课程建设探索成果。②

8.1.3　劳动教育师资队伍建设进一步加强

在师资力量方面，调研高校注重劳动教育师资队伍的建设和培养。定期组织教师进行劳动教育培训和交流研讨，邀请专家学者进行授课指导，分享先进的教学经验和方法，提升教师的专业素养和教学能力。例如，云南农业大学开展劳动教育师资培训，以劳模精神、工匠精神为培训主题，邀请全国劳动模范舒群研究员做"不忘初心 牢记使命——弘扬劳模精神 成就精彩人生"的专题辅导。③ 2023 年 5 月13 日，"第二届高校劳动教育体系建设研讨会"在武汉举行，来自130 余所学校的 300 多名代表参加会议。④ 与会专家围绕"中国式现代化视域下高质量劳动教育体系构建""五育融合视域下劳动教育价值功能""新时代如何有效培育劳动精神""新一轮本科审核评估视角下高校劳动教育的'一课'与'一育'""创造性劳动教育实践的探索"等专题作主旨报告。南京大学等高校分别作劳动教育实施案例

---

① 陶欢：《校园变身实践基地 北京高校多措提升劳动教育水平》，中国新闻网，http：//bj. news. cn/20230506/1df54c9e125548bb93c55325de6e4c15/c. html。

② 王琦：《"以劳树德 以劳启智"首届高校劳动教育示范案例征集展播活动交流会暨第二届高校劳动教育课程教学研讨会成功举办》，新华网，http：//education.news. cn/20231212/f9e2d594d98f4ff89dc482fa58312859/c. html。

③ 云南农业大学：《学校举办 2024 年第二期劳动教育师资培训》，2024 年 6 月 6 日。

④ 程丽鹃、吴楚楚：《第二届高校劳动教育体系建设研讨会在汉举办》，新华网，http：//m. news. cn/hb/2023-05/14/c_1129613603. htm。

经验交流。天津农学院充分利用现有教学科研以及实训场地资源统筹划分不同校区功能和定位,制定了劳动教育实践基地建设长远规划。在蓟州校区投资逾千万元,用于优化劳动教育基地安全环境、学习环境、生活环境、劳动环境以及提升食品安全保障能力[①]。遴选有志从事劳动教育的专业教师和涉农专业研究生,以及农业行业的专家和劳动能手,对他们开展劳动教育理论和大中小学身心发展理论的培训,让他们将专业和技能优势转换为学农劳动教育优势,逐步成长为劳动教育专家,形成"教育+管理+服务"的管理特色。同时,部分高校还通过多部门联动,建成联合师资队伍。例如,常熟理工学院后勤保障部与教务处、信息化办公室、相关二级学院等建立联动机制,就信息化平台建设、课程内容开发等加强多部门协同,建立由部门负责人、各服务中心课程负责人、各服务中心服务岗位劳动导师组成的师资队伍,专门负责课程内容开发、组织实施等,切实提高建设效能[②]。

8.2 普通高校劳动教育的工作亮点

8.2.1 多样化建设劳动教育课程

8.2.1.1 创建混合式课程

近年来,部分高校创建了线上线下相结合的劳动教育混合课程,利用现代信息技术手段提升教学效果。截至 2024 年 7 月,南京财经大学、南京大学、江苏大学等 8 所高校在中国大学慕课开设劳动教育线上课程。这些慕课不仅完善了本校劳动教育体系,也为其他高校劳

---

① 亓小红:《农学与资源环境学院获批天津市实验教学和教学实验室建设研究项目支持》,天津农学院官网,2024 年 4 月 24 日。

② 陈海静:《常熟理工学院:深入推进服务性劳动实践 让劳动教育充满内涵》,常熟理工学院官网,2023 年 12 月 1 日。

动教育的理论课程建设提供了思路和资源（见表 8-1）。

表 8-1　高校在中国大学慕课开设劳动教育线上课程情况

序号	学校名称	课程名称	累计参加人数
1	常熟理工学院	劳动教育	4698
2	宿迁学院	劳动教育	6791
3	江西师范大学	劳动教育理论	4247
4	南京大学	大学生劳动教育	1892
5	南京财经大学	高校劳动教育理论	3057
6	合肥工业大学	大学生劳动教育	579
7	山东管理学院	新时代高校劳动教育通论	6680
8	江苏大学	新时代大学生劳动教育	504

8.2.1.2　注重课程的学科交叉

劳动是一切实践的根本，高校劳动教育的首要目的是培养具有正确劳动价值观的中国特色社会主义建设者和接班人，这是立德树人的根本。因此，推动传统劳动教育课程转型升级，在各学科中融入劳动育人内容十分重要。

一是与思政教育融合。首都师范大学将劳动教育融入"大思政"体系，在劳动实践必修课中设置了爱国卫生运动、走进劳模等模块，邀请劳动模范到校作主题汇报，让学生们涵养劳动精神，培养热爱劳动、尊重劳动、崇尚劳动的情感认同与行动自觉。[1]北京农学院立足"农"的特色，制定《关于加强耕读教育的指导意见》，开设劳动教

---

[1]　张欣烁：《元气森林携手首都师范大学精心打造"劳动教育+"育人积分模式助力青年学子全面成长》，新华网，http://www.news.cn/food/20230524/a4c95e6812f2499bbf1bd4fa84ae32c9/c.html。

育32学时必修课，组织编写多册教材，将劳动教育实践活动作为2022级同学进入大学校园的"入门课程"，作为必修的"大思政课"。① 长春师范大学在现有的课程思政创新研究中心增设了劳动思政协同教育项目，为不同学科师生的互动交流搭建起研学平台。该学校马克思主义学院学生对此深有感悟，多数学生表示，教师在讲授马克思主义基础理论的过程中，还会普及一些经典案例、人物故事，将政治、历史、人文等学科相融合，引导自身以劳动实践去践行真理。②

二是与专业教育融合。一方面，专业教育中蕴含着丰富的劳动育人元素；另一方面，只有具备了正确劳动价值观的人才能将专业技术运用到社会主义建设过程中，指向未来职业的发展。目前，从劳动教育的整体课程设置来看，除单独开设课程或依托马克思主义理论等课程和实践课程外，将劳动教育融入专业课，发挥"课程劳育"的思政育人功能也格外重要。许多高校注重将劳动教育与专业教育相结合，开设具有行业特色的劳动教育课程，增强学生的职业认知和实践能力。例如，浙江大学加强劳动教育课程建设，已建成"农事劳动实践"等公共劳动平台课程，明确要求各院系结合学科专业特点开设专业实践劳动课程，支持和鼓励专业课教师在授课中结合专业内容开展劳动观教育，目前已建成72门专业实践劳动课程，实现劳育类课程在所有专业全覆盖。③ 西北农林科技大学将"三夏"麦收工作作为学生必修课程，在科研团队导师和研究生的带领下组织学生人工收麦、观察小麦根系、测量小麦的杆高及穗量，让学生们在田间地头的劳动

---

① 何森、孙竞：《北京农学院：以劳动教育涵养三农人才》，人民网，http://edu.people.com.cn/n1/2023/0111/c1006-32604296.html。

② 赵天睿、梁意：《长春师范大学：实现劳动教育与思政教育协同育人》，《中国教育报》，2023年3月17日。

③ 周伊晨：《浙江大学首开劳育通识课 到田间地头学实干精神》，浙大新闻办。

活动中也能学习到相应的专业知识。① 广西中医药大学发挥中医药文化优势，将中医药文化中的生命观、健康观、疾病观、治疗观、养生观等融入劳动教育实践中，促进中医药文化与劳动教育实践的深度融合，构建了融学于劳，以文化人，劳动精神、专业知识、中医药文化"三位一体"的中医药院校劳动教育模式，为培养知行合一的应用型人才提供了有效途径。②

三是与体育、美育和创新创业教育融合。劳动教育具有树德、增智、强体、育美、创新的综合育人功能，是推动德智体美劳五育融合的重要路径。将劳动教育与体育、美育和创新创业教育融合，不仅能够丰富劳动教育的内涵，也能够促进学生综合素质的全面提升。各高校注重将劳动教育与体育、美育和创新创业教育相结合，鼓励学生将劳动成果转化为实际的社会价值，为社会发展做出贡献。例如，桂林旅游学院统筹谋划推进新时代大学生劳动教育，建立了"五融入"（融入大思政课程、融入日常劳动维护、融入专业教学、融入创新创业教育、融入第二课堂成绩单）大学生劳动教育体系，努力为社会主义事业培养高素质劳动者，劳动教育成为学校"五育并举"的有力支撑点。③ 贵州民族大学体育与健康学院将体育专业实践与劳动教育相结合，走进易地扶贫搬迁安置小学，以"自制体育器材+教学训赛"的形式组织留守儿童开展劳动与体育相结合的实践活动。④ 四川师范大学利用农场劳动教育基地举办"劳动+美育"主题实践活动，通过

① 杨蓓蓓：《一群年轻人在"三夏"中收获真知》，西北农林科技大学新闻网，2023年6月16日。
② 许苠文、叶斌：《广西中医药大学：构建特色劳动教育模式 赋能学生全面发展》，人民网，http://gx.people.com.cn/n2/2023/0614/c390645-40456964.html。
③ 周红艳、林信炜：《桂林旅游学院打造"五融入"模式上好新时代大学生劳动教育课》，人民网，https://m.163.com/dy/article/I60NE3IN0530QRMB.html。
④ 《暑期"三下乡"贵州民族大学体育与健康学院师生走进镇远开展劳动教育实践活动》，贵州民族大学官方微信，2023年7月27日。

油菜花田现场写生、植物拓印、春日剪纸、手绘油菜花科普、创意手工艺品制作等"劳动+美育"活动，让学生在劳动中感受美，切实实现"以劳创美、以美育人"。① 湛江科技学院结合"建设应用性创新创业型大学"的办学定位，提出"劳创融合"的劳动课改革，把劳动教育和创新创业教育有机融合，通过集成教学计划、集成教学目标、集成教学内容、集成教学团队、集成实践教学场地、集成教学班级、集成教学组织形式、集成教学管理方式、集成领导管理团队、集成课程考核评价手段，将劳动精神、创新创业素养、创新创业能力融入学校人才培养全过程。②

8.2.2　多模式开发劳动教育实践基地

劳动教育实践基地是开展劳动教育实践的重要场所，可以很好地激发学生学习兴趣，培养创造能力、劳动技能和创新精神。随着高校对劳动教育的深入理解和对劳动实践基地育人功能的进一步认识，普通高校在劳动教育基地建设的探索过程中，逐步盘活校内劳动教育资源、拓展校外实践基地，形成以后勤部门、校内空地、校园绿化带、校外特色场所等为主要平台的多样化劳动实践基地，为学生提供了丰富的劳动实践环境，推动劳动教育实践基地功能从简单的劳动实践向综合的劳动育人转变。

8.2.2.1　联合后勤部门，丰富实践内容

部分高校通过学校后勤中心、校区管委会等设置劳动教育基地。例如，2023年4月起，中国教育后勤协会在全国高校后勤系统开展"后勤服务育人劳动教育示范基地"遴选活动，首家示范基地落户在

---

① 《以劳育美 向美而行——四川师范大学劳动教育劳动+美育主题实践活动》，四川师范大学官方微信，2024年3月13日。

② 王瑞：《湛江科技学院探索劳动教育和创新创业教育有机融合》，新华网，http://gd.news.cn/20230921/38639e5c752745e4afbfd0cad31d00ef/c.html。

北京林业大学，基于后勤岗位设计，面向 2021 级、2022 级本科生推出教室清洁、垃圾分类、学生公寓共管共治、食堂大堂经理等岗位实际体验和面点烹饪、汽车维修保养与应急处置、急救技能等 14 门劳动教育课程，打造了内容丰富的劳动教育课程。[①] 华东理工大学获批设立上海市首个高校后勤劳动教育实践基地，按照"学一技之长、享劳动之乐、品生活之美"的总体目标，在两个校区建成了 3 个劳动教育实践基地，实践课程上线"秒抢光"，截至 2023 年 4 月已有 4200余名学生完成学习，获得了劳动教育学分。[②] 上海交通大学整合后勤资源，开设了厨艺学堂、"保洁小能手"课堂等系列课程，利用教学楼走廊开设种植园艺劳动课，让学生在教学楼走廊边的种植盆内栽种花草，引导学生动手实践、出力流汗、接受锻炼、磨砺意志，在实践中体悟劳动价值、尊重劳动者、珍惜劳动成果，保质增量提供日常性劳动平台，将劳动教育渗入学生生活方方面面。[③]

8.2.2.2　校内部门协同，改造校园空地

部分高校通过校内多部门协调配合，利用校园闲置土地或者绿化带建设劳动教育实践基地。例如，中国劳动关系学院利用本校 698 平方米闲余地，历经半年精心打造了"耕读小院"，成为该校开展劳动教育实践教学的基地。[④] 大到勘测、绘图，小到搬砖、铺路，从较早的墙体与景观的彩绘，到初春的开沟、播种、移栽……2022 级、2023级劳动教育专业本科学生全程参与了小院建设。西南大学将校园绿化

---

① 徐攀：《北京林业大学基于后勤岗位设计，打造系列劳动教育课程——大学劳动课开到了学校食堂》，《中国教育报》，2023 年 6 月 13 日。

② 钟勇：《华东理工大学劳动教育课上线"秒抢光"》，《中国教育报》，2023 年 4月 10 日。

③ 李依环、孙竞：《上海交通大学广泛开展劳动教育活动》，人民网，http：//edu. people. com. cn/n1/2023/0318/c1006-32646833. html。

④ 郝孟佳、熊旭：《中国劳动关系学院启动第四届"劳动教育月"活动》，人民网，http：//edu. people. com. cn/n1/2023/0506/c1006-32680192. html。

带建设为项目化的劳动实践文化长廊，将劳动教育课程与校园文化整合，既继承传统劳动项目、劳动精神品质，又因时而变，培养学生创新思维与创造能力，在劳动实践中涵养工匠精神、劳模精神。[1] 温州大学教育学院将学校的一片闲置土地开辟为"自然童心"劳动教育实践基地，组织学生承包一块地、完成一季耕作、体验一场收获，鼓励学生在学院博士生的专业指导下定期开展田间劳动，开辟劳动教育新路径，种下"热爱劳动、热爱生活"的种子。[2] 河北美术学院利用学校地域特色、人力物力等资源加强学校劳动教育，形成综合占地面积1000余亩、可容纳约1000多名学生的校内劳动教育基地，并于2023年举行第一届农民丰收节，展出劳动教育基地的产品，让学生充分感受劳动带来的成就感和幸福感。[3] 重庆理工大学以校园闲置用地开设"士继书香农场"，各学院组织学生通过集体劳动，增进实践技能，养成良好劳动品质，促进学生综合素质能力全面提升，与此同时，针对后续丰收采摘，依据营销课程实践，以"线上线下相结合、校内校外相结合"的方式对农副产品进行销售，借助丰收节、采摘节，以"直播+带货+营销比赛"和在花溪、两江校区设置售卖点的方式开展售卖活动。[4] 售卖收入作为农场流动资金，用于农场的日常运营维护及农资投入，有助于磨炼新生的创业意志和团队精神。北京工商大学建设"育英园地"校内劳动教育实践基地，为学生提供劳动实践场所，让学生在实打实的劳动实践中"出出力、流流汗"，掌握劳动技能，

---

[1] 西南大学地理科学学院：《我院成功开展第一届劳动周活动》，2022年5月23日。

[2] 王伊如、刘轩驿、林晋广：《"盘"一块荒地种果苗 温州大学这场劳动教育别有意义》，2023年7月5日。

[3] 林福盛、付兆飒：《河北美术学院：在劳动教育实践基地感受丰收节喜悦》，人民网，http://he.people.com.cn/n2/2023/0923/c192235-40582486.html。

[4] 秦洁、刘政宁：《劳动教育有点"田" 重庆理工大学开办"士继书香农场"》，人民网，http://cq.people.com.cn/n2/2023/1129/c401602-40659773.html。

践行劳动知识，重塑劳动观念。①

8.2.2.3 校地校企合作，拓展实践模式

部分高校依托专业特色，结合地方需求，加强校地校企合作，建立校外劳动教育实践基地，使广大师生走向社会、体验生活、了解社会。高校与地方政府合作，共同建设和管理劳动教育实践基地，利用地方政府的资源和支持推动基地发展。例如，山东师范大学发挥学科专业优势，深化校地合作，以菏泽市巨野县部分中小学为试点，结合当地气候特点和中小学生成长规律，为 6 所中小学示范苗圃提供种植建议，进一步提升劳动教育实践基地建设的科学化水平。② 此外，该校延展服务宽度，组织相关专业师生，配合地方教育主管部门、学校根据教材内容编写教辅材料、设计教学课件，持续推进校本课程有效落地实施。重庆财经学院与重庆市巴南区鱼洞街道百胜村签约建立"大学生劳动教育实践基地"，希望学生能通过劳动教育实践基地培养自己的多元能力和创新精神，了解社会、了解人民群众的真实生活，提升社会思考能力和解决问题的能力。③ 南京市江宁区东山街道社区教育中心与南京师范大学教育科学学院及教育技术系合作签约，高校和社区教育中心合作共建、双向赋能。④ 社区为大学生劳动实践和社会实践提供平台，高校依托学科和师资优势为社区教育中心提供有力支持，以此构建资源互享、优势互补、发展互助的校社共建合作新模式。高校与企业合作，共同建设劳动教育实践基地，实现资源共享和

---

① 郝孟佳、熊旭：《北京工商大学打造"育英园地"劳动教育实践基地》，人民网，http：//edu. people. com. cn/n1/2023/0526/c1006-32695811. html。

② 山东师范大学：《学校与巨野县人民政府签署校地战略合作协议》。

③ 黄凌、刘政宁：《重庆财经学院与鱼洞街道签约建立"大学生劳动教育实践基地"》，人民网，http：//cq. people. com. cn/n2/2023/0712/c401602-40491452. html。

④ 南京师范大学：《教育科学学院与江宁区东山街道社区教育中心合作共建劳动教育基地和党建基地》，2024 年 6 月 24 日。

优势互补。例如，中国计量大学以"实景式"劳动教育赋能学生成长，材料与化学学院组织 50 余人赴道铭微电子科技有限公司、龙焱能源科技（杭州）有限公司等企业开展以"弘扬工匠精神"为主题的实景式劳动教育实践。某学生在企业参加劳动实践后感慨道："这是我第一次走进企业，见到如此干净整洁、精密排布的制造工厂，高度的机械化、智能化刷新了我对半导体材料制造的认知，站在车间里体验一道道工序的刹那让我真正明白了工匠精神的内涵。"① 内蒙古大学在呼和浩特市蒙草生态环境（集团）股份有限公司签约挂牌劳动教育实践基地，探索新时代劳动教育校企合作新模式的具体实践与行动。② 元气森林作为一家青年企业，积极把自身优势与高校劳动教育课程相结合，与首都师范大学合作开展积分育人模式探究，借助首都师范大学先进的创新性积分育人理念，发挥自身技术研发力量优势，为学校师生搭建育人积分平台，发挥学校育人服务和企业服务社会双功效。③

8.2.3　劳动教育的社会服务功能开始凸显

劳动是社会形成、存在和发展的实践基础，高校劳动教育要努力实现高校、社会、家庭等多元主体在劳动教育中的有机协同，拓展教育资源，有效服务社会，在真实的劳动场景中培养符合社会需求的高素质劳动者。2023 年，普通高校劳动教育的社会服务功能得到了进

---

① 蒋宇骏：《中量大以"实景式"劳动教育赋能学生成长》，中国青年网，https：//edu. youth. cn/wzlb/202305/t20230516_14520939. htm。

② 李春雪：《内蒙古大学首家校外劳动教育实践基地揭牌》，央广网，https：//news. cnr. cn/local/dftj/20230612/t20230612_526285637. shtml。

③ 张欣烁：《元气森林携手首都师范大学精心打造"劳动教育+"育人积分模式 助力青年学子全面成长》，新华网，http：//www. news. cn/food/20230524/a4c95e6812f2499bbf1bd4fa84ae32c9/c. html。

一步凸显。各高校积极组织学生参与志愿服务、社区服务等社会实践活动，让学生在服务社会中锻炼劳动技能、培养社会责任感。例如，新疆农业大学 18 个学院的 5600 余名师生发扬能吃苦、肯奋斗的精神品质，分赴地州县市及兵团农牧团场开展耕读教育，有的到田间地头摘辣椒、剪葡萄，有的到工厂加工番茄、做灌装，很是辛苦。大家深入农业生产一线了解农村发展、农业增效、农民增收，在投身农村的实践锻炼中培养吃苦耐劳的品质，深刻体会劳动价值。[①]

8.2.3.1 服务社会发展需要

志愿服务活动。普通高校广泛组织学生参与社区志愿服务活动，如助老助残、环保宣传、法律援助等。这些活动不仅为学生提供了实践劳动的机会，也让他们在服务社会的过程中感受到劳动的价值和意义。例如，复旦大学把传统授课和社区服务合二为一，新建"复旦行知·劳动教育"课程，为学生提供不同类型的社区服务机会，引导学生有组织地将课堂理论知识应用于满足社区需要和回应实际问题，让学生更深刻地理解课堂知识，并培养学生的服务能力和社会责任意识。[②]

"三支一扶"计划。2023 年 11 月，齐鲁师范学院数学学院通过线上和线下相结合的方式举办以"三支一扶，播撒到乡间的青春种子"为主题的"三支一扶"宣讲会。[③] 本次宣讲会为毕业生走出校园、服务基层、顺利就业提供了政策指南。宣讲会通过分享真实成长案例，让广大青年学生树立起热爱农村、扎根基层、服务人民、报效祖国的责任感和使命感。

---

① 袁晶：《新疆农业大学学生到八师石河子市开展耕读教育活动》，中国新闻网兵团，http://www.bt.chinanews.com.cn/2023-09-23/doc-ihcthush5864544.shtml。

② 丁超逸：《这支教学团队，把课堂搬到社区基层和大山深处》，复旦大学新闻融媒体中心。

③ 齐鲁师范学院：《数学学院举办"三支一扶"宣讲会》，文明校园创建网，2023年 11 月 28 日。

项目制活动。部分高校采用项目制方式，引导学生围绕社会服务需求开展课题研究、项目策划和实践活动，如环保项目、公益创业项目等。这些项目不仅锻炼了学生的综合能力，也促进了社会问题的解决。例如，山东大学第一临床学院"医路西行"劳动教育实践队团队成员，用五年时间，跨越近两万公里，共走访调研 20 家基层医疗单位，开展 9 次义诊及科普宣讲，服务群众 3900 余人次，扎根西部，助力健康中国。[①]

劳动教育月（周）活动。高校定期举办劳动教育月或劳动教育周活动，通过组织劳动技能大赛、劳动成果展示、劳动主题讲座等形式，营造崇尚劳动、尊重劳动的良好氛围。同时，这些活动也鼓励学生将劳动成果转化为社会服务行动。例如，北京航空航天大学将每年5 月确定为"劳动教育月"，2023 年 5 月，在两校区举办"劳动所得·勤以致乐"2023 年北航劳动嘉年华活动，通过多样的趣味劳动体验项目增添劳动体验的乐趣，引导师生学习劳动知识、掌握基本劳动技能。[②]

社团组织。高校支持学生成立劳动教育与社会服务相关的社团组织，如志愿者协会、环保社团等。这些社团在学校的指导下，自主开展各类社会服务活动，成为推动劳动教育与社会服务融合的重要力量。例如，井冈山大学创建"映山红＋"劳动教育服务社会模式，通过开展科技劳动、构建景观规划体系、搭建文化传播体系、成立公益组织等方式，在开展劳动教育的同时传播红色文化、服务社会发展。[③]

---

① 李华锡：《山东大学构建劳动教育第二课堂》，中国青年报客户端，https：//edu. youth. cn/wzlb/202312/t20231227_14990053. htm。

② 李华锡：《北航打造"劳动教育月"，构建劳动教育体系》，中国青年报客户端，https：//edu. youth. cn/wzlb/202305/t20230504_14496580. htm。

③ 王琦：《井冈山大学创新打造"映山红"劳动教育品牌》，新华网，http：//education. news. cn/20231107/b98a53a8406e4955a56c568f27963247/c. html。

8.2.3.2　服务劳动教育的全面发展

高校充分发挥办学特色优势，全面构建新时代劳动育人新格局。例如，为加强高校劳动教育课程建设，促进各高校互鉴交流、汇聚共识，教育部劳动教育与劳动实践课程虚拟教研室在中国高等教育学会劳动教育专业委员会的指导下，与中国劳动关系学院劳动教育学院（劳动教育研究院）联合在线举办了"同备一堂高校劳动教育课"跨校集体教研系列活动，围绕高校劳动教育必修课的教学内容和教学方式逐章进行专题研讨，每次教研活动将邀请一位教师主讲本校相关章节的教学内容、教学设计、配套实践活动与考核评价，以及在教学中遇到的困惑和难点，各参与高校教师补充分享本校的基本做法和成功经验并提出优化建议，达到相互借鉴交流、共同改进教学的目的。[①]北京林业大学探索形成一批可复制可推广的劳动教育课程，为其他高校建设后勤劳动教育实践基地提供参考借鉴。[②]

8.3　普通高校劳动教育发展的现实问题

2023年，普通高校劳动教育取得了长足发展，但仍然面临诸多不足与瓶颈，这些问题制约着高校劳动教育的深入实施和效果提升。

8.3.1　部分高校劳动教育观念滞后

劳动教育是中国特色社会主义教育制度的重要内容，在新质生产力视域下，劳动形态的快速变革和劳动者综合素质的创新要求，进一步丰富和拓展着新时代劳动教育的育人内涵和外延，也对高校劳动教

[①] 中国劳动关系学院：《"同备一堂高校劳动教育课"首次跨校集体教研成功举办》，2023年11月11日。

[②] 崔倩：《劳动教育课火了！首家"后勤服务育人劳动教育示范基地"落户北林》，https：//item. btime. com/45k3dcn2c5o9199anearvetv90p。

育提出了越来越高的价值要求。然而，部分高校依旧存在劳动教育观念滞后的现象。一是认知局限影响发展规划。部分高校管理者认为劳动教育是一种辅助性教育活动，未能充分认识到其在培养全面发展人才中的核心价值。这使得其在制定发展规划时，往往将更多的资源和精力投入到专业学科建设、科研成果产出等方面，而对劳动教育的重视程度明显不足。例如，在教学设施的更新、师资队伍的建设以及课程研发等方面，劳动教育难以获得与其他学科同等的支持力度。二是对劳动教育的价值认知不足。部分高校仍将劳动教育视为传统意义上的体力劳动教育，简单通过活动打卡、强迫劳动等方式完成劳动教育的教学内容，未能充分认识到其在培养学生综合素质、创新能力和社会责任感方面的重要作用。[①] 同时，受应试教育观念影响，部分高校仍将劳动教育边缘化，未给予足够的重视和资源投入。三是对新时代劳动内涵理解不足。随着社会的发展和科技的进步，劳动的内涵和形式发生了深刻变化。一些高校对新时代劳动仍然停留在传统的体力劳动观念上，没有认识到知识型、创新型劳动的重要性，也没有将其纳入劳动教育的范畴。一些高校在开展劳动教育时，没有及时更新教育内容和方法，很少涉及人工智能、大数据等新兴领域的劳动内容，也没有培养学生在这些领域的劳动技能和创新能力，无法满足新时代的劳动需求。

8.3.2 部分劳动教育课程浅层化

课程是学校教育改革最直接的手段，劳动教育课程是高校全面实施劳动教育的重要着力点，如何构建科学合理、与专业教育相互融合的劳动教育课程体系仍然需要深入探索。部分高校存在课程体系不完

---

① 《新时代高校劳动育人的现实意义与路径研究》，陕西教育新闻网，2023 年 12 月 26 日。

善、整体结构性缺乏、教学内容单一、课程内容更新较慢等情况。一是课程目标不明确。部分高校的劳动教育课程目标模糊，缺乏针对性和可操作性。课程目标往往只是笼统地提到培养学生的劳动观念、劳动习惯和劳动技能等，没有具体明确的培养标准和达成途径。这使得教师在教学过程中难以把握教学重点和方向，学生也不清楚学习的目的和意义。二是课程缺少针对性和创新性。部分理论课程与学生所学专业脱节，难以满足不同专业学生的实际需求，影响学生的学习兴趣和参与度。三是教学内容缺乏深度。部分高校的劳动教育教学内容仅停留在对劳动常识和技能的介绍层面，缺乏对学生劳动思维、创新能力、劳动价值、劳动伦理、劳动法律等方面的深入探讨。部分高校劳动教育教材的编写质量不高，内容陈旧，案例和实践活动也比较少，缺乏时代性和创新性，难以激发学生的学习兴趣和积极性。

8.3.3 评价体系不完善与激励机制缺失

劳动教育评价是劳动教育的"指挥棒"，对劳动教育的举措落实、学生素养提升、教育实效提高等具有重要影响。劳动教育评价具有多维价值属性，且随着人工智能时代的来临，生产方式、行为方式和劳动形态都发生着深刻的变革，劳动教育评价也需要不断完善和创新。部分高校的劳动教育存在评价体系不完善与激励机制缺失的现象。一是评价体系不完善，缺乏科学、合理的评价标准和方法。评价指标单一，主要以学生的考勤情况、课堂表现和实践报告等为评价依据，对学生的劳动态度、劳动技能、创新能力以及团队合作精神等方面的评价不够重视，难以准确评价学生的学习成果和实践能力。评价方式不够多元化，以教师评价为主，缺乏学生自评、互评以及社会评价等多种评价方式的综合运用，无法充分反映学生在劳动教育中的真实表现和成长情况。二是缺乏有效的激励机制，难以激发教师和学生的参与热情和积极性，影响劳动教育的实施效果。教师层面，开展劳动教育需要投入更多的时间和精力，但在职称评定、绩效考核等方面，劳动教育的成果往往得不到充分的体现，打击了教师开展劳动教育的积极性和主动性。学生层面，参与劳动教育活动的激励不足，缺乏相应的奖励机制和荣誉称号，这使得学生在参与劳动教育活动时缺乏动力和热情，难以形成良好的劳动习惯和劳动精神。

8.4　普通高校劳动教育实践的未来展望

党的十八大以来，党中央高度重视教育工作，决定把劳动教育纳入培养社会主义建设者和接班人的要求之中，提出"德智体美劳全面发展"的总体要求。2021年4月29日，第十三届全国人民代表大会常务委员会第二十八次会议审议通过了《全国人民代表大会常务委员会关于修改〈中华人民共和国教育法〉的决定》，将第五条修改为"教育必须为社会主义现代化建设服务、为人民服务，必须与生产劳动和社会实践相结合，培养德智体美劳全面发展的社会主义建设者和接班人"，明确将劳动教育作为党的教育方针内容，落实为国家法律规范。2023年，普通高校劳动教育的实践取得了显著的成效，高校普遍将劳动教育纳入人才培养体系，劳动教育的课程化建设逐步完善，劳动教育实践基地资源进一步丰富，劳动教育的社会服务功能开始凸显，劳动教育师资队伍建设与培训逐步提升，劳动教育评价机制与激励措施不断完善，新时代高校加强劳动教育已经成为社会进步的主旋律，对培养服务中国式现代化所需的数以亿计的高素质劳动者具有战略性意义。未来，高校需要加强与社会的联系和合作，使劳动教育更加符合社会需求，为学生的职业发展和社会融入打下坚实基础。劳动教育也将更加深入地融入高校人才培养体系，成为衡量学生综合素质的重要指标之一。

8.4.1 顺应时代发展特征创新劳动教育

在迈入智能时代的过程中，信息化、数字化革命带来了生产力的巨大变革。2023 年 9 月，习近平总书记在黑龙江考察调研期间指出，要整合科技创新资源、引领发展战略性新兴产业和未来产业，加快形成新质生产力以应对时代挑战。[①] 新质生产力"由技术革命性突破、生产要素创新性配置、产业深度转型升级而催生，以劳动者、劳动资料、劳动对象及其优化组合的跃升为基本内涵，以全要素生产效率大幅提升为核心标志，特点是创新，关键在质优，本质是先进生产力"[②]。其中，劳动者是关键要素，劳动者的知识、技能和素养对新质生产力的发展至关重要。因此，高校在劳动教育实施的过程中要顺应社会、政治、经济的发展需要，基于新质劳动者的培养目标，不断创新劳动教育实施的内容、方式，培养堪当民族复兴重任的新时代青年。

8.4.1.1 多样化与创新性的劳动教育内容与形式

在新质生产力发展的要求下，高校要不断深化劳动教育的时代内涵，其设计、开展、评估应当同未来的劳动形态和劳动力需求保持一致，敢于改革创新。[③] 一是将新兴技术与传统技艺结合。劳动教育将涵盖人工智能、大数据等新兴技术，同时也将重视传统技艺和手工艺的传承与创新。二是开展跨学科劳动项目。鼓励学生参与跨学科的劳动项目，如结合工程、艺术、社会科学等领域的综合性实践，培养全

---

① 习近平：《牢牢把握东北的重要使命 奋力谱写东北全面振兴新篇章》，《人民日报》，2023 年 9 月 10 日。

② 《习近平在中共中央政治局第十一次集体学习时强调：加快发展新质生产力 扎实推进高质量发展》，https：//www.gov.cn/yaowen/liebiao/202402/content_6929446.htm。

③ 《新时代高校劳动育人的现实意义与路径研究》，陕西教育新闻网，2023 年 12 月 26 日。

面的创新和实践能力。

8.4.1.2　强化实践与创新导向的劳动教育模式

新质生产力的发展对劳动者的综合素质提出了更高的要求，而劳动教育在作为独立教育内容的同时也具有树德、增智、强体、育美、创新的综合育人功能，是培养学生动手实践能力和创新创造能力的重要路径。一是加强产学研用深度融合。高校要密切关注新技术、新产业的发展趋势，主动与科研机构、新兴企业共同谋划开发劳动教育课程和实践项目，将数字素养、绿色技能等现代劳动技能纳入劳动教育课程，实现产学研用的深度融合。二是强化与创新创业教育的协同。高校劳动教育更加注重培养学生创造性劳动的思维和能力，而大学生创新创业教育正是运用所学知识开展创造性实践活动的过程，二者同向同行、同频共振。一方面，要不断拓展劳动教育的育人空间，向创新创业教育实践延伸，鼓励学生将劳动实践转化为实际的创新成果或创业项目，打通劳动教育"做中学"的"最后一公里"，实现知行合一的育人目标。[1] 另一方面，要在创新创业教育中注重尊重劳动、尊重知识、尊重人才、尊重创造的理念培养，实现真实的创造性劳动体验对专业知识、劳动价值观的反哺效果，实现劳动教育和创新创业教育协同共进。

8.4.2　完善劳动教育评价工作责任制

建立科学有效的劳动教育评价机制对劳动教育的发展具有重要的引导、诊断和激励作用，劳动教育自身的强实践性和重价值引导性，给劳动教育的评价工作带来了巨大的挑战，因此，需要进一步完善劳动教育评价工作的责任制，明确劳动教育的评价主体、评价依据和评

---

[1]　匡中霞、黄显敏：《把劳动教育融入双创型人才培养实践》，新浪财经，2024 年 9 月 12 日。

价方法，从而健全劳动教育评价体系。

8.4.2.1　落实多元评价主体

劳动教育往往是多场域、多平台的理论与实践的融合，除了学校劳动教育专门师资，学校的专业课教师、职能部门教职工和校外的实践基地指导教师、行业导师、企业辅导教师等都在教育过程中承担着劳动教育教师的角色，对于劳动技能的掌握程度、劳动态度、劳动结果的完成度等均发挥着不同的作用。[①] 同时，学生自评和互评也是劳动教育过程性评价和劳动素养监测的重要指标。因此，要引入多元评价主体的评价体系，明确劳动教育过程中每个评价主体的评价内容、评价方式和所占比重，从而落实多元评价主体的评价责任。

8.4.2.2　明确多维评价指标

劳动教育评价指标的建立要以劳动教育的评价目标为导向，客观评价学生在劳动教育过程中的表现和成长，关注其参与劳动的主动性、劳动技能的学习、创造性劳动的思维养成等综合能力，而非以劳动成果为主给予评价认定。[②] 因此，要统合劳动教育的总体目标和具体课程目标，细化知识、技能、情感在课程中对应的评价内容，运用教师观察记录、实际操作结果、个人反思报告等多种评价工具，将过程性评价、发展性评价、综合性评价相结合，利用大数据平台或信息化手段，研究切实可行的评价方式，客观、全面、系统地对学生开展劳动教育评价，充分调动师生参与劳动教育的积极性，培养其树立正确的劳动观、掌握先进的劳动技能、养成良好的劳动习惯。

8.4.3　紧密结合社会需求创新劳动教育

党的二十大报告指出，"在全社会弘扬劳动精神、奋斗精神、奉

[①]　郑伟：《江苏高校劳动教育的现状及优化策略》，《新华日报》，2024 年 9 月 9 日。

[②]　郑伟：《江苏高校劳动教育的现状及优化策略》，《新华日报》，2024 年 9 月 9 日。

献精神、创造精神、勤俭节约精神，培育时代新风新貌"，"使人人都有通过勤奋劳动实现自身发展的机会"。全面建设社会主义现代化国家、推动中国式现代化，需要劳动者创造物质财富和精神财富，同时不断满足个人的发展需要。因此，作为与社会衔接的高校劳动教育，要立足劳动之于个体和社会的价值逻辑，让劳动教育和人才培养与社会需求紧密结合。[①]

8.4.3.1　深化与社会各界的合作与沟通

随着劳动教育与社会服务融合的逐步增多，学生的社会责任感和实践能力显著增强，促进了学校与政府、社区、企业的互动交流与合作，丰富了劳动教育的形式和内容，提升了劳动教育的针对性和实效性。但目前劳动教育所利用的社会服务资源依然十分有限，合作方式也较为浅层，部分学生对社会服务依然缺乏足够的认知和兴趣，需要高校进一步加强与社会各界的合作与沟通，丰富劳动教育载体，完善优质劳动教育资源区域共享制度，深入挖掘实践劳动教育的内涵和外延，共同推动劳动教育与社会服务的深度融合发展。[②] 应探索更多元化、更深层次的融合方式，将书本知识与实际操作相融合、将劳动技能掌握与道德观念提升相结合，加强对学生的引导和激励，促进学生在"教学做合一"的过程中提升劳动技能、增强社会责任感、提升参与社会服务的积极性，从而更好地实现个人价值。[③]

8.4.3.2　加强与社会需求紧密对接的成果输出

人民创造历史，劳动开创未来。大学生是即将迈入社会的劳动者，引导其树立正确的劳动观，深刻理解并做到辛勤劳动、诚实劳

① 陈永生：《大学生劳动教育与创新创业教育融合研究——评〈高校创新创业与劳动教育〉》，龙源期刊网，2023年。
② 徐华军：《推动劳动教育创新 厚植新质生产力发展的人才基础》，《光明日报》2024年8月12日。
③ 庄季乔：《加强大学生劳动教育实践的三重向度》，《中国教育报》2024年5月6日。

动、创造性劳动意义重大。新时代的劳动者要充分认识劳动的时代特征，认识新质生产力发展视域下社会对高素质劳动者的新要求。高校劳动教育可以与社会职业技能认证体系相衔接，鼓励学生在完成学业的同时开展职业技能认证，努力学习新知识、新技能，获得社会认可的职业技能证书。在此基础上，增加社会服务与公益劳动，激活企业和社会组织对劳动教育的主动关注和持续参与，提升劳动教育的成效，通过实际问题的解决让学生切实感悟劳动最光荣、劳动最崇高、劳动最伟大、劳动最美丽，培养劳动的自觉性和对劳动人民的尊重，促进正确就业观和择业观的树立。

案例评析篇

9 基础教育国家级教学成果奖案例评析

国家级教学成果奖是中国教育教学成果的最高奖项，代表了我国教育改革的最高水平。2023 年 7 月 21 日，教育部正式公布 2022 年国家级教学成果奖获奖项目。本次基础教育国家级教学成果奖共产生获奖成果 570 项，其中劳动教育领域一等奖 2 项、二等奖 12 项，是劳动教育获奖项目最多的学段，足见基础教育学段对劳动教育的关注与支持。本章将在完整呈现重庆市人民小学和郑州高新区艾瑞德学校两所学校的二等奖成果报告的基础上，对成果主要创新点和特色做简要评析，以更好地发挥教学成果奖的引领、示范作用。

9.1 不做娇骄儿：城市小学劳动教育价值传承和实践创新

重庆市人民小学前身为八路军晋冀鲁豫军区 1945 年创建的干部子弟学校，时任司令员刘伯承题写校训"……他们必须有文化、有道德、爱劳动、爱祖国……千万不能培养特殊阶层和娇骄儿"。学校历经变迁、几易校名，但始终牢记革命先辈的殷殷嘱托。针对城市中普遍出现的孩子娇气、骄傲等问题，学校致力探索课程化、系统化、常态化的城市小学劳动教育体系和以此为突破口的特色育人范式，为国家和地方培养了一大批优秀劳动者。本成果就是该校 78 年劳动教育传承和创新的系统总结。

9.1.1 问题的提出

随着城市生活样态不断发生变化，学校不少学生对劳动特别是体力劳动日益陌生，劳动由伴随衣食住行的基本需求成为学生成长的突出短板。

一是学生劳动动力不足，不愿参加劳动。学校地处都市核心区，学生生活相对富裕，习惯于享受祖辈父辈创造的美好生活，缺乏劳动内在动力。不少家长认为学科补习和特长培训价值远高于劳动，造成一些学生没有时间劳动或以没有时间为借口逃避劳动。

二是学生劳动环境缺失，不爱体力劳动。学校多数家长从事脑力劳动，家务多由长辈或家政负责，学生少有机会参与体力劳动。学生习惯享受淘宝、美团等带来的便捷，对体力劳动认识停留在"脏、累、收入低"层面，造成学生不爱体力劳动。

三是学生劳动场所缺乏，不会劳动技能。随着城市化的推进，低技术劳动岗位大量减少，高科技企业很难批量接收学生实作。学校原小农场、小工厂被征用开发，难以提供校内实作场所，劳动教育只能到农村、工厂"游一游、看一看"，学生远离生产劳动一线，学不会基本劳动技能，难以形成劳动习惯。热爱劳动是立身、安家、兴邦的根本。不忘来时路，薪火永相传！大力加强劳动教育，唤醒无数城市家庭勤劳的记忆和意识，让劳动这个"传家宝"迭代更新、发扬光大，成为该校矢志不渝的教育追求。

9.1.2 解决问题的过程和方法

针对不同时期城市小学劳动教育存在的现实问题，该校坚持问题导向，历经 78 年 4 个阶段的探索实践，形成了具有传承性、系统性、创新性的城市小学生劳动教育新样态。

9.1.2.1 自发探索、经验积累阶段（20世纪50年代至2010年6月）

针对城市居民生活日益丰裕、长辈包办带来的"娇生惯养"问题，本校将革命精神融入劳动教育，坚持精神引领、因地制宜、教劳结合、活动育劳的方法，形成序列化的城市小学劳动教育活动链。

重庆解放后，每班开辟园地种植粮食蔬菜。1961年，重庆市教育局在该校召开小学劳动教育现场会。20世纪80年代，设置每周1节的劳动必修课，教师自编讲义，开展自我服务劳动、手工劳动、家务劳动、简单生产劳动等授课。新办小工厂，学生勤工俭学织手套、糊纸盒、做冰糕等。20世纪90年代，开设缝纫、手工、养蚕等第二课堂，每年举行劳动技能竞赛。2000年，因课程计划调整取消劳动课，纳入主动教育社团课程。2009年，以劳动教育为主的主动教育成果获第三届重庆市教学成果（中小学类）一等奖。

9.1.2.2 系统规划、课程重构阶段（2010年7月至2016年6月）

针对取消劳动课可能带来的精神失传、教育弱化等问题，将课程建设作为突破口，坚持政策引领、因势利导、多元集合、课程育劳的方法，形成规范化的城市小学劳动教育课程群。

2010年7月，组建历史综述项目组，确立以劳动教育撬动学校发展方略，凝练"从小爱劳动，不做娇骄儿"的育人主张，制定《劳动教育行动指南》。2011年3月，成立劳动课程研发小组，开发"迷你蜀绣""古法造纸"等课程。2013年秋季，率先在三、四年级恢复劳动必修课。2016年，全面恢复劳动必修课，重构形成基础课程、选修课程、社团课程、社会服务课程"四位一体"的校本劳动课程体系。

9.1.2.3　整体推进、模式构建阶段（2016年7月至2018年6月）

针对劳动教育理论研究不足、实施渠道不畅、训练场所不适等问题，坚持学术引领、因材施教、教研整合、文化育劳的方法，形成系统化的城市小学劳动教育文化场域。

2016年7月，在重庆市教育学会指导下，完善指向革命、工匠、创新、奉献"四大精神"的特色课程群，固化十大特色劳动项目，开发"智慧木工""寻访城市工业记忆"等精品课程。2017年3月，建设农具博物馆、小农场等场馆，探索"四维联动"劳动教育实践策略，定制化培训劳动师资，构建起涵盖学校文化、课程建设、评价改革、支持体系的城市小学劳动教育范式。

9.1.2.4　深化实施、推广应用阶段（2018年7月至今）

针对理论支撑乏力、评价机制缺失、教育生态待建等问题，坚持科研引领、因校施策、五育融合、生态育劳的方法，形成科学化的城市小学劳动教育生态圈。

一是深化成果研究。2018年7月，依托中国教育发展战略学会课题"小学劳动教育实践与创新研究"、重庆市社会科学重点课题"城市小学劳动教育课程建设和实践路径探索"，跨学科研发《我爱劳动》学生读本，编写"城市小学劳动教育的传承与创新"丛书，联合重庆龙门浩职业中学开发职业体验课程。2019年，建立劳动教育"ARM创新实验室"，依托重庆市科技局重大项目开发"劳动萌主"小程序，开展学生劳动素养评价。

二是广泛推广成果。2018年7月，研制《家庭劳动教育指导手册》，11月，召开"植根课堂 教学相长"学术年会。2019年8月，劳动教育"ARM创新实验室"成果在中国国际智能产业博览会亮相。2020年11月，该校被中国劳动关系学院命名为"劳动实践基地"，牵头成立重庆市未成年人劳动教育联盟，承办以劳动教育为主题的成渝双城基础教育协作会；承办首届中国大中小学劳动教育峰会，发起成立"中国大中小学劳动教育联盟"，成果入选教育部中小学劳动教育典型案例。2021 年 9 月，启动中国教育学会课题"城市小学劳动教育常态化建设机制研究"，协同市内外 400 余所学校推进城市学生劳动教育改革。

9.1.3　成果的主要内容

本成果根植于革命烽火硝烟，沉淀于 78 年办学历程，流淌着红色血脉，彰显着新时代学校教育价值观，系统构建起城市小学劳动教育体系，探索形成以劳动教育为突破口的特色育人范式（见图 9-1）。

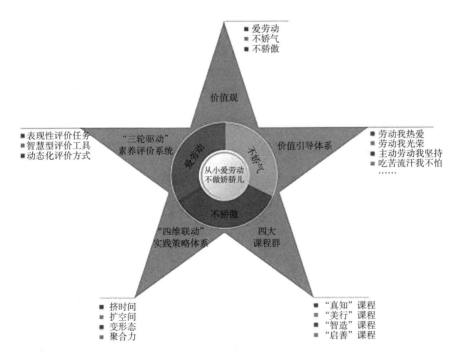

图 9-1　成果体系

9.1.3.1 传承凝练出"从小爱劳动，不做娇骄儿"的教育价值观

该校始终牢记"千万不能培养特殊阶层和娇骄儿"的殷殷嘱托，聚焦城市孩子普遍存在的衣来伸手、饭来张口、怕苦怕累等"娇气"问题，内心浮躁、骄纵任性、心无敬畏等"骄傲"毛病，以劳动教育为切入点，从小培育城市孩子勤俭、奋斗、创新、奉献的劳动精神，确保红色江山守护有人、代代相传。

该校鲜明主张"从小爱劳动，不做娇骄儿"的教育价值观，以中华民族传统美德为底色，以学校光荣革命传统为成色，以新时代要求为亮色，强调：外化行动自觉，内化价值认同，养成劳动习惯；体认劳动不分贵贱，尊重普通劳动者，向劳动者学习；适应新技术新产业新业态，鼓励创造性劳动，拥抱新时代劳动，让劳动成为孩子随时出发、赢在未来的起跑线。

该校努力追求"奠基学生幸福人生"的劳动教育目标，立足培养劳动观念、劳动能力、劳动习惯与品质、劳动精神，重塑"爱劳动、不娇气、不骄傲"3 个向度，细化"劳动我热爱"等 16 个指标，确定低中高各学段螺旋式发展要点，形成"奠基学生幸福人生"的劳动教育价值引导体系。

9.1.3.2 整体重构了指向"四大精神"的城市小学劳动教育课程群

该校以劳动精神培养为核心，以继承传统、把握现在、展望未来的时间序列为基点，活化革命文化、地域文化和创新创造资源，创生"真知""美行""智造""启善"四大特色课程群（见表 9-1），发扬革命、工匠、创新、奉献"四大精神"，多层次多方位实现劳动课程新突破。

表 9-1 四大特色课程群内容框架

课程群	课程类型	课程目标	课程名称	项目	内容
"真知"课程群	必修课程	在劳动中传承革命精神	十大特色项目	做豆腐、做玩具、简单木工、设计服装、洗鞋、折叠衣物、食堂帮厨、校园农场种植、大扫除、养蚕	—
			日常生活劳动	形象有学问	1~6年级分级任务清单
				吃饭有讲究	
				物品常管理	
				出门要独立	
				家事我参与	
"美行"课程群	选择性必修课	在劳动中发扬工匠精神	使用工具	巧用常用工具 重识传统工具	巧用常用工具:锤子、活动扳手、钳子、起子、螺丝刀、美工刀、卷尺等 重识传统工具:锯子、斧子、刨子、铲子等
			亲近工人	与工人对话 与工人同行	劳模、工匠、行业大师等校园行 描绘城市"百工图"、拜劳模(工匠)为师、一日跟岗体验等
			走进工厂	走进各类现代工厂	走进长安汽车 周君记火锅探秘 ……
			寻访工业	走进重庆工业	寻访重庆市工业博物馆 探访工业文化创意街区 重庆钢铁厂的前世今生 ……
			传承工艺	学习重庆传统工艺	传习:木工、布艺、拓印、雕刻等

续表

课程群	课程类型	课程目标	课程名称	项目	内容
"智造"课程群	选择性必修课+选修课程	在劳动中践行创新精神	智慧农业	种植与饲养	低年级：养护常见绿色植物，饲养金鱼、乌龟等小动物 中年级：种植常见蔬菜，饲养蚕、蜗牛等小动物 高年级：种植乔木和中草药，饲养鸡、鸭等小动物
			智慧木工	A－N14个分阶段课程	木材基础、小木框制作、方凳制作、鸟屋制作等
			智慧家政	我是家电小行家	神奇的电、DIY电风扇和小磁场 我的生活小帮手等
				家居清洁与美化	认识清洁工具与智能家居、衣物的洗涤乐趣、DIY废旧衣物改造服装设计、永生花的制作等
				DIY玩具	纸板弹珠迷宫、磁场踢球、三维弹球等
				我是小小营养师	烤披萨、水果沙拉拼盘制作、包饺子、糖葫芦制作等

课程群	课程类型	课程目标	课程名称	项目	内容
"启善"课程群	选修课程	在劳动中力行奉献精神	善知善行	特殊群体暖心	爱心暖夕阳，情系敬老院 送温暖，情系孤儿院 爱心传递，情系特殊教育学校 手拉手，情系农村困难地区 ……
				公共服务热心	博物馆：小小讲解员 科技馆：科普小专家 图书馆：小小图书员 ……
				公益劳动真心	社区活动日志愿者 社区知识宣传员 垃圾分类小管家 ……
				行业节日感恩心	教师节：浓浓尊师意，款款爱生情 警察节：情暖警心，致敬警察 医师节：尊医重卫，共享健康 农民丰收节：乐享丰收节，感恩前行路 ……
				致敬英雄连心	致敬抗疫英雄 致敬灭火英雄 致敬抗洪英雄 ……

第一，"真知"课程群——在劳动中传承革命精神。该校被称为挺进大西南刘邓大军"马背上的摇篮"，"自力更生、艰苦奋斗"的革命精神赋予了学生生命成长的品质成色。具体分为以下两类。

"艰苦奋斗"主题课程。师生合力搬运砖石修建校舍、用军服边角余料制作校服、首任校长卓琳请教老和尚做豆腐改善学生生活等故事代代相传。传承固化"十大特色劳动项目"：做豆腐、做玩具、简单木工、设计服装、洗鞋、折叠衣物、食堂帮厨、校园农场种植、大扫除、养蚕，要求学生人人都要做、人人都会做，让"艰苦奋斗"内化为精神特质。

"自力更生"主题课程。作为曾经的军队干部子弟寄宿制学校，该校一直要求学生向军人学习。研制《家庭劳动教育指导手册》，围绕"自己的事情自己做、家庭的事情帮着做"2条主线，明确"形象有学问、吃饭有讲究、物品常管理、出门要独立、家事我参与"5项任务，每学年渐进完成"十条生活劳动清单"，让"自力更生"内化为精神特质。

第二，"美行"课程群——在劳动中发扬工匠精神。结合重庆老工业基地改造与振兴打造"行走课堂"，设计"使用工具""亲近工人""走进工厂""寻访工业""传承工艺"5大美行课程，学生在真实情境的实践体验中发扬敬业、专注、精益、创新的"工匠精神"。

如"亲近工人"之描绘城市"百工图"课程，学生体验"山城棒棒军"生活。2021年3月1日，六年级劳动小分队6名学生凌晨5点就到批发市场跟秦师傅体验"棒棒"生活，学习用扁担搬运货物，体验搬运、挑抬货物的艰辛过程。接近20个小时的体验，切身感悟爬坡上坎、负重前行的"棒棒"精神，真正认识到劳动人民的伟大。

第三，"智造"课程群——在劳动中践行创新精神。该校关注随产业发展而变化的未来劳动新形态，开发智慧农业、智慧木工、智慧家政3大智造课程，让学生感悟劳动创新、创造、创业的价值和意义。

"智慧农业"课程将现代科学技术和农业生产相结合，搭建生物实验室、"白菜盒子"智慧大棚等智慧劳动空间，设置种植和饲养两大主题，低年级养护绿色植物，饲养金鱼、乌龟等小动物；中年级种植常见蔬菜，饲养蚕、蜗牛等小动物；高年级种植乔木和中草药，饲养鸡、鸭等小动物。

"智慧木工"课程分14个阶段，每阶段课程涵盖木作基础、木作进阶、创意木作、木作项目4个课时，不同难度的材料牵引认识和工具使用，系统化培养设计、制作、创造能力。

"智慧家政"课程分"我是家电小行家""家居清洁与美化""DIY玩具""我是小小营养师"4大主题板块，以小组项目化学习方式进行，在给予每个学生动手做事机会的同时，通过讨论与协作，培养共同设计、操作和合作的劳动能力。

第四，"启善"课程群——在劳动中力行奉献精神。围绕"当好社会小公民"主题，将社会公益劳动、志愿服务和跨学科主题作业结合，分年级分时段规划项目，开发"特殊群体暖心""公共服务热心""公益劳动真心""行业节日感恩心""致敬英雄连心"5大启善课程，拓展和丰富学生服务性劳动。

如"致敬英雄连心"课程之"抗疫英雄，感恩有您"启善课，学生亲历"寻英雄、敬英雄、学英雄"三个阶段。首先，以调查、走访、电话采访等方式，寻找身边普通的抗疫英雄，了解他们的抗疫故事。其次，亲自制作并赠送感恩卡、感谢信和小礼物，表达崇高敬意。最后，拜英雄为师，跟岗体验一日工作，为抗疫尽己力，感受劳动光荣。

9.1.3.3 系统架构好城市小学劳动教育"四维联动"实践策略体系

维度1：挤时间，解决"什么时候劳动"的问题。在课时安排上挤时间，将劳动必修课纳入课表，保证每周1课时；在中高学段延时服务中连排2课时，拓展劳动时间；每学年安排7天"劳动周"，分年级发布任务书，完成劳动实践。在学科教学中挤时间，系统梳理各学科383个渗透内容，形成10种教学渗透劳动教育方式，实现劳动教育常态化。在日常生活中挤时间，引导家长不强迫孩子参加隐形学科培训，合理安排孩子在家日常生活劳动，利用节假日陪孩子到田间地头、工厂企业参加劳动，确保孩子每日劳动不少于30分钟，用有效劳动替代无效补习。

维度2：扩空间，解决"什么地方劳动"的问题。扩展校内劳动空间，新增生物实验室、酿造实验室、智慧农场等校内劳动基地，设置校园讲解员、节能小卫士等"五星志愿岗"，丰富校内服务性劳动实践场所。扩大校外劳动基地，定期组织中高学段学生到10余个基地参加工艺毽子制作、烘焙等劳动技能培训；与长安汽车公司、周君记火锅等23家企业协调，与4所职业学校合作，开发劳动实践体验项目。扩充社会劳动资源，发起重庆市未成年人劳动教育联盟，与50余所农村学校合作挖掘木版年画、榨菜、夏布制作等特色劳动课程资源，走进田间地头、鱼池林地劳动实践。

"探寻城乡"是本校与潼南区双江小学持续多年的结对项目。2021年10月12日，我们采用网络直播的方式，观摩农村孩子割藤挖薯的场面，本校 4 年级学生还展示了水培的红薯苗。收获的大红薯寄到学校，同学们亲手制作成红薯干、红薯芋圆等，回赠给双江小学的小伙伴，分享收获喜悦。

维度 3：变形态，解决"采用什么方式劳动"的问题。变"讲"劳动为"做"劳动，打破以讲授为主的城市学校劳动教育方法，创设真实情境激发劳动兴趣，注重方法技能指导，让学生亲自"做"真实、完整的劳动。变"看劳动"为出力流汗"干劳动"，调动多感官体验，让学生在劳动中眼到、手到、口到、心到、脑到。变"单次劳动"为"持续劳动"，以日常生活劳动为主要载体，引导学生持之以恒，让劳动成为习惯。

维度 4：聚合力，解决"谁参与劳动"的问题。突出学生劳动"实施者"定位，学生通过四大特色课程群及任务群，学会自主劳动；通过班级大扫除、菜地种植等集体劳动以及木工社团、家政社团等跨年级合作学习，开展同伴间的劳动协作互助。明确教师劳动"陪伴者"定位，教师全员参与校本《爱劳动》学生读本开发、跨学科劳动课例研发，带头学习新的劳动知识和技能。强调家长劳动"合作者"定位，家长在《家庭劳动教育手册》的指导下，与孩子共同参加家庭劳动，创造参与学校及社区劳动的机会，为孩子引领示范。注重社会各界"参与者"定位，邀请劳模、工匠等到校现场讲授先进事迹，传授劳动本领；组织学生拜师学艺、跟岗体验，丰富育人主体。

9.1.3.4　创新建构起城市学生劳动教育"三轮驱动"素养评价系统

驱动轮 1：表现性评价任务。关注劳动评价情境的真实性，以项目、展示、情景剧表演、主题演讲等为主要形式开展评价。"家庭小收纳师"等项目任务重在评价学生在真实情境中综合解决问题的行动和表现。"小白鞋，交给我吧！"等展示任务，利用网络、班级、学校平台，重在劳动经验及成果分享。"情景剧表演式"任务，重在学生情景体验、角色表演、表达所感所悟。"主题演讲式"任务，主要开展"热爱劳动"集体活动，学生参与主题演讲、故事讲述等。

驱动轮 2：智慧型评价工具。针对常规劳动开发智慧评价软件。"劳动萌主"小程序系统定期发送家长问卷，对学生劳动频率、劳动意识等作阶段评价；劳动课采用点亮"劳动之星"电子评价单，采取自评、小组评、老师评等方式。针对有难度、有危险的实践任务开发VR 虚拟仿真评价工具。例如，智慧木工课程借助虚拟仿真技术让学生认识手电钻，根据拆解图解析内部结构和工作原理，在虚拟的钻孔场景中完成换钻头、拧螺丝、钻孔、换电池 4 项任务，得到徽章奖励。过程中如因操作不当，虚拟动画会及时呈现手部刺伤、缠绕头发、衣领绳缠绕等可能危险，生动直观。

驱动轮 3：动态化评价方式。配套《家庭劳动教育指导手册》开发劳动教育智慧评价系统，结合劳动工具沿革文化设置"萌主"徽章。学生完成劳动任务、分享劳动成果后可逐级晋升"石器、青铜、铁器、黄金"萌主，自动纳入学生综合素质评价、记入成长报告单。教师通过系统及时点评并实时分享至全班全校，实现班级情况动态追踪与数据统计；学校通过大数据统计分析，宏观掌握学生劳动素养发展情况，为教师和家长指导学生劳动作出及时性反馈、针对性指导。

9.2 四园联动：劳动教育场域与机制的实践建构

劳动创造幸福，奋斗开创未来。加强劳动教育是落实立德树人、构建德智体美劳全面培养的教育体系的需要。2011 年建校初，郑州高新区艾瑞德学校即开启劳动教育探索实践，历经 11 年，以校园、家园、社园（社会）、田园为主要场域，四园联动，形成劳动教育实践场、课程谱、机制轴，实现真劳动、全时空、课程化、成合力的劳动教育新样态（见图9-2）。成果具有新时代劳动教育特点，突出真情实景、真做实干、真心实意。天天劳动，人人种地，个个流汗，学校无保洁工。成为2020中国基础教育典型案例、全国立德树人落实机制优秀案例，承办全国首届中原劳动教育论坛，辐射22个省市，受益学生10万余人。学校5次登上"学习强国"，《光明日报》《人民教育》《中小学管理》《中国教育报》纷纷报道。校长李建华荣获第五届明远教育奖，入选全国首批"未来教育家成长计划"。2019年，顾明远先生来考察劳动教育后称赞："当这样的实践很丰富时，理论就显得苍白了。"

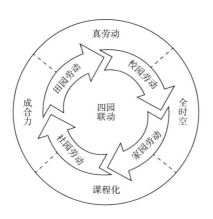

图9-2 四园联动劳动教育结构

9.2.1 问题的提出

随着《关于全面加强新时代大中小学劳动教育的意见》发布，劳动教育被纳入人才培养全过程，从顶层设计到基层推进，都受到高度重视。然而从长期以来劳动教育开展实际情况看，该校存在"场域不完善、课程不系统、机制不健全"等问题，不会劳动、缺少劳动实践、缺乏劳动教育以及缺失劳动素养依然是目前青少年身上的共性问题。

9.2.1.1 场域不完善：劳动教育难以"真实发生"

建校之初，该校便已发现劳动教育被淡化、弱化的问题。2012年，学校开展劳动教育情况调查，在问及"你认为推进劳动教育最大困难是什么"，教职工全把"缺乏场地设备"列为第一大困难。学校初期劳动教育实践大多只局限于课堂、教室，但事实表明，那充其量是劳动准备教育，是"讲"劳动，而非"做"劳动，学生依然不会劳动。所以，不在劳动真实发生的地方进行劳动教育，是"假劳动"，劳动教育必须走进基地、走进具体场景和走进真实生活。

9.2.1.2 课程不系统：劳动教育难以"成为日常"

前些年，劳动教育被纳入综合实践活动，不少学校开设劳动技术课、通识技术课，也有意识将劳动教育融入综合实践活动、社团活动和艺术教育。但随着劳动教育的深入，这样的安排相对零碎、随机，缺少系统建构和科学规划。劳动教育课程推进的局限，使劳动教育并没有细化落实到学校教育教学方方面面，没有融入学生生活、成为常态，从而不足以充分发挥劳动教育的育人价值。

9.2.1.3 机制不健全：劳动教育难以"集聚合力"

该校认识到，要从学段纵向和学校横向两个维度思考劳动教育与学校课程结构、运行架构之间的关系，并要围绕课程建设，整合学校功能场馆、家长课堂、劳动实践基地、社会服务机构等资源，以统筹思维和机制建设保证劳动教育的实施。劳动教育不是一节课的事，也不仅仅是学校的事，是每天的事、集体的事，然而这样的建构需要长时间的实践和反复论证、打磨，目前真正成熟、可参照的范式很少，劳动教育尚未得到合力保障。因此，构建基于国家意志、儿童立场和学校实际的劳动教育机制就成为切实需求。

9.2.2 解决问题的过程与方法

该校建构完整的四园联动劳动教育场域与机制，成果逐步推广、渗透在以下三个阶段中。

9.2.2.1 建设四园联动劳动教育场域（2011~2014年）：成立少年农学院，开辟每班"一亩田"

2011年建校初，校内开展清洁区承包制、宿舍日常生活劳动比赛、班级劳动小能手评比。建设300亩教育农场，成立少年农学院，开辟每班"一亩田"。校园成劳动教育主阵地，田园成劳动教育大基地。2013年，启动家庭劳动教育课堂，开发"衣柜里的四季""厨房奏鸣曲"等家务劳动课程。多次召开劳动教育育人价值、场地建设、课程开发研讨会。四园联动劳动教育场域初具格局。

9.2.2.2 深入开展四园联动劳动教育（2014~2017年）：形成劳动教育实施总纲和实践手册，发布劳动任务清单

2014年，确立劳动教育实施总纲，研制完成12本劳动实践手册，创设二十四节气综合实践活动。家政作业单、家务作业包常态化走进学生家庭，形成《家校劳动实践指导手册》，发布劳动任务清单。持续开展"让城市在爱中醒来"、学生银行等社会公益服务和职业体验活动。举办开犁日、丰收节等，强化耕读教育。开发四园联动劳动教育课程，劳动教育日常化。

9.2.2.3 基本形成四园联动劳动教育机制（2017年至今）：出台劳动教育一揽子方案，完善实施制度与行动规约

提出并践行四园联动劳动教育一揽子方案，完善价值与目标、课程与教学、管理与评价等体系，形成联动机制，完善实施制度与行动规约，丰富劳动教育场域理论。全校教师开设公众号，推送劳动教育

随笔 9000 多篇，公开发表 30 篇，出版专著 10 部。学校实现无保洁工，举办劳动夜校、劳动周，编写《劳动歌》。承办全国首届中原劳动教育论坛，入选全国立德树人落实机制优秀案例、2020 中国基础教育典型案例，5 次上"学习强国"。

9.2.3 成果的主要内容

9.2.3.1 明确四园联动劳动教育目标，深刻把握劳动教育育人价值

四园联动劳动教育坚持"价值体认是劳动教育第一要义"，基于"有理想、有本领、有担当"的新时代要求和学校"眼中有光、脸上有笑、心中有爱、脚下有力"的儿童成长目标，明确以劳动培育理想、发展本领、历练担当的劳动教育目标（见图 9-3）。通过目标整合，统领联动，发展素养，锤炼品质。

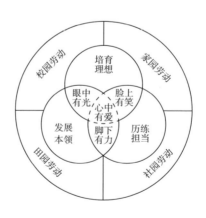

图 9-3　四园联动劳动教育目标

第一，以劳动培育理想。新时代劳动教育是落实立德树人根本任务的重要载体。儿童在劳动中逐步建立对生活的根本看法和态度，明白辉煌历史靠劳动创造，今天的成就靠劳动创造，未来美好生活依然

要靠劳动创造。四园联动劳动教育，要让儿童在劳动精神、劳模精神、工匠精神的感召下，坚定做社会主义建设者和接班人，逐步树立正确的世界观、人生观和价值观，拥有积极的理想信念。

第二，以劳动发展本领。优秀人才的能力谱系中，必然包含劳动素养这个重要指标。四园联动劳动教育关注培养儿童劳动综合实践能力，通过不断学习胜任劳动任务所需要的关键能力，儿童学会设计方案、使用工具、分工合作、解决问题，发展探究能力和创造精神。儿童的智慧长在他的手指尖上，他们在劳动中实践得越多，感悟得越深刻，就越具备应对未来变化的本领，获得成长自信和生活自立。

第三，以劳动历练担当。劳动教育贵在让儿童用身体力行丈量物理和心灵世界，养成自觉积极劳动、认真诚实劳动、科学有效劳动的习惯与品质。习惯砥砺为责任，品质凝结为担当，儿童在四园劳动场域中，与生活世界充分接触，逐渐学会与环境相处、与他人相处、与自己相处，明白任何成果都来之不易，更深刻体会到劳动人民的辛苦和社会进步的曲折，从而增强社会责任感和历史使命感。

9.2.3.2　建设四园联动劳动教育场域，让劳动教育真实发生

经过多年探索，该校发现劳动教育的特殊属性和独特育人价值决定其需要场域作为必要保障。《义务教育劳动课程标准（2022版）》指出，劳动场域是项目实施的基础条件。在实际操作过程中，要根据不同的项目科学、合理地确定劳动场域，包括劳动场所、劳动工具、劳动材料及劳动文化氛围等。该校建设了校园、家园、社园、田园四园联动的劳动教育场域（见图9-4），体现了实践育人、综合育人，逐渐丰富了劳动教育场域理论。

第一，人通过劳动与场域发生积极关联。首先，在场域实践中劳

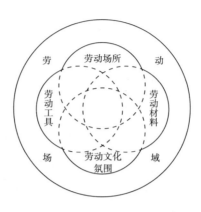

图 9-4　四园联动劳动教育场域

动培育人、发展人、创造人，使学生通过内在心理与外在环境的交互作用产生具身化体验，促进认知重构，劳动通过场域实践成为人成长的"第一支架"；其次，场域说到底是人创造的，人在劳动过程中同时会依据客观需要和主观意志开发、改造场域的物理环境和精神气质。人是劳动的主体，是劳动工具的使用者，与场域互为劳动发展和创造的对象。

　　第二，劳动教育必须在真实场域中发生。劳动教育的过程追求知行合一。马克思主义认为，劳动是教育的起点，劳动教育总是在特定场域中进行的，需要通过真实劳动过程来实现。因此，劳动教育强调学生亲临劳动场域，唯有亲身的劳动经历才能产生亲近劳动的情感，才能产生对劳动的"具身认知"，即环境、身体、心智之间的交互关系在劳动教育中变得越来越紧密。劳动是人与世界的充分接触，学生不能把世界只装在脑袋里，也要装在身体里，经历弯下腰、低下头、滴下汗，从而成为一个完整的人。

　　第三，劳动教育场域以四园联动为基本要素和重要支撑。长期以来，学校劳动教育实践始终立足于学校、家庭、社会和田园，故校园、家园、社园、田园即成为学校劳动教育四大场域。学校发挥在劳动教育中的主导作用（校园）；家庭发挥在劳动教育中的基础作用（家园）；社会发挥在劳动教育中的支持作用（社园）；基地发挥在劳动教育中的保障作用（田园）。此"四园"各有侧重又相互补充、彼此贯通、走向融合。场域，最终从与人的"场遇"，到实现对人的"场育"。

9.2.3.3 开发四园联动劳动教育课程，系统设计劳动教育实践

劳动是教育的密码。为使四园联动劳动教育融入渗透到教育教学全过程，必须抓好课程主渠道、课堂主阵地。凭借大观念、大任务、大纵横、大综合，形成相对完整、合理、稳定的四园联动劳动教育课程体系。

第一，大观念，打开劳动育人新格局。围绕四园联动劳动教育总目标，四园劳动教育分别形成具有场域特点的劳动教育具体主张，变劳动教育碎片化、表面化为劳动教育体系化、深层化。大观念，串联起劳动教育结构与儿童成长规律，打开劳动育人新格局。

校园：以自主管理涵养品性。划分班级清洁区、年级劳动区，设立校园义工岗（见图9-5）、校园劳动日、劳动周，开设劳动夜校，学生以做校园"银行管理员"、"快递小哥"、就餐值日生等为荣。通过校园劳动自治，学校率先在全省成为无保洁工学校。每个班级劳动岗位分工表中，全班同学人人有劳动岗位，个个有劳动任务。劳动不分贵贱，岗位没有大小，学生因劳动真正成为学校"主人"，他们明白，主人翁精神不是当被服务的人，而是做会服务的人。

家园：以持之以恒培育习惯。学校根据学生年龄特点设置不同家政项目，如"父母小帮手""衣柜里的四季""厨房奏鸣曲"等，形成家政劳动作业清单，同时建立家校联动合作平台，制定《家校劳动实践指导手册》，发布学生家务劳动作业包、家务劳动券。劳动从校

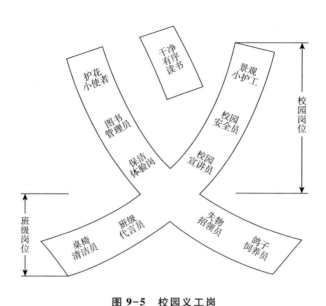

图 9-5　校园义工岗

园走向家园，坚持成为习惯，习惯成为常态。

社园：以亲身体验发展素养。学校有意识、有目的地与企业、工厂、社区和社会团体保持互动，通过各类社会实践，增加儿童劳动体验方式，主要包括：岗位体验，获得职业启蒙；工厂参观，感受工匠精神；社区服务，培养奉献品格。五年来，学校连续开展"让城市在爱中醒来"主题活动课程，通过了解城市如何在不同劳动者辛勤工作中开启每一天运转，孩子们更加感受到生命的高贵正是源于劳动中的无私奉献，更加尊重劳动，热爱普通劳动者。

田园：以动手实践提升能力。依托 300 亩田园校区内少年农学院、家庭小菜园、每班"一亩田"，每年组织开镰日、耕种节、采摘周等活动。"一亩田"伴随学生六年小学生涯，围绕二十四节气，学生依照时令节律种下农作物，寒来暑往从不间断，一年四季都在田间（见图 9-6）。

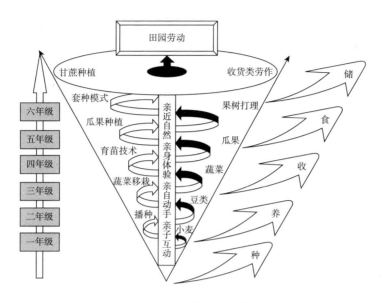

图 9-6　田园劳动递进模型

第二，大任务，发展劳动教育新模式。大任务是大观念的载体。劳动教育内容丰富多彩，生活中蕴含了大量的劳动，劳动中也存在着不少困难，基于实际生活问题的大任务设计更能激发学生劳动意愿和热情。任务是完整的，不是割裂的，是整合的，不是单一的，即用一件事、一个挑战囊括学生要掌握的劳动知识和技能，在"做中学"，在任务驱动中学。

四园联动劳动教育课程围绕四园，取材生活，设置 48 个劳动主题任务群，涵盖 180 个项目，贯穿小学六年，跨学科逐级进阶。劳动教育成为高质量必修课。例如，校园劳动设置"做好校园义工""让卫生区美起来"等任务；家园劳动设置"让厨房焕然一新""来道拿手菜"等任务；社园劳动设置"学做一名志愿者""环保我先行"等任务；田园劳动设置"跟随一粒种子旅行""我为'一亩田'代言"等任务。大任务让学生成长可视化、劳动成果共享化。

第三，大纵横，创设劳动教育新样态。四园联动劳动教育课程以

"一纵一横"为运行要领，促成联动，真正实现"人人都有劳动责任，时时都有劳动权利，处处都有劳动义务"。

一纵，即纵向遵循学生发展的向度，形成分类分层课程实施方式。仔细分析"四园"的特点和不同类型劳动的价值意义，以递进培育为总体设计思路，根据儿童认知规律，遵循"少讲授、多探究、重实践"的原则，以基础型、拓展型和进阶型三类课型（见表9-2）为基础，分类分层实施。

表 9-2　四园联动劳动教育课程结构

课程类型	培育方向	学生基础
基础型	劳动意识的启蒙与普及	劳动意识不强，不会劳动
拓展型	劳动习惯与技能的培养	有一定劳动基础，具备劳动的基本能力，愿意参与劳动
进阶型	劳动素养与劳动价值观的塑造	喜欢劳动，养成了一定劳动习惯和品质，具备创新精神

一横，即横向探索时空安排的维度，整体架构学生四园联动劳动生活。学校根据年级分层，以"必修+活动"的课时组合，将学生在校园、家园、社园、田园的劳动时间作出课时划分，制定出每周全校劳动生活安排表（见表9-3）。

第四，大综合，推进劳动教育新评价。学校把四园联动劳动教育评价融入学校"学分制"学生综合素质评价体系，将劳动课出勤、劳动实践活动参与、劳动作品或产品展示纳入"基础学分"；将劳动技能竞赛、有相对成体系的劳动成果集结纳入"绩点学分"；将劳动成果获奖和劳动重大突破纳入"奖励学分"（见图9-7）。同时，学校基于每班"一亩田"的学生参与频次、产量、销售额等指标，定期为班集体颁发"劳动光荣班""劳动崇高班""劳动伟大班""劳动美丽班"等奖牌。此外，劳动教育学分突出的学生个人还会获得专门的劳动奖章。

表 9-3 学校第十八周劳动生活安排

注：①校园劳动 ②家园劳动 ③社园劳动 ④田园劳动 ⑤劳动必修课 ⑥家长课堂。

年级	周一 早	周一 中	周一 晚	周二 早	周二 中	周二 晚	周三 早	周三 中	周三 晚	周四 早	周四 中	周四 晚	周五 早	周五 中	周五 晚	周六 中	周六 晚
一年级	一层 西楼梯①	劳动 常识	洗碗②	一层 西楼梯①	图书馆 义工	扫地②	一层 西楼梯①	家长 课堂⑥	择菜②	一层 西楼梯①	河南 名吃	洗碗②	一层 西楼梯①	家长 课堂⑥	扫地②	红薯地 洗水④	择菜②
二年级	二层 连廊①	家长 课堂⑥	拖地②	二层 连廊①	劳模 精神	洗 袜子②	二层 连廊①	白鸽 喂养	丢 垃圾②	二层 连廊①	家长 课堂⑥	洗 袜子②	二层 连廊①	劳动 常识	拖地②	超市 采购	刷鞋②
三年级	四层 连廊①	河南 名吃	收拾 餐桌②	四层 连廊①	家长 课堂⑥	洗 衣服②	四层 连廊①	父辈 劳动	收拾 房间②	四层 连廊①	家长 课堂⑥	切菜②	四层 连廊①	绿化 洗水②	洗 袜子②	油菜 收割④	
四年级	二号楼梯 东楼梯①	劳模 精神	丢 垃圾②	二号楼梯 东楼梯①	非遗 传人	衣橱 柜类②	二号楼梯 东楼梯①	家长 课堂⑥	丢 垃圾②	二号楼梯 东楼梯①	匠人 精神	收拾 餐桌②	二号楼梯 东楼梯①	河南 名吃	衣橱 归类②	地铁 体验②	刷鞋②
五年级	二号楼梯 西楼梯①	擦洗 十二 生肖	做饭②	二号楼梯 西楼梯①	劳模 精神	洗 衣服②	二号楼梯 西楼梯①	面粉厂 参观	衣橱 柜类②	二号楼梯 西楼梯①	家长 课堂⑥	做饭②	二号楼梯 西楼梯①	家长 课堂⑥	刷鞋②	收割 小麦④	
六年级	三层 中楼梯①	社区 义工①	衣橱 柜类②	三层 中楼梯①	门岗 义工①	丢 垃圾②	三层 中楼梯①	匠人 精神	收拾 餐桌②	三层 中楼梯①	职业 认识	刷鞋②	三层 中楼梯①	家长 课堂⑥	衣橱 归类②	访福 利院③	衣橱 归类②

注：早（各年级校园劳动义工岗位①）；周六早为"家庭生活自理⑤"。

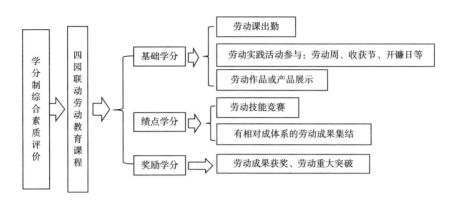

图 9-7　四园联动劳动教育评价体系

9.2.3.4　形成四园联动劳动教育机制，确立学校劳动教育实施总纲与行动规约

在推进四园联动劳动教育中不断完善劳动教育机制，确立学校劳动教育实施总纲（见表9-4）与行动规约，四园劳动怎么干？行动规约做示范！全校师生有了集体的规则与约定，朗朗上口，牢牢上心。完善四园联动劳动教育实施总纲，形成"目标导向-整体统筹-融通渗透-激励牵引"四大机制，发挥"主动力"，打通"主渠道"，巩固"主干线"，强化"主阵地"。

第一，目标导向，明晰劳动教育方向。学校建立劳动目标与价值体系，使师生、家长理解四园联动劳动教育的目的、意义和方法，编写《劳动歌》，提升其参与的主动性。会劳动是一件光荣的事，会干活是一件骄傲的事，这在学生心中已深深扎根。"读书读得好"已不再是他们在同学中赢得尊敬的唯一方法。学校确立"会劳动、会游泳、会演讲、会写作、会旅行、会一门乐器"的六会儿童培养目标，将"会劳动"放在首位。在教师培养中，提出将"研、读、写、讲、种"作为教师成长五件套，把"识、读、写、讲、种"作为学生成长五件套，特别将"种"放入其中，充分彰显对师生劳动素养的重视，以及四园联动劳动教育场域优势。

表 9-4 四园联动劳动教育实施总纲

项目	校园	家园	社园	田园
总目标	以劳动培育理想、以劳动发展本领、以劳动历练担当			
评价方式	"学分制"学生综合素质评价			
联动机制	目标导向、整体统筹、融通渗透、激励牵引			
具体目标	以自主管理涵养品性	以持之以恒培育习惯	以亲身体验发展素养	以动手实践提升能力
内容要求	1. 参加班集体劳动和校园卫生保洁； 2. 主动承担学校劳动岗位工作，并开展自主管理； 3. 懂得人人都要劳动，增强集体荣誉感	1. 完成个人物品整理、清洗，学会自理； 2. 参与家居清洁、收纳整理，制作简单家常餐，每年学会 2 项生活技能； 3. 养成良好家居生活习惯，增强家庭责任感	1. 参加社区环保、公共卫生、志愿服务等社会公益劳动，增强公共服务意识； 2. 拥有初步的职业体验，尊重普通劳动者	1. 具备基本农耕与节气常识； 2. 学会种、养、牧、食、储的基本方法，具备一定现代农业知识； 3. 懂得吃苦耐劳、勤俭节约
实施策略	劳动夜校 校园义工岗 清洁区承包 校园劳动日 劳动委员竞选 卫生检查制度 班级劳动岗位分工	家长志愿者 家长劳育课堂 家政劳动作业清单 钉钉班级劳动作业本 学生家务劳动作业包 《家校劳动教育手册》	岗位体验 工厂参观 社区服务 学生成长"六个一" 社会实践主题课程	开镰日 耕种节 采摘周 少年农学院 家庭小菜园 每班"一亩田" 二十四节气综合活动

第二，整体统筹，完善劳动教育管理。通过整体统筹，教育与管理有机融通，四园联动真正化"心动"为"行动"。首先，构建牵引推动的组织架构，校长引领方向，学校劳动教育重大项目组规划一揽子方案，教学部门具体落实，行政后勤部门保障支持，彼此合理分工、明确责任，确保劳动教育有序有效实施。其次，建立有效的劳动教育运行系统，以问题驱动、顶层设计、专家引领保证运行，以课表编排、课时划分、场域保障、人员联动、后勤支持、学分评价等贯穿管理，以同行交流互鉴验证教育成效，形成自上而下愿景引领、自下而上实践反馈的双向互动管理模式。

第三，融通渗透，拓宽劳动教育通道。在该校，劳动教师肩负融合五育的使命，其他学科的教师也有关注劳动教育的任务。通过开展二十四节气综合活动、各学段联合教研，劳动教育与各学科间的"熔点"被打通。各教研组提取学科"劳动育人点"，形成"学科+劳动教育"素材库。"唯劳动上劳动，唯劳动研劳动"局限被打破，四园之间、学科之间、五育之间的融合机制被盘活。

第四，激励牵引，提升劳动教育品质。学校建立考核激励制度，对为学校劳动教育实践做出突出贡献的教职工优先推荐评选为全校"瑞德教师"，对有劳动教育课题立项、文章发表的教师在学期末教职工大会颁发劳动奖章，以此激励教职工高度重视并积极践行四园联动劳动教育。

9.2.4　效果与反思

9.2.4.1　效果

（1）落实立德树人，学生综合素质全面发展。

经过 11 年的实践，四园联动劳动教育提升了学生劳动素养，促进学生形成积极劳动态度、良好劳动习惯和必备劳动技能。

一是以劳动培育理想。通过劳动教育，学生树立了正确的劳动观，在劳动中体会收获的喜悦和付出的快乐，明白劳动创造美好生活、创造未来可能。通过"劳动快乐吗？"和"什么最光荣？"的问卷调查（见图9-8），我们发现学生在劳动中体悟生活，看到榜样，逐渐树立正确的世界观、人生观和价值观，逐步树立远大志向。

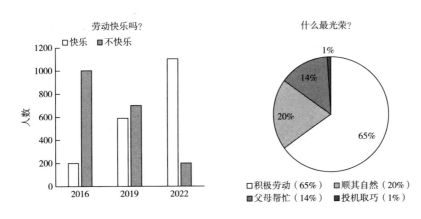

图 9-8　关于劳动快乐与劳动光荣的问卷调查结果

二是以劳动发展本领。通过劳动教育，学生不断积累劳动经验和智慧，增长本领。劳动教育贯穿小学六年，贯通学生日常。一日三餐有就餐值日生，劳动小卫士从早到晚劳动，学生日均劳动频次为2.8次、日均劳动时间为82分钟，99%的学生做过社区义务劳动，全校学生近视率仅为9.3%。在班级管理中，人人有事做、事事有人做，每位学生都有劳动岗位。2022年9月，对全校学生进行的劳动情况调查显示，学生每周参与劳动的时间与2016年相比显著增加。四园劳动能力测试显示，儿童劳动知识、技能、思维能力均持续提升（见图9-9）。学生整体学业成绩优异，在每年综合学业质量评价中保持区域第一。学生社团获2021全省模拟联合国辩论赛团体特等奖、市荷球比赛冠军。宁思颖同学以省第一名的成绩荣获2019全国CCTV希望之星英语盛典一等奖。

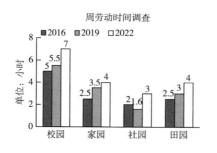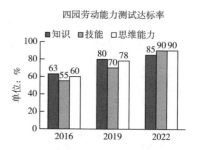

图 9-9　关于劳动时间和劳动能力的问卷调查结果

三是以劳动历练担当。通过劳动教育，学生明白奋斗本身就是一种幸福，劳动本身就是一种担当。在 2022 年学校"一优、两技、三能"（即拥有一个劳动特长、两项劳动技术、三种劳动能力）劳动素养达成调查中我们发现，儿童在劳动历练中学会了担当，在成长中学会了尽责（见图 9-10）。

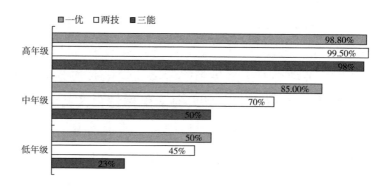

图 9-10　2022 年"一优、两技、三能"劳动素养达标调查结果

（2）发展专业素养，教师育人水平大幅提升。

在四园联动劳动教育实践与研究过程中，教师教学科研水平有了较大提升，课程开发能力有了明显提高，教师对教学改革探索热情高涨，现代教育技术应用有了拔节。

一是在科研方面，主持市级课题 6 项。劳动教育研究成果获省教育科学研究优秀成果一等奖。

二是通过四园联动劳动教育课程的开发实践，教师对课程要义有了更明确掌握，学校形成校本课程 15 项。2021 年校本教研案例评比中，获市优秀案例 2 项；10 名教师承担省小学劳动教育专项工程。

三是教师通过劳动教育聚焦课堂教学变革的探索，将"少讲授、多探究、重实践"的原则自觉融入课堂教学实践中，促进专业思考。教师撰写教育随笔约 25000 篇 2500 万字，形成教育类文集 16 本；近百篇论文在《人民教育》《中小学管理》等期刊发表，并获华东师范大学首届"中国基础教育卓越原创案例"；形成劳动实践手册 12 本，开发二十四节气综合实践活动课程；公开出版教师专著 10 本，其中 3 本被收入"新时代教育高质量发展书系"。校长荣获第五届明远教育奖，入选首届全国"未来教育家成长计划"项目。

四是成果促进教师现代教育技术提升，囊括校园信息技术、家庭智能应用、社会新生技术、田园绿色科技等。教师跨界思维、融合教学、信息共享等能力提升，技术应用得到更新。

（3）提升办学质量，学校社会影响不断扩大。

随着四园联动劳动教育不断深入，学校办学质量全面提升，家长对学校劳动教育、课程建设、综合管理满意度达 95%。三次亮相珠海教博会，省内外多次交流经验，在"国培计划"、全国"立德树人落实机制"优秀案例研讨会、首届中国大中小学劳动教育峰会、连续四届中国教育创新年会、全国第一至第三届五育融合研究论坛上作经验分享。承办 2020 年省基础教育教学成果展示培育活动，县域教学质量专项提升计划中对口帮扶兰考县。承办全国首届中原劳动教育论坛，聚集全国 31 位专家、300 余位教育同人，发布 55 个学校案例，线上近 10 万人观看，辐射 22 个省市。连续 6 年在《人民教育》上发表文章。《"四园联动"让劳动教育真实发生》成为《中小学管理》2020 年 4 月封面主题文章。成为 2020 中国基础教育典型案例、全国青少年校园足球特色学校。5 次登上"学习强国"，获《光明日报》《中国教育报》《中国教师报》《河南教育》报道。

9.2.4.2　反思

一是四园联动劳动教育场域与机制的建构要重视儿童的参与感、融入感、建设感和生长感。

二是当更多家庭、社会人员参与到四园联动劳动教育过程中时，要进一步避免劳动教育的娱乐化、形式化、应付化等新问题产生。

9.3　案例评析

本章所选的两所成果案例校——重庆市人民小学和郑州高新区艾瑞德学校的办学历史各不相同。重庆市人民小学是一所有着 70 余年办学历史的公办名校；郑州高新区艾瑞德学校是一所仅有 10 余年办学历史的优秀民办学校，但二者均高度重视劳动教育的育人价值，从办学之初就将劳动作为重要的教育内容和手段进行了精心规划设计，并与时俱进，随着时代的发展和教育的变革不断丰富劳动教育的内涵，逐步建构起系统完善的学校劳动教育体系，成为推进新时代劳动教育的优秀典范。两校在聚焦解决劳动教育实施推进的难点问题上，探索形成了一系列值得学习借鉴的创新性做法，也为其他学校进一步完善劳动教育实施推进机制提供了启发。

9.3.1　成果的创新性做法

9.3.1.1　聚焦核心问题，系统探索破解对策

重庆市人民小学针对城市居民生活日益丰裕、长辈包办带来的学

生"娇生惯养"，对劳动特别是体力劳动日益陌生的问题，聚焦"从小爱劳动，不做娇骄儿"的教育价值观，以劳动教育为切入点，构建了培育城市孩子勤俭、奋斗、创新、奉献的劳动精神的科学体系，较好地回答了新时代劳动教育如何引导青少年树立正确劳动价值观的问题。郑州高新区艾瑞德学校则聚焦劳动教育中存在的"场域不完善、课程不系统、机制不健全"等问题，提出了将劳动教育融入校园、家园、社园、田园四大场域的四园联动劳动教育实践场、课程谱、机制轴，打造了真劳动、全时空、课程化、成合力的劳动教育新样态，较好地回答了新时代中小学劳动教育"在哪儿开展"和"如何开展"的问题。两项成果均聚焦当前劳动教育实施推进中的难点问题，阐述了本校解决问题的过程和提出的具体方案，具有很好的可复制性、可推广性。

9.3.1.2 融入学校文化，优化劳动教育生态

两所学校均将劳动教育有机融入学校育人文化或目标中。重庆市人民小学将刘伯承元帅题写的校训——"千万不能培养特殊阶层和娇骄儿"作为70余年坚持不懈推进劳动教育的主要动力，确立以劳动教育撬动学校发展的方略，探索形成以劳动教育为突破口的特色育人范式。郑州高新区艾瑞德学校的四园联动劳动教育则从"有理想、有本领、有担当"的时代新人要求出发，基于学校"眼中有光、脸上有笑、心中有爱、脚下有力"的儿童成长目标，明确"以劳动培育理想、以劳动发展本领、以劳动历练担当"的教育目标。两校的劳动教育目标定位既符合新时代劳动教育的一般要求，又与学校育人文化和目标有机结合，使劳动教育成为实现学校育人目标的重要密码，凝聚起全体教师劳动育人的内在自觉性和共同体意识，为劳动教育在学校教育中的自然生根发展营造了有利的文化生态。

9.3.1.3 用好课程渠道，科学构建劳动育人体系

坚持学术引领、因材施教、教研整合、文化育劳的方法，形成系

统化的城市小学劳动教育文化场。重庆市人民小学聚焦劳动精神培养目标，按照继承传统、把握现在、展望未来的时间序列，盘活校内外革命文化、地域文化和创新创造资源，开发了"真知""美行""智造""启善"四大特色课程群，作为培养学生革命精神、工匠精神、创新精神和奉献精神的主要载体。郑州高新区艾瑞德学校则根据四大劳动场域的不同特点，构建了以自主管理涵养品性的校园劳动课程、以持之以恒培育习惯的家园劳动课程、以亲身体验发展素养的社园劳动课程和以动手实践提升能力的田园劳动课程，并将四大课程按基础型、拓展型和进阶型纵向衔接和按年级分层、"必修+活动"灵活组合的横向贯通方式，形成相对完整、合理、稳定的四园联动劳动教育课程体系，将劳动教育融入渗透学校教育教学的全过程。两校的劳动教育课程既有效回应了成果要解决的主要问题，又全面覆盖了新时代劳动教育的三大类劳动任务，有效落实了构建具有综合性、实践性、开放性、针对性的劳动教育课程体系的总要求。

9.3.1.4　注重学术引领，有效提升教师科研能力

两项成果虽直接关注的是学生培养，但从成果的形成过程可以看出，学校深入推进劳动教育的过程，本身也是引导教师转变育人理念和模式，不断提升教学科研水平的过程。重庆市人民小学成果形成的重要经验之一是坚持学术引领、教研整合。学校教师团队承担了中国教育发展战略学会课题"小学劳动教育实践与创新研究"、重庆市社会科学重点课题"城市小学劳动教育课程建设和实践路径探索"等多项重大课题，跨学科研发《我爱劳动》学生读本，编写"城市小学劳动教育的传承与创新"丛书，联合重庆龙门浩职业中学共同开发职业体验课程，依托重庆市科技局重大项目开发"劳动萌主"小程序，等等。郑州高新区艾瑞德学校也将发展教师专业素养作为成果实效的重要内容，依托劳动教育成果培育带动老师主持市级课题 6 项、形成

校本课程 15 项、撰写教育随笔约 25000 篇 2500 万字，形成教育类文集 16 本，公开发表论文近百篇、出版教师专著 10 本，形成劳动实践手册 12 本。可以说，劳动教育的高质量实施离不开教师科研能力的不断提升，高质量推进劳动教育本身也是引领推动教师不断成长进步的重要手段。

9.3.2　进一步完善劳动教育实施机制的思考

从某种意义上讲，获奖成果代表了当前我国基础教育阶段劳动教育实施推进的先进水平，但其在落实《中共中央 国务院关于全面加强新时代大中小学劳动教育的意见》提出的科学建构体现时代特征的劳动教育体系方面还存在一定的短板，这也为进一步完善劳动教育实施机制指明了方向。

9.3.2.1　进一步完善劳动教育师资队伍建设机制

高质量、专业化的师资队伍是高质量推进劳动教育的重要保障。两所学校虽然都以劳动教育为抓手，有效推动了教师的专业发展，建立起全员参与劳动教育的工作机制，但也均未对本校的劳动教育专兼职师资队伍建设情况、劳动教育教师专业成长的教研组织形式等问题进行深入阐释，提出可推广、可复制的成熟经验。由此可见，劳动教育师资队伍建设问题依然是当前劳动教育工作推进的明显短板。

9.3.2.2　进一步加强劳动素养评价

两项成果都介绍了自己的劳动教育评价情况。重庆市人民小学设计了以完成情境任务为主要评价载体的表现性评价体系，并开发了"劳动萌主"小程序，进行智慧型评价和动态性评价。郑州高新区艾瑞德学校则把劳动教育评价融入"学分制"学生综合素质评价体系，将劳动课出勤、劳动实践活动参与、劳动作品或产品展示纳入"基础学分"；将劳动技能竞赛、有相对成体系的劳动成果集结纳入"绩点学分"；将劳动成果获奖和劳动重大突破纳入"奖励学分"。同时，学校基于每班"一亩田"的学生参与频次、产量、销售额等指标，定期为班集体颁发"劳动光荣班""劳动崇高班""劳动伟大班""劳动美丽班"等奖牌。可见，两校在成果培育过程中都注重劳动教育评价，都强调通过多样化的评价方式激发学生的劳动参与热情，但这种评价是否很好地反映了学生的劳动素养发展水平，是否关注了劳动素养提升和学生综合素养提升的内在关联，都是有待进一步深入探索研究的领域。

10 职业教育国家级教学成果奖案例评析

2022 年国家级教学成果奖获奖项目名单中，职业教育领域获奖成果 572 项，其中劳动教育成果奖 5 项，均为二等奖。本文分别呈现了一所中职学校——山东省潍坊商业学校和一所高职学校——重庆工业职业技术学院的劳动教育获奖成果，从中可管窥职业院校劳动教育实施体系构建的先进水平和未来发展趋势。

10.1 新时代中职学校"课程 实训 活动 评价"四轮驱动劳动教育模式研究与实践

10.1.1 成果背景与问题

习近平总书记深刻指出："人类是劳动创造的，社会是劳动创造的"[①]，"劳动是推动人类社会进步的根本力量"[②]。他多次强调要崇尚劳动、尊重劳动。劳动教育被纳入党的教育方针。2011 年，山东省潍坊商业学校立项建设国家级示范校，在校企合作中表现出劳动教育缺失带来的人才培养问题：学生劳动观念不正确，不愿劳动，不珍惜劳动成果。调研发现，学校对劳动教育认识片面、目标不清晰，劳动教育内容不系统、载体

---

① 习近平：《在知识分子、劳动模范、青年代表座谈会上的讲话》，《人民日报》2016 年 4 月 30 日。

② 习近平：《在同全国劳动模范代表座谈时的讲话》，《人民日报》2013 年 4 月 29 日。

不明确、实施方式单一、评价不规范，学校忽略了劳动教育对学生价值观形成的重要作用，导致人才培养质量不高。基于此，学校高度重视劳动教育，把劳动教育融入国家级示范校建设。学校构建了"责任、知识、技能、经验"四位一体的育人模式，获省级教学成果奖三等奖；探索了形象设计专业"产学联动"技能型人才培养模式，获国家级教学成果奖二等奖。成果吸纳了国家级示范校建设中劳动教育的经验和成效。

学校成果研究历程如图 10-1 所示。2015 年，依托山东省示范校建设项目和多个省品牌专业建设项目，学校开始对劳动教育进行系统部署和研究，开展了校级劳动教育课题研究。2017 年，在实践中形成了"课程、实训、活动、评价"四轮驱动劳动教育模式，为落实立德树人根本任务，引导学生树立社会主义劳动价值观提供了策略和方案。

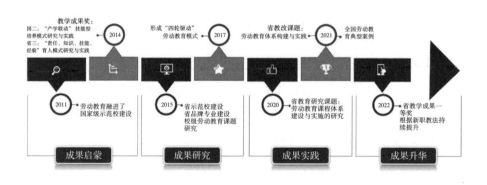

图 10-1　成果研究历程

党的十九大以来，国家劳动教育政策逐渐完善，学校深刻领会政策精神，不断对成果进行完善、提升。成果被评为全国职业院校劳动教育典型案例，《人民日报》和 CCTV-2 报道、点赞学校劳动教育成果。2022 年，学校根据新修订的《中华人民共和国职业教育法》和党的二十大精神，持续深化劳动教育研究、实践和推广。

10.1.2　主要做法与经验成果

10.1.2.1　制定了劳动教育目标

根据马克思教育学原理中人的全面发展理论，学校立足"匠心潍商，惟精惟实"文化品牌，确定了"价值认同、实践导向、匠心精技"的劳动教育理念，制定了学校劳动教育目标：通过劳动教育使学生形成正确的劳动价值观、全面的劳动素养、精进的职业技能、敬业乐业的职业精神；引导学生领悟劳动光荣、技能宝贵、创造伟大的道理，热爱劳动和创造，成长为具有社会主义劳动价值观的全面发展的高素质劳动者和技术技能型人才，为个人终身发展和人生幸福奠基，担当民族复兴大任。

10.1.2.2　构建"三层级、四模块、全要素"的劳动教育课程体系

根据中职生的认知和发展规律，修订人才培养方案，构建"三层级、四模块、全要素"的劳动教育课程体系（见图10-2），把劳动教育融入人才培养全过程，五育并举，发挥劳动教育综合育人功能。三层级指根据劳动教育理念和三个不同年级实际情况将课程设置为三个

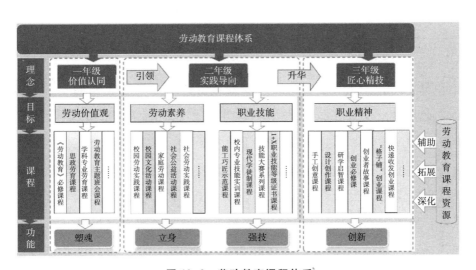

图 10-2　劳动教育课程体系

阶段层级。四模块指"塑魂、立身、强技、创新"四个功能课程模块。全要素指所有纳入劳动教育的课程、实训、活动和资源等。

一年级重点开展价值认同劳动教育。开设"塑魂"课程，通过《劳动教育》必修课程、思政劳育课程、学科专业劳育课程、劳动教育主题班会课程等讲堂课程，引导学生明确人生理想目标、端正劳动态度，认同并树立社会主义劳动价值观。

二年级重点开展实践导向劳动教育。用课程的要素改造实践活动，使活动课程化，构建"立身"课程：设校园劳动实践课程、校园文化活动课程、家庭劳动课程、社会公益活动课程和社会劳动实践课程等劳动教育主题课程，培养学生的奉献意识、责任意识，提升学生劳动素养和在未来工作岗位上纵向发展、横向迁移的劳动能力，对接劳动新形态，用最新的技术服务生活、用最高效的劳动回馈社会。设立"强技"课程：设校内专业技能实训课程、能工巧匠示范课程及现代学徒制课程等，产教融合，开展职业技能实训，实施现代学徒制培养，有针对性地提升学生的专业劳动技能；通过职业技能等级证书、技能大赛系列课程对接企业新技术、新工艺，使学生掌握适应新时代需求的职业技能，传承"金牌精神"，彰显时代特色。

三年级重点开展匠心精技劳动教育。持续开展专业技能实训和综合素质活动，扎根在实践中培养学生的创新创业能力，践行工匠精神。实施企业实习课程，以岗位任务为导向，突出专业技能的实践应用，让学生在熟悉的领域熟能生巧，激发创新意识；因地制宜，开发手工创意课程、设计创作课程、潍坊科技馆和齐鲁创智园等研学启智课程，培养创新思维；开设创业必修课、创业者故事课程、"格子铺"创业课程、快递收发创业课程和暑期模拟创业课程等，提升创业能力，培养职业精神。

　　丰富劳动教育课程资源。实施"百课百艺"工程，就地取材，开发风筝制作、高密剪纸、杨家埠木版年画、潍坊布玩具等潍坊传统技艺校本教材；结合潍坊特色农业、寿光国际蔬菜科技博览会、青州花卉博览会、昌邑北方绿化苗木博览会相关材料，制作以田园劳动为主的生态课程和种植技术指导手册，宣传新时代种植技术和农耕文化。制作劳模、工匠、优秀毕业生故事等体现时代特色的数字化教学资源。发挥网站、公众号等新媒体优势，开发王乐义、杨守伟等"身边最美劳动者"多媒体课程资源。

　　10.1.2.3　建构"四主体、五阵地、三结合"劳动教育实施系统

　　四主体指校、家、社、企四个劳动教育实施主体。五阵地指课堂、讲堂、社团、基地、媒介。三结合指课内系统化课程与课外多元化活动结合，线下劳育与线上劳育结合，"金牌精神"劳动文化与"匠心潍商，惟精惟实"学校品牌文化建设结合（见图10-3）。

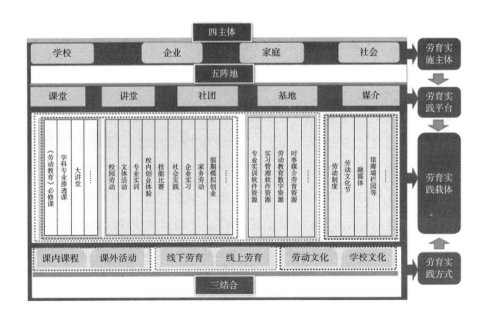

图10-3　劳动教育实施系统

学校发挥主导作用，加强党委、团委对劳动教育的领导，成立劳动教育中心，培养劳动教育双师型教师，组建以班主任、专业技能教师、企业导师、校园美化师和特聘兼职教师为主的专兼职劳动教育师资队伍，带动家社企积极参与。根据学校《劳动教育整体规划》和《劳动教育实施方案》，依托五大实践阵地，通过"三结合"的方式将劳动教育全面灌溉到学生生活、学习中，为学生构建知行合一的劳动教育生态系统。

一是课内课程与课外活动结合，知行合一，形成同向驱动力。发挥课堂教育主阵地作用，课内主要通过每周一课时的《劳动教育》必修课程、各学科专业渗透劳动教育内容，传授劳动知识、渗透劳动观念、弘扬劳动精神。结合各类大讲堂传播新时代劳动模范和优秀代表的先进事迹，增强学生的代入感。课外将劳动教育与学生个人生活、校园生活和社会生活有机结合起来，实施校园劳动岗位化、文体活动主题化、专业劳动融合化、创业劳动体验化、社会劳动公益化、家庭劳动清单化、顶岗实习教学化。具体举措如下：将校园环境设置为 6 大领域，设置 526 个管理单元 2100 个劳动岗位，开展生活劳动教育；开展节日劳动主题教育活动和丰富的主题文体活动；按照行业企业标准开展专业实训，并向非专业学生提供技能指导，对来校中小学生开展职业启蒙教育，借技能劳动节开展校级技能比赛，择优参加国家、省、市级技能大赛和创新创业大赛；支持学生借助学校"格子铺"和创业一条街开展自主创业体验活动；发挥专业优势开展助农义卖、义务理发等公益活动，积极参与社区建设、环境保护等社会事务，参加助残、敬老、扶弱等志愿者服务活动；引导家长监督学生按家庭劳动清单开展家务劳动，树"耕读传家"良好家风；坚持教育与生产劳动相结合，"双师"共同指导学生企业顶岗实习，参与真实的生产劳动和服务性劳动。

二是线下劳育与线上劳育结合，拓展劳动教育时空，改善劳动教育生态。配合线下劳动教育，利用各专业教学软件、实习管理软件、劳动教育评价平台、微信、钉钉等信息化手段，满足学生随时随地学习的需求，实现劳动教育主体及时指导、督促、评价学生劳动。

三是劳动文化与学校文化结合，打造以"金牌精神"为核心的劳动文化。制定相关劳动教育制度、方案，开设劳动周，建设清洁美丽的校园环境，把劳动元素融入栏、墙、廊、馆、室、场、园等学生所到之处；借劳动文化节、校园开放日、职教宣传周组织劳动成果展；引企业文化进教室、进实训室，营造真实的劳动环境；开设劳模讲堂、优秀毕业生讲堂，借学校微信公众号、官网、"两报三刊"等融媒体平台，宣传劳动教育，营造浓厚的劳动氛围，激发劳动自觉和价值认同，培育职业精神。

10.1.2.4　建立"一平台、两维度、多主体"的劳动教育质量评价机制

一平台指劳动教育动态监测云平台；两维度指内源性发展状态和外源性表现，内源性发展状态包括劳动观念、劳动态度、劳动精神等要素，外源性表现包括劳动习惯、劳动技能、劳动成果、创造性劳动能力等内容；多主体指老师、家长、服务对象、师傅、学生等评价主体（见图10-4）。

学校依据《劳动教育评价标准》，与企业共建支持PC端、移动端的劳动教育动态监测云平台，利用大数据记录学生的劳动表现。不同评价主体通过劳动成果展示、劳动技能比赛、观察、讨论、自评、他评等多种评价方法，从内源性发展状态和外源性表现两个维度，综合考核学生的劳动过程和结果。利用平台建立过程性评价——劳动教育电子档案，形成阶段性评价——劳动教育成绩单，并根据《劳动教育学分认证与管理办法》转化为劳动教育学分，毕业时生成终局性评

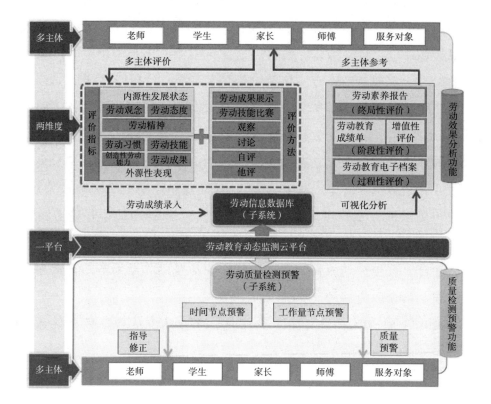

图 10-4　劳动教育评价机制

价——劳动素养报告，作为衡量学生综合素质的重要内容。以学年为时间节点，平台形成学生劳动成长对照表，对学生进行增值性评价，激发劳动潜能和兴趣。

劳动质量检测预警则采用"时间节点预警+工作量节点预警"模式，规定明确的日期和流程，制约评价主体，保障主体评价质量。平台动态监测，自动预警，指导改进。

10.1.2.5　构建了"四轮驱动"劳动教育模式

以实现劳动教育目标为原动力，以课程为载体，以专业技能实训和多元实践活动为主要支撑，利用质量评价机制规范、激励学生劳动,诊断改进劳动教育。四要素如同四轮同向驱动劳动教育这艘承载着培养高素质劳动者重任的新概念航船,在新时代的发展浪潮中,沿着民族复兴的航向扬帆远航,一路弘扬劳模精神、劳动精神和工匠精神。

10.1.3 创新与特点

首次提出把中职劳动教育内涵具象在体现新时代职校生职业素养和劳动素养的"专业技能实训"和"多元实践活动"上,重塑了中职劳动教育观。

首创了"四轮驱动"劳动教育模式,实践导向,知行合一,合理利用了中职劳动教育优势,四轮同向驱动,为德智体美教育提供了实践底色,凸显了劳动教育综合育人功能。

创新了劳动教育质量评价机制,集效果评价与质量监测于一体,推动劳动教育持续开展、改进。

10.1.4 应用推广效果

10.1.4.1 育人成效显著,学生劳动素养跃升

11 年来,学生面貌焕然一新,学习、生活更加自信。2021 年学生实习稳岗率为 90.2%,比 2011 年和 2015 年分别提高 14 个和 8.1 个百分点;企业满意度为 98.6%,较 2011 年和 2015 年分别提升 22.7 个和 10.9 个百分点;职业技能等级证书考证通过率 98% 以上。2012 年以来,学生先后 5 次刷新 30 秒点钞世界纪录;获文明风采大赛国家一等奖 2 个、省一等奖 47 个;获技能大赛国赛一等奖 58 个、省赛一等奖 89 个;齐鲁工匠后备人才 25 人,2022 年 9 月潍坊市委和山东省教育厅先后发来贺信,肯定学生技能水平。培养出了参与《三生三世十里桃花》片头片尾制作和《熊出没》原型制作的唐骥、参与上

合组织青岛峰会服务并担任世界技能大赛贵州省赛餐厅服务项目裁判长的宋成强、参加 2019 年国庆阅兵的殷喆、参加建党 100 周年文艺演出的李晓康等优秀学子，志愿者服务队连年获评省优秀服务队、青年志愿服务队先进集体，教育部前部长陈宝生高度评价学生专业技能和综合素养。

10.1.4.2 成果应用扎实，教育教学成绩丰硕

3 个专业通过省现代学徒制试点验收，7 个专业通过省品牌专业验收，6 个省级技艺技能传承创新平台立项建设；建校内外各类基地 120 个；重构劳动教育+人才培养方案 21 个，劳动教育+课程标准 138 门，编写劳动教育校本教材和指导手册 36 本；完成相关省教改课题 15 项、发表论文 11 篇；牵头制定国家级专业教学标准 4 个。以劳动教育为主要内容参加 2022 年省职业院校教学能力大赛获一等奖，进军国赛。多次获全国、省文明风采大赛优秀组织奖，获国家、省示范校称号，全国职业院校教学管理 50 强，获省政府文化创新奖，首届省文明校园，省校企一体化合作办学示范院校、潍坊市非遗教育传承基地、美育基地、第一批劳动教育特色学校等。

10.1.4.3 老师创新劳动能力激增，成长提速

学校拥有全国教书育人楷模 1 人，全国优秀教师 1 人，国家行指委委员 11 人，省级名师 30 人次；国家级创新教学团队 1 个，省级创新教学团队 6 个。获全国职业院校教学能力大赛一等奖 3 个，国家级教学成果奖 3 个。开展省级以上讲座、公开课、培训 110 次。

10.1.4.4 辐射范围广泛，学校声誉明显提升

成果推广到 100 多所职业学校，每年受益学生 2 万多人，每年参观院校 30 余所；向潍坊 23 所中小学开放专业实训基地，开展职业启蒙教育，每年受益学生 1500 多人。在全国、全省会议上作关于劳动教育的典型发言 62 次。中国教育电视台、《光明日报》、《中国教育

报》、教育部网站等省级以上媒体宣传近 100 次，2021 年 12 月 29 日
《人民日报》点赞学校劳动教育，2022 年 10 月 17 日 CCTV-2 报道学
校劳动教育。美韩德日加等国著名大学来校洽谈联合办学。

10.2　机制撬动 标准驱动 五劳联动 手脚并动 时代传动：职业院校劳动教育创新与实践

党的十八大以来，习近平总书记多次对劳动教育作出重要论述，
2018 年全国教育大会上，又明确提出构建学生德智体美劳全面培养
的教育体系。[①] 重庆工业职业技术学院开展 "机制撬动 标准驱动 五
劳联动 手脚并动 时代传动" 劳动教育创新与实践，在劳动教育理论
政策上有重大创新，在实践路径上取得重大突破，对学生树立正确劳
动观念、培育积极劳动精神、具有必备劳动能力、养成良好劳动习惯
和品质有着突出贡献，在全国产生了重大影响。

10.2.1　成果背景与问题

10.2.1.1　成果背景

劳动教育是扎根中国大地办大学的必然要求。劳动教育是中国特
色社会主义教育制度的重要内容，是贯彻落实立德树人根本任务、培
养德智体美劳全面发展的社会主义建设者和接班人的必然要求。

劳动教育是培养高素质技术技能人才的客观需要。职业教育作为
一种教育类型，在办学理念、人才培养模式、双师型教师、实习实训
场所等方面具有实施劳动教育的先天优势。

职业院校对劳动教育的育人价值认识不够。对劳动教育在立德树

---

① 习近平：《坚持中国特色社会主义教育发展道路 培养德智体美劳全面发展的社会
主义建设者和接班人》，《人民日报》2018 年 9 月 11 日。

人中的作用与地位认识不够，对新时代如何开展劳动教育把握不准，出现"有劳无教""有教无劳"的现象。

10.2.1.2　成果主要解决的教学问题

解决劳动教育被淡化和弱化的问题。部分学校和家长不够重视，学校没有专门的劳动教育课程，劳动教育处于被边缘化和被削弱的地位。

解决教师教什么、怎么教、怎么评的问题。劳动教育落地落实缺少系统设计和整体推进，教师不足、教材缺乏、教法单一，缺乏评价标准。

解决部分学生不珍惜劳动成果、不想劳动、不会劳动的问题。部分学生劳动观念出现偏差、劳动精神缺失、劳动习惯未养成、劳动能力不足。

10.2.2　主要做法与经验成果

10.2.2.1　成果形成

构建阶段：2009 年"国家示范校"建设后期，启动基于劳动教育的学生综合素质培养项目，出台《分年级育人纲要》，开展寝室劳动、值周劳动、志愿服务等"活动劳育"实践；2010 年通过验收。

检验阶段：一是学校党委把劳动教育摆上重要议事日程，出台系列制度措施，构建劳动教育的运行、协同和联动三大机制；二是校企共同研制劳动教育技能等级标准、实践基地标准、劳动实践清单等教、学、评三大标准；三是在"活动劳育"的基础上，将劳动教育纳入校园文化建设、融入思想政治教育、开设专门劳动教育课程、在专业中有机渗透劳动教育，形成五劳联动、手脚并动、时代传动三大路径行动，检验了劳动教育的育人成效。

推广阶段：2018 年，牵头成立教育系统第一家全国职业院校劳动教育研究院，在 36 所职业院校设立研究中心，依托教育部委托牵头的职业院校劳动教育"百校联合行动"，将经验在全国推广（见图 10-5）。

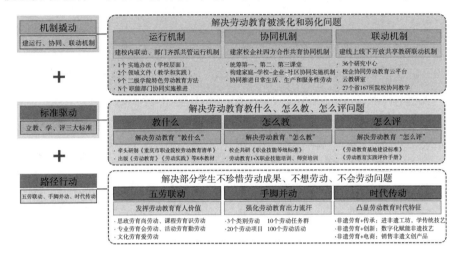

图 10-5　重庆工业职业技术学院劳动教育创新与实践成果

10.2.2.2　主要做法

1. 建立运行、协同、联动三大机制，解决劳动教育被淡化和弱化的问题

（1）建校内联动、部门齐抓共管运行机制

构建"1+2+9+N"工作机制。"1"是学校顶层制定的《关于全面加强新时代劳动教育的实施办法》。"2"是教学和实践两大领域出台的《在实习实训教学中强化劳动教育的实施办法》《关于大学生劳动教育实践的实施办法》。"9"是 9 个二级学院根据专业特色制定的劳动教育实施方案。"N"是学校职能部门为劳动教育提供的相应保障和支持。

（2）建家校企社四方合作共育协同机制

统筹第一、第二、第三课堂劳动教育实践，发挥构建家庭基础-学校主导-企业支撑-社区依托的实施机制，协同推进日常生活劳动、生产劳动和服务性劳动，实现"四方互补、资源共享，四方互动、成果共享，四方互助、价值共享"的共育合力。

（3）建线上线下开放共享教研联动机制

依托全国职业院校劳动教育研究院，下设36个研究中心，校企共同开发劳动教育云平台，成立"云教研室"协同备课，全国27个省份167所院校进行云教学，开展一体化"做-学-教-展-评"。

2. 研制教、学、评三大标准，解决劳动教育教什么、怎么教、怎么评问题

研制《重庆市职业院校劳动实践清单》，出版《劳动教育》《劳动实践》《劳动教育实践活动手册》等劳动教育融媒体教材8本，形成"纸质教材+多媒体平台"的理论、实践、操作一体化新形态教材体系，解决劳动教育"教什么"的问题。

校企共研《职业技能等级标准》，率先举办劳动教育1+X职业技能证书师资培训，面向全国开展12期"劳动教育骨干师资"培训，培养"双师型"教师队伍，解决劳动教育"怎么教"的问题。

研制《劳动教育基地建设标准》《劳动教育实践评价手册》，校企共建21个校内外劳动基地，颁发劳动实践"微证书"。从劳动观念、态度、安全、技能、精神、成果"六位一体"开展过程性、发展性、增值性、成果性综合评价，解决劳育"怎么评"的问题。

3. 形成"五劳联动 手脚并动 时代传动"三大路径行动，解决部分学生不珍惜劳动成果、不想劳动、不会劳动问题

（1）五劳融合，发挥劳动教育综合育人价值

一是实施"思政劳育"，强化以劳树德。在思政课中开设马克思主义劳动观等3个专题，教育学生"尚劳动"。二是实施"课程劳育"，强化以劳增智。开设32学时的劳动教育理论、实践必修课，教育学生"识劳动"。三是实施"专业劳育"，强化以劳创新。在专业中有机渗透劳动教育，实习实训中强化劳动教育，教育学生"会劳

动"。四是实施"活动劳育",强化以劳强体。通过第二课堂、劳动周（月）、劳动技能竞赛等社会服务劳动实践,教育学生"勤劳动"。五是实施"文化劳育",强化以劳育美。开展唱劳动歌曲、读劳动经典、听劳模故事、讲劳动感受、演劳动话剧,教育学生"爱劳动"。

（2）手脚并动,系让学生磨炼意志和出力流汗

将"为人、为事、为业"理念有机融入劳动"素养、技能、创新"教育,制订"系列活动+劳动清单",从大一到大三按3个"类别劳动"系统开发10个"劳动任务群"、20个"劳动项目"、近100个劳动活动。

一年级养成阶段"为人+劳动素养",树立正确价值观和养成良好行为习惯；二年级提升阶段"为事+劳动技能",结合专业特点尤其是在实习实训中强化劳动教育；三年级创新阶段"为业+劳动创新",在技能大赛和顶岗实习中突出新知识、新技术、新工艺、新方法的应用（见图10-6）。

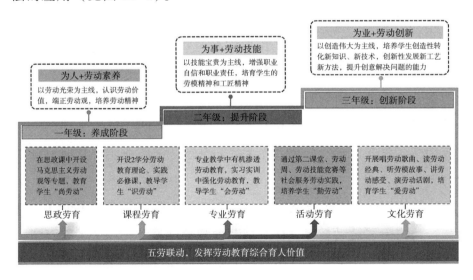

图 10-6 劳动教育的学段划分与育人体系

（3）时代传动，增强劳动教育时代特征

以夏布织造、苗绣、蜡染、铜梁龙等国家非遗技艺为载体，发挥非遗技艺传统劳动的育人功能，融入新时代劳动新工具、新技术、新形态，开展 3 大系列"非遗劳育+"活动，让传统非遗"活"起来，彰显时代特征。

开展"非遗劳育+传承"，将非遗技艺融入劳动教育课程，学生进非遗工坊，通过非遗传承人"师傅带徒弟"，学习传统技艺。

开展"非遗劳育+创新"，运用人工智能、5G、AI、AR 和 VR 等技术手段，让传统非遗技艺与数字科技相结合，赋予传统文化时代元素。

开展"非遗劳育+电商"，依托电子商务专业，牵头成立全国首家非物质文化遗产传承与保护产教联盟，共建非遗产品电商平台，销售杯子、笔记本、抱枕、扇子等系列非遗文创产品 1800 余件。

10.2.2.3 经验成果

第一，以"机制 标准 路径"统筹劳动教育，为发挥劳动教育独特育人价值营造良好生态。学校党委把劳动教育提上重要议事日程，出台政策措施，切实解决劳动教育实施过程中的重大问题，以机制撬动形成家校企社一体化协同育人的大格局，以标准驱动劳动教育三教改革，以路径联动实现以劳树德、以劳增智、以劳强体、以劳育美、以劳创新，营造良好的劳动教育生态，引领全国职业院校劳动教育创新与实践。

第二，以政策理论研究引领劳动教育，为政府提供决策咨询和建议。一是关于"劳动教育三种类型"的划分标准和开展劳动教育的经验、做法等被《中共中央、国务院关于全面加强新时代大中小学劳动教育的意见》采纳。二是《关于在实习实训教学中开展劳动教育的实施意见》被教育部职业院校文化素质教指委采纳并全文印发。三是在本校研究与实践基础上编制的《重庆市职业院校劳动实践清单》被重庆市教委采用并印发。

第三，以校企共建合作赋能劳动教育，为职业院校开展劳动教育提供合力。学校与北京永恒信业科技有限公司等企业共同研制《职业技能等级标准》《劳动教育基地建设标准》，开发融合教、学、做、评、展一体化的劳动教育教学与实践管理系统"云平台"。校企共同建设 21 个校内外劳动教育实践基地，参照企业评价标准制定日常生活劳动、生产劳动和服务性劳动的劳动实践清单和考核标准。

10.2.3 创新与特点

10.2.3.1 成果创新

第一，理论创新：率先提出劳动教育生态理念。创新提出"劳动教育生态"理论。成果明确了劳动教育生态是劳动教育相关一切主体和所有环节之间环环相扣、相互作用状态的生态内涵，形成实施劳动教育的"人人、时时、处处"生态理念，宏观上构建了包括研究生态、共育生态、评价生态、舆论生态和保障生态的劳动教育生态体系，微观上构建了机制撬动、标准驱动、五劳联动、手脚并动、时代传动的劳动教育生态模式。

成果为推动职业院校实施劳动教育营造良好氛围，形成"全员参与、全学段实施、全社会关心"的劳动教育格局；并在《光明日报》和《中国教育报》发表《构建劳动教育新生态刻不容缓》《如何构建劳动教育整体生态》。

第二，实践创新：科学构建学生全面发展的劳动教育实施路径。成果以习近平总书记关于劳动教育的重要论述为遵循，创新实践"五劳联动、手脚并动、时代传动"三大路径行动，推动劳动教育实践走深走实。

突出"五劳联动"，将劳动教育全面纳入人才培养方案，全面融入专门课程、思政课程、专业课程，全面纳入实践活动和文化育人范畴，形成劳动教育路径的"一体化"。

强化"手脚并动"，通过建立劳动教育实践清单，并运用大数据评价模式，让学生"动手实践、出力流汗"变成"硬任务"。

注重"时代传动"，以非遗技艺为载体，发挥传统劳动、传统工艺育人功能的同时，运用新技术+新创意，赋能劳动教育适应产业新业态、劳动新形态，彰显劳动教育时代"新特征"。

第三，机制创新：校企共同开发基于大数据的劳动素养评价标准。一是建校内联动、部门齐抓共管的"1+2+9+N"运行机制，形成全员、全过程、全方位抓劳动教育的大格局，建立全面实施劳动教育的长效机制。二是搭建线上线下、开放共享教研联动机制，依托全国劳动教育研究院深入开展劳动教育实践研究，成立劳动教育"云教研室"，形成校内校外、线上线下联动的教研机制。三是建家校企社四方合作共育协同机制。以《劳动教育实践评价手册》为引领，以大数据平台为载体，家、校、企、社"四方共育、六位一体"开展评价，将劳育评价纳入学生综合素质档案并作为升学、评优、毕业的重要参考，落实劳与育结合立德树人。

10.2.3.2　成果特点

第一，劳动教育平台层次高。教育部职业院校文化素质教指委、工信部工业文化发展中心联合在学校成立全国教育系统第一家劳动教育研究院。在教育部职成司指导下牵头发起百所职业院校劳动教育联合行动。

第二，劳动教育实施路径全。将劳动教育与德、智、体、美相融合，系统设计"五劳联动、手脚并动、时代传动"三大劳动教育路径，贯穿人才培养全过程，实现以劳树德、以劳增智、以劳创新、以劳强体、以劳育美。

第三，劳动教育教学资源丰。校企共同研制了《重庆市职业院校劳动实践清单》《职业技能等级标准》《劳动教育基地建设标准》《劳动教育实践评价手册》等，开发《劳动教育》《劳动实践》《劳动教育实践活动手册》等 8 本一体化教材，解决劳动教育教什么、怎么教、怎么评的问题。

10.2.4 成果应用推广效果

10.2.4.1 应用成效

第一，人才培养质量明显提高。对 2017 和 2020 届毕业生调查显示：企业对学生劳动技能满意度由 85.5% 上升到 98.84%，对学生劳动态度和劳动习惯满意度由 82% 上升到 98.5%；在校生劳动实践活动参与率达 100%。涌现出全国劳动模范、全国青年岗位能手、市级道德模范、市级劳动模范、市级技能大师等 100 余人。

第二，服务教师专业成长。举办三类教师的"劳动教育骨干师资培训班"等线上、线下培训 12 期，面向全国培训师资 3000 余人次，提高劳动教育专业化水平。

第三，助推学校高质量发展。学校获评首批全国课程思政教学研究示范中心、全国"三下乡"社会实践活动先进单位、重庆市五四红旗团委、重庆市五一劳动奖状、重庆市"三全育人"综合改革试点单位等省部级荣誉近百项。

10.2.4.2 推广成效

学校 2 次在教育部职成司组织的全国劳动教育会议上作案例分享，得到职成司领导充分肯定。中华全国总工会到校召开劳动教育现场座谈会，学校专题介绍经验。学校先后在全国性研讨会上作经

验介绍 40 余次，《人民日报》《光明日报》等主流媒体报道 20
余次。

依托教育部委托牵头职业院校劳动教育"百校联合行动"，成果
在 36 所中心学校推广运用，100 多所院校教师来校交流学习经验，辐
射 160 多所学校 5000 多个班级 10 余万名学生。

10.3　案例评析

山东省潍坊商业学校和重庆工业职业技术学院都是具有鲜明办学
特色和突出办学成就的职业院校。山东省潍坊商业学校先后获得国家
中职示范学校、全国教育系统先进集体（2014 年和 2019 年）、全国
职业院校教学管理 50 强、山东省示范校等荣誉。重庆工业职业技术
学院是首批国家级示范高职院校、国家级"双高计划"建设高水平学
校建设单位，先后三次被评为全国职业教育先进单位。两校实现高质
量办学的一个共同经验是较早注意到了劳动教育在职业院校学生素质
养成中的重要作用，建构了既有职业院校劳动教育一般特征，又有自
身独特特色的学校劳动教育体系。

10.3.1　成果的个性特色

10.3.1.1　山东省潍坊商业学校成果特色

一是劳动教育目标定位具有鲜明的职业院校特色。山东省潍坊商
业学校的成果紧扣职业院校劳动教育的重点目标——增强学生职业荣
誉感，提高职业技能水平，培育学生精益求精的工匠精神和爱岗敬业
的劳动态度开展。学校很早就意识到了学生劳动价值观培养不足导致
的人才培养质量不高的问题，把劳动教育纳入国家级示范校建设内
容，开始对劳动教育进行系统部署和研究，并在实践中逐步探索形成

了"课程 实训 活动 评价"四轮驱动的劳动教育模式。该模式立足学校"匠心潍商，惟精惟实"文化品牌，确定了"价值认同、实践导向、匠心精技"的劳动教育理念，并明确了学校劳动教育目标：通过劳动教育使学生形成正确的劳动价值观、全面的劳动素养、精进的职业技能、敬业乐业的职业精神；引导学生领悟劳动光荣、技能宝贵、创造伟大的道理，热爱劳动和创造，使之成长为具有社会主义劳动价值观的全面发展的高素质劳动者和技术技能人才，为个人终身发展和人生幸福奠基，担当民族复兴大任。这一理念定位和目标定位充分体现了学校对职业院校劳动教育价值引领目标的准确把握。学校基于这一定位，精心设计了"塑魂、立身、强技、创新"四个功能课程模块，将社会主义劳动价值观教育、精进的职业技能教育和敬业乐业的职业精神教育纳入学校课程、实训、活动和资源等各方面要素中。

二是充分利用数智化手段助力劳动教育。学校建立"一平台、两维度、多主体"劳动教育质量评价机制。学校依据《劳动教育评价标准》，与企业共建支持 PC 端、移动端的劳动教育动态监测云平台，利用大数据记录学生的劳动表现，从内源性指标和外源性指标两个维度，综合考核学生的劳动过程和结果。利用平台建立过程性评价——学生劳动教育电子档案，形成阶段性评价——劳动教育成绩单，根据《劳动教育学分认证与管理办法》转化为劳动教育学分，毕业时生成终局性评价——学生劳动素养报告，作为衡量学生综合素质的重要内容，并以学年为时间节点，形成学生劳动成长对照表，较好地发挥了数智化手段助力劳动教育动态监测、多元激励和有效改进的作用。

10.3.1.2　重庆工业职业技术学院成果特色

一是系统解决了职业院校劳动教育运行机制建构问题。学校通过完善"1"项顶层设计——制定《关于全面加强新时代劳动教育的实施办法》，强化教学和实践"2"大劳动教育领域——出台《在实习实训教学中强化劳动教育的实施办法》《关于大学生劳动教育实践的实施办法》，落实二级学院主体责任——引导9个二级学院根据专业特色制定劳动教育实施方案，强化相关职能部门（N）保障和支持功能的"1+2+9+N"工作机制，较好地解决了学校劳动教育校内联动、齐抓共管的运行问题。

二是在推动职业院校劳动教育中发挥了重要引领带动作用。学校联合教育部职业院校文化素质教指委、工信部工业文化发展中心成立全国教育系统第一家劳动教育研究院，在36所职业院校设立研究中心。同时，在教育部职成司指导下牵头发起了"百所职业院校劳动教育联合行动"，为全国职业院校劳动教育体系建构和工作推进做出重要贡献。

10.3.2 成果的共性特征

两所学校成果特色、亮点各不相同，但也有很多方面表现出一些共同特征，反映出职业院校开展好劳动教育的一般规律。

10.3.2.1 紧扣"德技双修"理念，循序渐进建构劳动教育课程体系

潍坊商业学校紧扣"价值认同、实践导向、匠心精技"的劳动教育理念，设计了"塑魂、立身、强技、创新"四大课程模块，并按照一年级重点开展价值认同的"塑魂"课程，二年级重点开展实践导向的"立身"和"强技"课程，三年级重点开展匠心精技的"创新"课程的逻辑，循序渐进搭建劳动教育课程体系。重庆工业职业技术学院则将"为人、为事、为业"理念有机融入劳动"素养、技能、创新"教育，按照一年级养成阶段"为人+劳动素养"，树立正确价值

观和养成良好行为习惯；二年级提升阶段"为事+劳动技能"，结合专业特点尤其是在实习实训中强化劳动教育；三年级创新阶段"为业+劳动创新"，在技能大赛和顶岗实习中突出新知识、新技术、新工艺、新方法应用的循序渐进逻辑，构建了彰显职业院校"德技双修"育人理念的劳动教育课程体系。

10.3.2.2 立足产业需求，注重技能的传承与创新

潍坊商业学校实施"百课百艺"工程，结合当地产业特色开发风筝制作、高密剪纸、杨家埠木版年画、潍坊布玩具等潍坊传统技艺校本教材；结合当地农业特色，制作以田园劳动为主的生态课程微课资源和种植技术指导手册，宣传新时代种植技术和农耕文化。制作劳模、工匠、优秀毕业生故事等体现时代特色的数字化教学资源。发挥网站、公众号等新媒体优势，开发王乐义、杨守伟等身边最美劳动者多媒体课程资源。重庆工业职业技术学院则以夏布织造、苗绣、蜡染、铜梁龙等国家非遗技艺为载体，融入新时代劳动新工具、新技术、新形态，开展了"非遗劳育+传承""非遗劳育+创新""非遗劳育+电商"3大系列"非遗劳育+"活动课程，让传统非遗"活"起来，彰显时代特征。结合当地产业发展需求，把握技能传承与创新主线，让学生体认传统技艺文化、增进时代创新智慧，应成为职业院校劳动技能类课程开发的重要方向。

10.3.2.3 注重精神培育、提升育人实效

两校均把加强劳动教育作为提升办学质量的内在要求，予以高度重视，并取得了显著成效。潍坊商业学校的调查数据表明，2021年学生实习稳岗率为90.2%，比2011年和2015年分别提高14%和8.1%；企业满意度为98.6%，较2011年和2015年分别提升了22.7%和10.9%。重庆工业职业技术学院对2017和2020届毕业生

的调查也显示：企业对学生劳动技能满意度由 85.5% 上升到 98.84%，对学生劳动态度和劳动习惯满意度由 82% 上升到 98.5%。这些均说明，加强劳动教育对提高职业院校人才培养质量的显著促进作用。

11 高等教育省部级教学成果奖案例评析

2022 年，高等教育（本科）国家级教学成果奖共评选出获奖项目 572 项，但劳动教育的获奖成果仅有 2 项，分别是吉林大学的《综合性大学"劳动课程+劳模示范+劳动创造"进阶式劳动教育模式探索》和汕头大学的《善用社会大课堂，巧手仁心育英才：以劳动教育赋能"五育融合"育人新模式》，两项成果均为二等奖。从内容看，两项成果均是从自身资源优势出发，比如劳模资源、社会大课堂资源，聚焦劳动教育某一方面的建构，而非对学校劳动教育实施体系的全面建构。因此，本章选择了两项能够展现高校劳动教育体系整体建构效果的省级教学成果奖，分别是由池州学院培育的安徽省高等教育教学成果特等奖和由中国劳动关系学院培育的北京市高等教育教学成果二等奖。

11.1 "一核三环，四维并进，六律增效"的高校劳动教育实施模式与十年探索

11.1.1 成果简介

劳动教育是中国特色社会主义教育制度的重要内容，直接决定社会主义建设者和接班人的劳动精神面貌、劳动价值取向和劳动技能水平。五育并举是实现学生德智体美劳全面发展的重要抓手，要把劳动

教育纳入人才培养的全过程。池州学院的劳动教育始于 2010 年的劳动周制度和 2011 年开始开设的劳动教育必修课《大学生劳动素养》。池州学院于 2011 年开启与中国劳动关系学院在劳动教育领域的合作，于 2016 年 5 月开始合作探索劳育体系的"一体两翼"，至同年 8 月，学校劳育实施模式构建完成，经过五年的实践检验，该模式具有良好的普适性和可持续发展性。

11.1.1.1 成果缘起与建设历程

2009 年，在新一轮的人才培养方案修订中，学校提出"德智体美劳"五育并举的人才培养原则。2010 年，学校开始试行劳动周制度，将劳动教育纳入学校统管。经过一年的实践，发现"有劳动无教育"的劳动周制度难以实现劳育目的。为了解决"有劳动无教育"，学校启动劳动教育课程改革，恰逢 2011 年学校开始素养通识教育体系建设，《大学生劳动素养》作为十大素养之一被纳入素养通识教育体系，进入专业人才培养方案，30 学时、1 学分，专设教学大纲。《大学生劳动素养》作为劳动教育必修课程正式开设，同时，借助中国劳动关系学院教师的学科背景知识开展课程建设，两校合作拉开序幕。为了更好地开展劳动教育，规范劳动教育课程开设，学校于 2012 年 2 月印发《池州学院大学生劳动课管理暂行规定》《池州学院劳动课程实施细则（试行）》，对劳动教育的目标、内容、师资、考核和开设时间等做出统一规定。经过两年劳育必修课程实践，学校发现《大学生劳动素养》的教学内容、方法及效果存在明显的不平衡。为了解决"劳育课程非课程化"，统一课程教学内容和设计，保证劳育必修课程效果，学校启动劳动教育教学改革，筹备劳动教育教材编写。2014 年 9 月，学校教师黄国萍主编的教材《大学生劳动素养》由安徽大学出版社出版发行，该教材内容包含价值篇、政策篇、经验篇、实践篇、体悟篇五部分。作为国内首本高校劳动教育教材，该教材在内容上突出了劳动价值观教育，重视了劳动实践的重要功能，开始关注学生关键劳动能力的培养，并强调劳动体悟的重要作用。学校在劳动教育教学改革和教材撰写过程中得到中国劳动关系学院老师的大力支持。

为了更好地将劳动教育融入人才培养全过程，学校开始关注劳育融合课程建设，将劳动教育与专业教育、校园文化建设和第二课堂相结合，于2015年10月印发《关于做好大学生公益学生劳动课的通知》。以《大学生劳动素养》为核心，以专业课、公共课和第二课堂劳育为同心圆的"一核三环"劳育课程体系初步建成。学校在劳育必修课程和融合课程建设过程中，发现存在"劳育实践乏专业化"等问题，学校启动劳动教育管理改革。

2016年5月，池州学院与中国劳动关系学院达成共识，以"一体两翼"的合作模式，分别发挥劳育实践和学科优势，联合探索具有普适性的学校劳动教育体系，同年8月，学校劳育实施模式构建完成。2016年9月，学校劳动教育研究团队成立。2016年12月，学校出台《池州学院大学生劳动课管理规定》，学校总管、教务处主管、二级学院分管、各部门协管、校地共管的"五层共管"劳育管理体系构建完成。学校在劳育实施模式正式实践的两年中，发现二级学院劳育能力不平衡，劳育实践活动组织不够规范等问题。2018年4月，学校启动劳育综合改革，着力解决"劳育设计乏综合化"的问题；开展劳育改革示范学院建设，继续强化专业劳育和劳育融合课程建设；强化学校劳育"一基三层"设计（以劳动心理学的科学设计为基础，学校顶层设计+学院整体设计+课程闭环设计）；立项"大学生劳动素养课程标准与实施机制研究"和优质教材项目《大学生劳动素养》等4项课题，劳动教育顶层设计和课程内涵建设全面加强。

2019年，学校进一步探索劳动教育实施过程中的五育融合路径，将教育扶贫纳入劳动教育范畴，设置菊花种植基地、禅茶社、筷子工坊等校内劳动教育实践基地。2019 年 7 月，学校修订《池州学院大学生劳动课管理规定》。2019 年 12 月，学校召开大学生劳动教育课综合改革推进会，强调从教育研究、课程设计、教学资源、制度完善、教材修订和实施方案等多方面齐发力，全面推动劳动教育改革和发展。校长柳友荣提出"标准先行、统筹协调、分工合作、部门联动、建设金课、评价导向、正向激励、理实相助、周年互证、一四贯通"等改革理念。学校劳动教育经验被学习强国、《安徽青年报》等十几家媒体和平台推送。

2020 年 2~3 月，池州学院与中国劳动关系学院联合开展全国高校劳动教育开设现状与效果调研，向教育部学校规划建设发展中心呈报《全国高校劳动教育现状调研报告》。同年 5 月，完成安徽省大中小学校劳动教育调研，向省教育厅呈报调研报告。同年 8 月，柳友荣校长受邀参加中国劳动关系学院举办的"新时代高校劳动教育实施体系建构"学术研讨会，做专题报告，并接受中国教育电视台采访。同年 9 月，学校劳动教育研究中心正式成立，统筹《大学生劳动素养》理论和实践教学。同年 10 月，联合中国劳动关系学院和高等教育出版社主办了首届全国高校劳动教育理论与教学高级研讨会。同年 11 月，研制完成《本科高校新时代劳动教育课程标准》《新时代本科高校劳动教育实施方案》，并通过教育部学校规划建设发展中心的结题答辩。2020 年学校立项省级线上线下混合课程《大学生劳动素养》，省级重大教研项目"应用型本科高校大学生劳动素养发展性评价研究"等省部级课题 7 项，校级课题 3 项；发表劳动教育研究论文 6 篇，学校劳动教育课程建设经验在《劳动教育评论》上刊发，得到国内专家和很多高校的高度认可。

2021 年，成果实践取得重大突破，中国教育电视台分别对学校劳育必修课《大学生劳动素养》和劳育选修课进行专题报道。团队核心成员受教育部高教司、高等教育学会、山东省教育厅等 20 家单位邀请，赴多地宣传推广成果经验，二百余所高校到两校调研劳动教育经验。《劳动通论（第二版）》（高等教育出版社）、《新时代大学生劳动教育》（高等教育出版社）和《劳动教育（职教版）》（安徽教育出版社）等核心教材出版，成功组织了逾千人参与的线上集体备课会，成果模式在国内几十所院校推广（见图 11-1）。

11.1.1.2　成果核心内容

本成果包含"一核三环"劳育课程体系、"四维并进"劳育目标体系、"适需适用"劳育内容体系、"共建共享"劳育资源体系、"理实相助"劳育方法体系、"一四贯通"劳育实施体系、"五层共管"劳育管理体系、"五维一体"劳育评价体系和"六子保证"劳育保障体系。成果具有良好的普适性，可以有效实现高校"劳动教育融入人才培养全过程"，凝练的六大劳育金律很好地保障了学校劳育效果。

第一，"一核三环"劳育课程体系。学校于 2015 年建立以劳育必修课《大学生劳动素养》为核心，以专业课程、公共课程、第二课堂为同心圆的"一核三环"劳育课程体系，积极创设学校劳动教育生态环境，实现劳育课程体系对学校劳育实施模式的引领，达成全课程、全过程、全员劳育。根据政策要求和学校实际，借助《大学生劳动素养》集中开展劳动教育基础模块的教学，并通过项目任务实现与融合课程的无缝衔接。劳动教育拓展模块的教学主要依托融合课程开展。

第二，"四维并进"劳育目标体系。成果以"知情意行"构建学生劳动素养结构，构建"四维并进"劳育目标体系，设有三个层次的劳育课程目标（见表 11-1）。通过课程评价和教学环节与课程目标匹配，达成目标体系统领，实现学生劳动素养综合提升和人格完善。

（1）总体目标。强化学生劳动认知，培育劳动情感，增强劳动意志，促进劳动行为，达成知行合一。

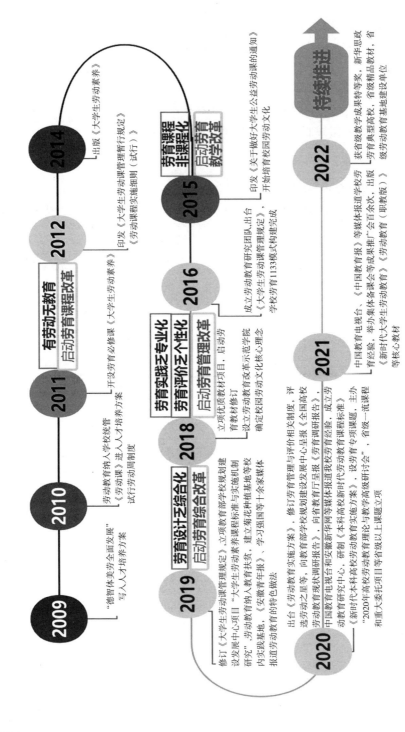

图11-1　池州学院劳动教育发展历程

（2）融合目标。价值引领，精神培育，习惯养成，技能提高，创新发展。

（3）结构目标。不同年级设递进式结构目标。遵循劳动教育的基本规律和学生认知规律，逐步培养和提升劳动认知能力、劳动精神、专业劳动能力、关键劳动能力和创造性劳动能力。

表 11-1 "四维并进"学校劳动教育目标体系

劳育课程目标		目标内容
总体目标	强化劳动认知	树立中国特色社会主义劳动价值观，习得劳动科学知识
	培育劳动情感	端正劳动态度，培养劳动情感，管理劳动情绪
	增强劳动意志	培育劳动精神，内化劳模精神和工匠精神，形成良好劳动品质
	促进劳动行为	形成良好劳动习惯，提升专业劳动能力、关键劳动能力和创造性劳动能力
	达成知行合一	实现知情意行四维并进，达成知行合一，实现人格完善
融合目标		价值引领，精神培育，习惯养成，技能提高，创新发展
结构目标		大一：侧重劳动观、劳动精神和日常生活劳动教育，着力培养学生的马克思主义劳动观，培育劳动情感和劳动习惯。大二：侧重专业劳动教育和劳动科学教育，着力培养学生的专业劳动能力、关键劳动能力和劳动精神。大三：侧重服务性劳动教育和创造性劳动意识培养，突出专业劳动与创新创业教育、社会服务相结合，着力培养学生社会服务能力和专业服务劳动创新能力。大四：侧重综合劳动实践和职业劳动教育，突出劳动创新能力培养，着力培养学生的职业劳动能力和创造性劳动能力

第三，"适需适用"劳育内容体系。成果构建了"适需适用"劳育课程内容体系及内容体系的横向结构和纵向结构，实现了对学校劳育实施模式的内容体系支撑。从"关于劳动，为了劳动，通过劳动"三方面构建"适需适用"劳育课程内容体系（见图11-2）。从劳动价值观、劳动科学、劳动情怀、日常生活劳动、生产劳动和服务性劳动

六个方面构建劳育内容横向结构，从劳动意识、劳动常识、劳动技能和劳动体认四个方面构建纵向结构，实现劳育四维闭环设计（知情意行）（见图11-3）。

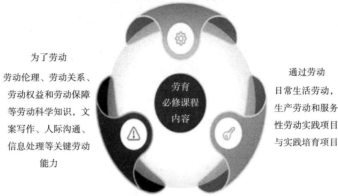

关于劳动

马克思主义劳动价值观，中国社会主义特色劳动价值观、劳动精神、劳模精神和工匠精神，劳动情怀与劳动心理等

为了劳动
劳动伦理、劳动关系、劳动权益和劳动保障等劳动科学知识，文案写作、人际沟通、信息处理等关键劳动能力

劳育必修课程内容

通过劳动
日常生活劳动，生产劳动和服务性劳动实践项目与实践培育项目

图11-2 "适需适用"学校劳动教育内容体系

图11-3 "四维闭环"学校劳动教育内容结构体系

第四，"共建共享"劳育资源体系。成果搭建了校内和校外两个层面的劳育资源共建共享体系。校内依托劳动教育研究中心、劳育改革示范学院和集体备课制度实现劳动教育及资源的共建共享；校外依托劳动教育专业委员会（近 200 所高校）、劳育虚拟教研室（11 所高校）和大中小学劳动教育联盟（260 所学校）等，搭建劳育课程建设、管理、师资和研究平台等"共建共享"劳育资源体系和共享机制，推动成果持续丰富和有效推广。

第五，"理实相助"劳育方法体系。《大学生劳动素养》的课程设计突出学生中心，设置 13 个基本教学环节，设有劳动体悟版块，强化教学效果。《新时代大学生劳动教育》教材中通过项目任务的巧妙设计，实现了劳动教育必修课程对融合课程的理论指导和实践规范，并在项目任务的实施要求中融入讲解说明、淬炼操作、榜样激励、反思交流和项目实践，实现与"一核三环"劳动教育课程体系的同向同行，最终实现大学生劳动素养的综合提升和知行合一（见图 11-4）。

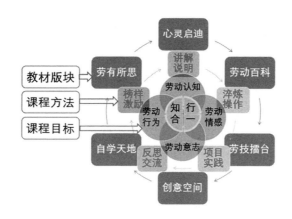

图 11-4 "理实相助"学校劳动教育方法体系

成果综合使用讲解说明、淬炼操作、项目实践、榜样激励和反思交流等方法开展劳动教育，构建了"理实相助"劳育方法体系，突出劳育的"内化"环节，实现对学校劳育实施模式的方法体系支撑。将劳动教育与专业教育、第二课堂尤其是校园文化建设结合起来，要求每种教育类型和内容都有成果展示或专项比赛，通过记录学习过程和表现，对学生的劳动教育进行综合评价，按照集中管理和自由选择两种形式组织劳动教育实践，并积极开展校企合作、校地合作劳动育人。学校的劳动教育已经充分融入学生生活，以丰富多彩的形式开展起来。例如，地理与规划学院开展了"'疫'起劳动，阳光逐梦"劳动主题教育，旅游与历史文化学院开展"家乡创意美食文化"劳动教育活动等。

第六，"一四贯通"劳育实施体系。成果依托劳育课程和劳动周、劳动月等，建立"一四贯通"劳育实施体系和"8+"实施路径，实现劳动教育与专业教育、第二课堂融合的周年互证，达成实施体系助力。以文2理3开设的《大学生劳动素养》为核心，依托"劳动教育宣传周"、暑期社会实践、专业劳动实习实训和志愿服务、公益劳动等，建立了"周年互证，一四贯通"的劳动教育课程实施体系和"必修+选修，教学+自学，线上+线下，学习+考核，习得+创新，劳动+活动，校内+校外、理论+实践"的劳动教育课程实施路径（见图11-5）。

第七，"五层共管"劳育管理体系。成果建立了包括学校总管、教务处主管、二级学院分管、各部门协管（部门联动）、校地共管（实习管理）的五层劳动教育课程管理体系（见图11-6）。学校成立了党委领导校长负责的大学生劳动教育领导小组，各二级学院成立了工作小组，为劳动教育提供组织保障。以"五层共管"劳育管理体系协调三层设计的关系与劳育课程实施，实现管理体系对劳动教育实施的协调。

图 11-5　"一四贯通"学校劳动教育实施体系

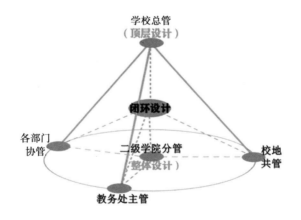

图 11-6　"五层共管"学校劳动教育管理体系

第八，"五维一体"劳育评价体系。劳动教育是养成性教育，学校为大学生德智体美劳全面发展努力创设良好的教育生态环境。成果以"学生劳动素养评价"为核心，构建学校劳育工作督导、学院劳育工作考核、教师劳育行为评价、学生劳动素养综合评价和《大学生劳动素养》课程评价"五维一体"劳育评价体系。在大学生劳动素养评价、《大学生劳动素养》课程评价和教师劳育行为评价中，坚持

"增值激励"原则。学生劳动素养评价以过程表现和终结收获为主要指标，采用多元、多主体评价，将知识技能获得、创新创造成果、专项比赛成绩、劳动实践表现等全部纳入考核范围，成绩计入综合测评，并将劳动素养作为组织发展、评奖评优和毕业升学等环节的重要参考。

通过设置分层目标、确立发展性评价原则，构建了基于劳动素养发展性的劳育课程评价指标。从课堂学习表现、劳动学科知识掌握、劳动实践过程表现和劳动实践成果等方面，确立《大学生劳动素养》课程评价指标。通过自评、组内互评、组间互评、教师评价等多主体评价方式，促进学生的课程学习投入。

第九，"六子保证"劳育保障体系。成果建立"六子保证"劳育保障体系，全面、全过程保障学校劳育质量，实现保障体系对学校劳育及其质量的护航。学校设有大学生劳动教育专项经费和专项研究经费，为劳动教育提供经费保障。学校出台了大学生劳动素养管理规定和实施细则等制度文件，制定了劳动教育课程标准和质量保障方案，为劳动教育提供制度保障和质量保障。学校建有劳动教育应急预案，在劳动教育组织过程中采用先合后分，先知后行，先集中讲解和警示、后操练和实践的方式，强化劳动安全保障。同时，学校鼓励学生依托学生社团或者学业导师小组成立"生产队"，积极开展创新创业训练，促进学生个性化全面发展。

（1）明确位子。2011年，学校将《大学生劳动素养》纳入通识素养教育体系，进入人才培养方案，专设1学分、30学时，学校统一教学大纲。2015年，学校二级学院各自制定实施方案和教学大纲。2020年开始，学校统一理论教学大纲，二级学院各自制定实践教学大纲。每学期分层制定劳动教育清单。

（2）立稳柱子。以劳动心理学为理论基础，设计和实施"一核三环"劳育课程，将劳动心理学已有研究成果融入劳动教育课程，科学组织实施劳动教育，激发大学生参与劳动教育、体认劳动的积极性，调节学生的劳动适应性，帮助学生抵御劳动安全风险。同时，可以对大学生劳动心理与现象、劳动教育规律进行积极总结，析出并丰富劳动心理学理论和成果。

（3）搭实台子。成果搭建了劳动教育课程平台、管理平台和研究平台，可以借助劳动教育专业委员会、虚拟教研室和大中小学劳动教育联盟等平台实现成果共建共享。

（4）拓展路子。成果构建了一核三环、同向同行的劳育课程体系和理实相助、周年互证、一四贯通的方法体系和实施体系，以"8+"劳育实施路径，为学校劳育课程持续建设找到了方向和途径。

（5）印发本子。2011 年开始，学校印发出台了一系列劳育课程管理制度、实施细则和激励政策，不断修订完善劳动教育相关制度，将劳动素养纳入学生综合测评、评优评先、组织发展等，设立五好学生和劳动之星评选制度等，为成果建设提供政策保障、组织保障、资金保障和师资保障等。

（6）研制尺子。2020 年，学校联合劳动关系学院研制完成《新时代本科高校劳动教育课程标准》，为学校劳动教育课程开设和考核提供了标尺。成果研发了《大学生劳动素养调查问卷》《大学生关键劳动能力调查问卷》《大学生专业劳动能力调查问卷》等劳动教育评价工具，有效保障了劳动教育评价的科学性。

11.1.2 成果主要解决的教学问题及方法

本成果有效解决了学校劳育中学生、教师、学校和课程本身的问题，显著提升了学校的劳育能力和劳育质量（见表 11-2）。有效解决以"一课"代替"一育"，窄化劳动教育的问题，真正实现劳动教育融入人才培养全过程。有效解决"有劳动无教育""劳育课程非课程化""劳育实践乏专业化""劳育设计乏综合化"等问题，实现了学校劳育科学设计、有效实施和能力提升。有效解决学校劳育发展性评价问题，实现了学校劳育科学评价和可持续发展。

表11-2　学校劳动教育体系解决的教学问题

主体	问题
学生	1. 确立正确的劳动观念 2. 培育劳动情怀 3. 形成劳动意识和习惯 4. 强化知行合一，实现人格完善
学校	1. 增进劳动教育理念 2. 提升劳动教育行为能力
教师	1. 推动劳动教育的教育性 2. 提升劳动教育能力
课程	1. 推进劳动教育课程的设计性 2. 增强劳动教育实践的专业化 3. 强化劳动教育评价的发展性

11.1.2.1　建设"一核三环"劳育课程体系，实现劳动教育融入人才培养全过程

通过"一核三环"劳育课程体系引领，"四维并进"劳育目标体系统领和"适需使用"劳育内容体系支撑，以劳育必修课程为核心，引领劳育融合课程建设，实现劳育课程同向同行，达成劳动教育与专业教育、思政教育和校园文化建设的无缝衔接，实现劳动教育融入人才培养全过程，达成五育并举。

11.1.2.2　构筑学校劳育"一基三层"设计，实现劳育科学设计和效果保障

劳动心理学研究劳动过程中人的心理活动特点和规律，研究内容有操作方法、事故预防、劳动技能学习、创造性活动和劳动者心

理五方面。《关于全面加强新时代大中小学劳动教育的意见》和《大中小学劳动教育指导纲要（试行）》要求"遵循教育规律，符合学生年龄特点"，"体现时代特征，提高创造性劳动能力，科学设计课内外劳动项目，激发学生劳动的内在需求和动力。"高校劳动教育亟须科学开展。劳动心理学从成果融入、实践指导和理论析出三方面支撑劳动教育，有利于综合提升学生劳动素养，实现学生全面发展（见图11-7）。

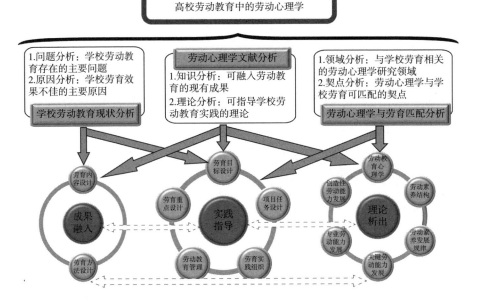

图 11-7　劳动心理学对劳动教育的支撑

成果以劳动心理学为理论依据，构筑"学校顶层设计-学院整体设计-课程闭环设计"劳育三层设计体系，突出劳育的价值性、集体性和创新性。以"五层共管"劳育管理体系协调劳育必修课程与融合课程的关系，协调三层设计的关系。以"理实相助"劳育方法体系支撑理论教学与实践项目，实现劳动观念和劳动精神内化，劳动情怀培育、劳动品质锻炼和劳动习惯养成。周年互证、一四贯通的劳育实施体系助力成果落地，并依托劳育保障体系护航劳育效果。

11.1.2.3　构建"五维一体"劳育发展性评价体系，实现学校劳育科学评价和持续发展

成果以大学生劳动素养评价为核心，以《大学生劳动素养》课程评价为重点，构建"五维一体"劳育发展性评价体系，保障了劳育评价指挥棒功能的实现，保障了劳育评价激励性和增值性原则的实现，实现了学校劳育的科学评价和持续发展，激励了学校、学院、教师和学生在劳育中的积极性和主动性。

11.1.2.4　搭建学校劳育共建共享体系，实现成果普适性发展和学校劳育能力提升

成果的构建建立在池州学院多年劳育实践和中国劳动关系学院成熟劳动学科体系及共建共享的基础之上，具有良好的科学性和普适性。成果内容以劳动心理学为理论支撑，保证了内在规律的合理性。成果内容全面涵盖学校劳动教育各方面、全领域，具有系统性和可操作性。成果形成的经验有效解决了学校劳动教育中学生、课程、管理、师资和评价等方面存在的问题，可以快速有效提升学校的劳动教育能力和劳育质量。

11.1.3　成果主要创新点

11.1.3.1　"有理有据，四维并进"建设理念创新

劳动心理学支撑，关注劳育科学设计与实施。劳动心理学融入并指导劳育内容、设计和实施。凝练六大劳育金律，保障学校劳育效果（见图11-8）。

"知情意行"建结构，突出劳动素养养成。构建劳动素养"知情意行"四维结构，设计四维并进劳育目标、四管齐下劳育内容、四维闭环课程和实践，实现学生劳动素养的养成。

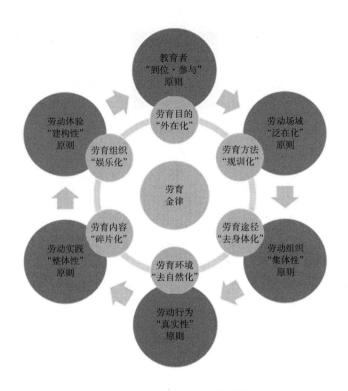

图 11-8   劳育金律有效解决劳育问题

"一核三环"建课程，强调五育并举。以劳育必修课为核心，统领劳育融合课程建设，实现劳动教育与专业教育、思政教育和校园文化建设的无缝衔接，实现五育并举。

确立发展性评价，注重增值性激励。过程表现与终结考核结合，突出学生劳动素养增值和发展性评价，关注评价结果的激励性。

11.1.3.2   "共建共享，以点带面"建设模式创新

校际合作，共建共享。2011 年开始与中国劳动关系学院合作，在课程建设、师资培养和学术研究等方面共建共享，合作搭建专委会、虚拟教研室等全国共建共享平台。

示范培育，以点带面。建设劳育改革示范学院，实现劳育与专业教育全面融合，建设经验在校内外广泛推广。

教改结合，持续改进。及时研究劳育中的问题，历经课程改革、教学改革、管理改革和综合改革，推动成果不断完善。

教研结合，全面建设。设立劳育科研专项课题，对劳育基本理论和课程、教材、教学、师资、政策建设等开展全领域研究，推动学校劳育科学发展。

11.1.3.3 "不拘一格，与时俱进"建设手段创新

构筑三层设计，全校联动。三层设计保障课程体系实施和管理体系及评价体系落地。

四维闭环设计，知行合一。课程教学和实践项目设计坚守四维闭环，重视课程思政，确保劳动价值观和劳动精神等内化，实现劳动素养四维螺旋上升，知行合一。

项目综合设计，五育并举。突出劳动观内化与专业劳动能力、关键劳动能力提升同步，实现五育并举。

专题创新训练，劳动创新。设专题实践项目，关注创造性劳动能力培养和训练。

质性量化结合，全程质控。基础理论研究与过程研究结合，分阶段素养发展测评，促进成果不断完善。

11.1.4 成果推广应用情况

11.1.4.1 校内实践有成效，学校劳育成绩斐然

劳育必修课效果良好。学生课程学习表现、学习投入评价、课程设计评价、教师评价、劳动素养提升评价等反馈结果表明，劳育必修课程开设效果良好，较好地实现了课程目标。

学生学习投入大，劳动素养提升显著。学生学习投入度很高，劳动素养提升明显。2020 年的全国调研显示，学校大四学生劳动素养输出水平明显高于全国平均水平。近五年学生参加劳动技能竞赛数百

项，获省级奖百余项，国家级奖六十余项。

教师劳育理念显著增强，劳育能力不断提升。教师自觉挖掘课程劳育元素，积极开展课程劳育。劳育必修课教学团队建设成熟。近两年，教师申报劳育专项课题 17 项，其中省部级及以上课题 10 项。发表劳育研究论文 15 篇。团队成员完成的《全国高校劳动教育开设现状与大学生劳动素养现状调研报告》《新时代本科高校劳动教育课程标准》呈报教育部学校规划建设发展中心。

劳育生态环境创设良好，劳动文化和劳育质量文化初步建立。劳育全面融入人才培养全过程，劳育课程建设、劳育评价和师资培养、学术研究和劳育管理等有序进行。近两年，举办劳育专题活动 12 项。依托百余个学生社团和艺体俱乐部，建设劳育选修课程。大学生劳动素养纳入组织发展、评优评先、升学就业等工作，设有"劳动之星"和"五好学生"评选制度。

11.1.4.2 校外共享有影响，成果普适性反响强烈

成果得到高度认可。《大学生劳动素养》是省级一流课程。成果经验被教育部选作高校劳动教育改革先进典型、呈报中央教育工作领导小组。成果团队 4 位专家被选聘为教育部新一轮教育教学审核评估劳育专家，进入清华大学等高校指导劳育工作。《新时代大学生劳动教育》《劳动通论》《劳动教育（职教版）》被近三百所高校选作教学参考用书，近 2 年累计售出 12 万余册，线上课程学习人数累计达85 万余人次。

成果推广范围广泛。成果在几十所院校成功落地实施。累计 200余所高校到两校学习劳育实践经验。中国教育电视台对学校劳育必修课、选修课和劳育实践经验分别进行了专题报道。成果 20 余次在厅级以上教育主管部门主办的全国性劳育研讨会上做经验推广。通过虚拟教研室、高端研讨会、集体备课等共享平台推广成果，受众逾

万人。

11.1.4.3　劳育品牌效应已经形成，社会关注广泛

成果得到央视新闻、《人民日报》、《光明日报》、中国教育电视台、《中国教育报》、学习强国等媒体报道 200 余次，新闻联播、新闻直播间和中国教育电视台等播报两校劳育近 20 次。"南池院、北劳关"的劳育品牌效应已经形成。

11.2　建构"1353"劳动教育体系　培养劳动情怀深厚的新时代大学生

11.2.1　成果背景与主要内容

11.2.1.1　牢记期望，着力补齐人才培养短板

2018 年 4 月 30 日，习近平总书记给中国劳动关系学院劳模本科班学员亲切回信，高度肯定学校劳模教育，希望劳模学员"用你们的干劲、闯劲、钻劲鼓舞更多的人，激励广大劳动群众争做新时代的奋斗者"。同年 9 月 10 日，习近平总书记在全国教育大会上强调："要在学生中弘扬劳动精神，教育引导学生崇尚劳动、尊重劳动"，"努力构建德智体美劳全面培养的教育体系，形成更高水平的人才培养体系"。中国劳动关系学院以此为鞭策，持续完善经 10 余年探索形成的、将劳动教育有机融入学校人才培养的"1353"劳动教育体系，为落实党的教育方针，补齐全面培养的教育体系之劳育短板作出更大贡献。

11.2.1.2　南北合作，构建"1353"学校劳动教育体系

中国劳动关系学院是中华全国总工会直属的唯一一所普通本科院校，由中华全国总工会和教育部共建。建校 72 年来，学校坚持弘扬中国特色、劳动特色、工会特色，着力培养"政治素质过硬、劳

动情怀深厚、专业功底扎实、实践能力突出"的高素质应用型人才。2011 年,学校发布"十二五"规划,将"实践能力与劳动素养兼备"作为人才培养的基本素质要求,提出要坚持"崇尚劳动育英才","注重劳动素养教育、通识教育与专业教育融合,切实解决好育人与教学'两张皮'问题"。自此,学校开始了以"劳动"特色学科专业建设和"劳动"特色育人品牌建设为双抓手的劳动素养教育探索阶段。池州学院是安徽省属综合性普通本科院校,前身为安徽劳动大学池州地区专科班。劳动立校的共同特点和对劳动素养教育的共同关注,使两校自 2011 年就开始了劳动教育课程建设、师资交流和学术研究方面的共建共享,并以实现劳动教育与人才培养的深度融合为目标,南北合作,共同探索具有较强普适性的学校劳动教育体系。

该体系探索大体分为着眼劳动素养教育的探索完善期(2011~2016 年)、彰显劳动情怀引领的体系化实施期(2016~2018 年)和健全全面培养体系的完善推广期(2018-)三个阶段。

两校合作从一开始就建构了独立设置课程和融入学科专业、课外校外实践与校园文化四路并进、整体优化的格局。"十三五"期间,基于对习近平总书记关于劳动和社会主义和谐劳动关系构建的重要论述研究,进一步确立了以"劳动情怀深厚"为核心的价值引领体系,全面彰显热爱劳动、尊重劳动、崇尚劳动、关爱民生、厚植于劳动人民的深厚情感等社会主义劳动价值观在学生劳动素养教育中的导向地位。两校以"五个一"工程(确立一项劳动特色育人目标、开设一组劳动教育特色课程、打造一种劳动模范协同育人机制、拓展一片劳动文化宣传阵地、搭建一系列劳动教育研究平台)和"一核三环"(以必修课为核心,以专业课程、公共课程、第二课堂为同心圆)的劳育课程体系建设为突破口,共同建构了具有针对性、综合性、专业性和实践性特点的学校劳动教育体系。

全国教育大会后，两校在进一步完善劳育体系的同时，以多年实践经验为基础，深度参与《中共中央 国务院关于全面加强大中小学劳动教育的意见》和教育部《大中小学劳动教育指导纲要（试行）》的研制工作，联合进行政策宣讲和成果推广，在引领各高校积极落实新时代党的教育方针、建构德智体美劳全面培养的教育体系中发挥示范作用。

11.2.1.3 层层深入，推动劳动教育全面融入人才培养

"1353"劳动教育体系，按明确导向—确立目标—探索路径—完善保障的思路，建构了以"劳动情怀深厚"为核心的"一核统领"价值引领体系，爱劳动、会劳动、懂劳动"三环共育"劳育目标体系，以劳育课程、思政劳育、专业劳育、实践劳育为主体，以学术劳育为支撑的"五维联动"劳育实施体系和由"3+1"协同共管机制、全员全程评价机制、配套管理制度构成的"三位一体"劳育保障体系，层层深入，建立了推动劳动教育有机融入高校人才培养的长效工作体系（见图11-9）。

11.2.2 成果解决的主要问题、思路与方法

本成果以将劳动教育有机融入高校人才培养体系，培养劳动情怀深厚的新时代大学生为目标，重点针对劳动教育融入高校人才培养体系中存在的地位不明（认为高校没必要开展劳动教育）、目标不准（与中小学混同化）、路径不实（实施活动化、浅层化、临时性）、保障不力（管理多头、交叉、虚化）等问题，进行层层深入的整体优化设计（见图11-10）。

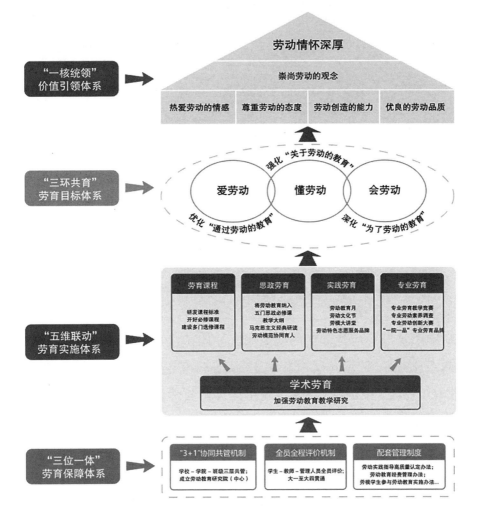

图 11-9　"1353" 学校劳动教育体系结构

11.2.2.1　加强劳动教育教学研究，澄清认识误区

成果团队以作有正确思想引领、深厚理论基础、扎实行动举措的知行合一派、行动建构派为目标，着力加强研究、指导行动。设立习近平关于劳动和劳动教育重要论述研究、党史和新中国史中劳动教育研究、中国特色劳动教育模式建构研究、高校劳动教育实施体系建

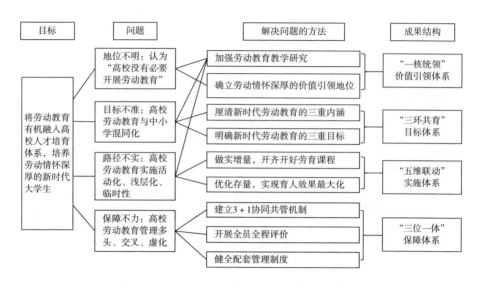

图 11-10　成果解决问题的方法

构研究等课题，组建专门的研究团队。团队成员推出国内首部劳动教育体系化建构专著《新时代高校劳动教育论纲》，在《教育研究》《教育学报》《中国高教研究》《中国大学教学》等重要期刊发表高质量教研论文 10 余篇（2 篇被《新华文摘》转载，4 篇被《人大报刊复印资料》转载），深入解读了劳动教育在社会主义制度下的特殊要求和在高校人才培养中的重要地位，有力澄清了高校不需要开展劳动教育的误区，系统回答了劳动教育融入高校人才培养的育人导向、基本内涵、主要原则、建构目标、实践路径和机制保障等问题，夯实了体系建构的理论基础。

11.2.2.2　彰显中国特色，强化"劳动情怀深厚"价值引领

基于对劳动教育中国特色的深入研究，确立了"劳动情怀深厚"在学生劳动素养培养中的统领地位，落实到各专业培养方案中，并结合不同年级学习任务，细化落实重点。将"劳动情怀深厚"写入学校人才培养总目标，纳入学校"十三五"发展规划和人才培养专项规

划，推出"五个一"工程，实现社会主义劳动价值观全过程引领、全方位渗透（见图11-11）。

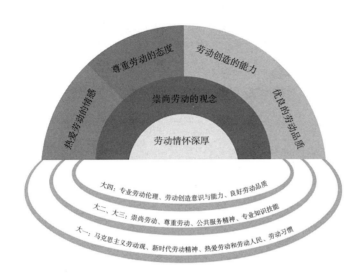

图11-11 "一核统领"价值引领体系

11.2.2.3 厘清新时代劳动教育内涵，准确定位"三环共育"高校劳育目标

紧扣高校人才培养任务和大学生身心发展特点，提出"爱劳动""会劳动""懂劳动"三环目标，和"通过劳动的教育""关于劳动的教育""为了劳动的教育"三重内涵。强调高校劳动教育要优化"通过劳动的教育"厚植学生"爱劳动"的情感；深化"为了劳动的教育"培养学生"会劳动"，特别是创造性劳动的能力；强化"关于劳动的教育"引导学生"懂劳动"，明劳动之理，悟劳动之美。"三环"目标紧扣高等教育"培养具有社会责任感、创新精神和实践能力的高级专门人才"的任务设计，解决了与中小学劳动教育混同化的问题。

11.2.2.4 做实增量、优化存量，找准"五维联动"融入路径

结合高校人才培养和科学研究优势，按照做实增量、优化存量的

原则，找到了将劳动教育常态化融入高校思想政治教育、文化知识教育和社会实践教育各方面的有效路径（见图11-12）。

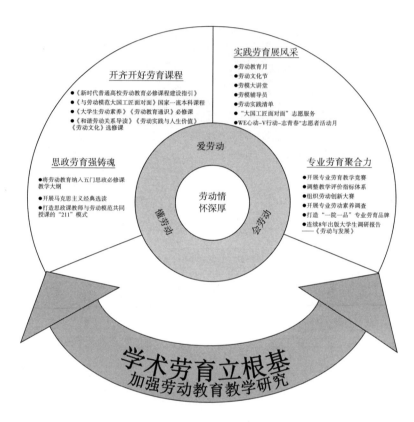

图 11-12 "五维联动"劳动教育实施体系

一是做实增量，开齐开好劳育课程。强化"关于劳动的教育"，结合多年劳育课程开设经验，研发《新时代普通高等学校劳动教育必修课程建设指引》，开好《大学生劳动素养》《劳动教育通识》必修课，建成《与劳动模范 大国工匠面对面》国家一流本科课程，开设《和谐劳动关系导读》《劳动实践与人生价值》《劳动文化》选修课，破解高校劳育"开课难"问题。

二是优化存量，实现育人效果最大化。思政劳育强铸魂，将劳动教育纳入五门思政必修课教学大纲，开展马克思主义经典研读课，以思政课教师与劳模共同授课的"211"模式让劳模精神引领活起来。专业劳育聚合力，开展专业劳育教学大赛、专业劳动素养调查、专业劳动创新大赛，打造"一院一品"专业劳育品牌，连续 8 年资助出版《劳动与发展》学生调研报告集，鼓励学生深入专业劳动一线、涵养劳动情怀。实践劳育展风采，发挥学生创意办好劳动教育月、劳动文化节、劳模大讲堂和多类型特色志愿服务活动。学术劳育立根基，加大劳育研究和经费支持力度，立项劳育课题近 40 项。

11.2.2.5　"三位一体"，加强保障，为高校劳育长效化推进保驾护航

第一，建立 3+1 协同共管机制。成立由党委书记和校长任组长的学校劳动教育工作领导小组，按学校—学院—班级三层、教学—科研—管理并行、实施—保障—督导协同思路建立三层共管体系（见图11-13），建立健全党委统一领导、党政齐抓共管、部门各负其责的工作领导体制。同时，成立劳动教育研究院，专门负责全校劳动教育教学、研究、课程开发。

第二，开展全员全程评价。将劳动素养纳入学生综合素质评价，开展"五好"学生评选；在教师课堂教学评价和教学工作量考核中纳入劳育工作情况评价；设计学校劳动教育工作督导评价表，纳入各部门重点工作督办和年度考核范围，建立覆盖学生、教师和管理人员的全员评价网络。开展贯通大学四年的大学生劳动素养发展监测，于新生入学初期、大三上学期和大四毕业前夕开展劳动价值观、通用劳动能力和专业劳动素养发展调查，根据调查结果调整优化相关课程设计。

第三，健全配套管理制度。颁发、完善学校劳动教育实施方案，配套制定劳动教育经费管理办法、劳动教育实践工作管理办法、"五

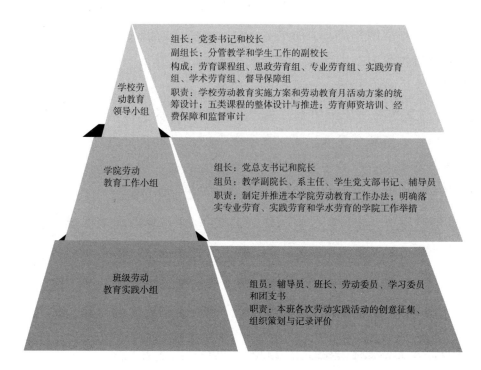

学校劳动教育领导小组
组长：党委书记和校长
副组长：分管教学和学生工作的副校长
构成：劳育课程组、思政劳育组、专业劳育组、实践劳育组、学术劳育组、督导保障组
职责：学校劳动教育实施方案和劳动教育月活动方案的统筹设计；五类课程的整体设计与推进；劳育师资培训、经费保障和监督审计

学院劳动教育工作小组
组长：党总支书记和院长
组员：教学副院长、系主任、学生党支部书记、辅导员
职责：制定并推进本学院劳动教育工作办法；明确落实专业劳育、实践劳育和学术劳育的学院工作举措

班级劳动教育实践小组
组员：辅导员、班长、劳动委员、学习委员和团支书
职责：本班各次劳动实践活动的创意征集、组织策划与记录评价

图 11-13 "五维联动"劳动教育实施体系

好"学生评选办法、劳模学生参与劳动教育工作办法等多项管理制度，确保劳动教育长期规范化推进。

11.2.3 取得的主要成效

本成果积极响应构建德智体美劳全面培养的教育体系的时代需求，经十余年探索与实践，学生劳动素养、教师劳育意识和人才培养质量明显提升，得到习近平总书记亲切回信勉励。

第一，学生劳动素养显著提升。成果单位联合开展的"全国高校劳动教育开展现状、效果与大学生劳动素养现状调研"显示，两校学生综合劳动素养显著高于全国平均水平，各年级大学生劳动素养发展水平明显优于自然成熟状况水平，且总体呈上升发展趋势。学生对学校劳动教育反馈积极，爱劳动、会劳动、懂劳动蔚然成风，毕业生就业专业对口率稳步提高。

第二，教师劳育意识普遍加强。教师以习近平总书记回信精神为引领，充分发扬劳模的干劲、闯劲和钻劲，全面做强劳动教育育人品牌。建成劳动特色国家一流本科专业建设点3个、北京市一流本科专业建设点2个，获教育部首批新文科研究与改革实践项目4项，申获首批教育部产学研合作育人项目10项。近三年，申获省部级劳动教育类教改课题近20项，其中重大项目3项，发表劳动教育相关论文120余篇，出版劳育类教材20部，形成了在全国具有重要影响力的劳育教学和研究资源。

第三，人才培养社会认可度提高。近5年年均就业率超96%，高于北京市平均水平，获评为2020年北京高校毕业生就业工作先进集体和北京地区最具市场潜力合作高校；连续五年被评为北京市征兵工作先进单位；获2020年大学生志愿服务西部计划高校项目办绩效考核优秀，培养出青海省脱贫攻坚工作"先进个人"赵军章等一大批基层就业先进模范。

11.2.4　推广应用情况

第一，成果效果得到国家认可。作为高校组组长单位深度参与《关于全面加强新时代大中小学劳动教育的意见》和《大中小学劳动教育指导纲要》的研制，劳动教育特色得到教育部审核评估专家高度肯定，"五个一"工程劳动教育经验被教育部选作典型推广案例，成果团队3位专家被选聘为教育部新一轮教育教学审核评估专家，进入清华大学等高校指导劳动教育工作。

第二，成果经验得到广泛应用推广。成果经验被中国农业大学、西南大学等 10 余家高校采用，《劳动通论》《新时代大学生劳动教育》被多所高校选作教学用书，近两年累计售出 10 万余册，线上课程学习人数累计达 122 万余人次。受邀作成果报告百余场，近百所高校来两校调研学习。通过组建全国性虚拟教研室、主办高端研讨会、联合集体备课等方式全面推广成果经验，受益高校近千所，受训教师近万人次。《光明日报》以《用劳动教育筑牢立德树人基石》整版刊载成果经验，中央广播电视总台、中国教育电视台、《人民日报》、《中国教育报》、新华网等重要媒体报道两校劳育经验和专家观点 120 余次。

第三，理论成果产生广泛影响。近两年来，团队在《教育研究》《中国高教研究》《中国大学教学》等期刊发表高水平成果论文 40 余篇，6 篇被《新华文摘》和《人大报刊复印资料》转载，被引 800 余次，《新时代高校劳动教育的内涵辨析与体系建构》发表两年来被引 170 余次，居劳动教育体系建设论文被引榜首。

第四，引领作用得到全面发挥。发起成立中国高等教育学会劳动教育专业委员会（会员高校 137 家），创办国内首家劳动教育专门刊物《劳动教育评论》，发起主办全国大中小学劳动教育峰会，全面引领、推动新时代劳动教育创新发展。

11.3　案例评析

中国劳动关系学院和池州学院是两所学科特色和办学历史明显不同的普通高校，但二者在科学建构学校劳动教育体系方面达成了多方面共识，对高质量推进新时代高校劳动教育具有重要启发意义。

11.3.1　成果的个性特色

11.3.1.1　池州学院的成果特色

池州学院的成果特别强调劳动心理学在劳动教育体系建设中的基

础理论地位。成果以劳动心理学为理论依据，构筑了"学校顶层设计—学院整体设计—课程闭环设计"劳育三层设计体系和方法及评价体系，突出劳育的价值性、集体性和创新性；构建了理论教学与实践项目有机结合的"理实相助"劳育方法体系，实现了劳动观念和劳动精神内化、劳动情怀培育、劳动品质锻炼和劳动习惯养成，形成了对学校劳育实施模式的有效支撑。

11.3.1.2　中国劳动关系学院的成果特色

中国劳动关系学院的成果理论体现出明显的社会学特征。学校高度重视学术研究在建构中国特色劳动教育模式中的重要地位，设立习近平关于劳动和劳动教育重要论述研究、党史和新中国史中劳动教育研究、中国特色劳动教育模式建构研究、高校劳动教育实施体系建构研究等课题，组建专门研究团队，深入研究劳动教育在社会主义制度下的特殊要求和在高校人才培养中的重要地位，有力澄清了高校不需要开展劳动教育的误区，系统回答了劳动教育融入高校人才培养的育人导向、基本内涵、主要原则、建构目标、实践路径和机制保障等问题，夯实了体系建构的理论基础。

11.3.2　成果的共性特征

11.3.2.1　以明确的核心目标统领各类劳动教育课程和实践

以明确的目标统领各类劳动实践活动，是确保劳动教育"有劳动有教育"的关键。本章两个案例学校的劳动活动都非常丰富多元，但这些活动都共同指向了学校的核心育人目标，所以才实现了从劳动走向劳动教育的质变。池州学院10余年来坚持以培养学生劳动素养为主线，统领建构了劳动教育必修课程、融合课程和多样化的实践课程，并从知、情、意、行四个方面构建了"四维并进"劳育目标体系，确立了强化学生劳动认知、培育劳动情感、增强劳动意志、促进劳动行为、达成知行合一、实现学生全面发展和人格完善的劳动教育总体目标。并按照总体目标、融合目标和结构目标三个层次，逐级落实目标统领体系，实现学生劳动素养综合提升和人格完善。中国劳动关系学院则以"劳动情怀深厚"为核心统领，参考新时代劳动素养构成要素，将学校劳动教育目标定位为培养学生崇尚劳动的观念、热爱劳动的情感、尊重劳动的态度、创造性劳动的能力和优良的劳动品质五个方面，统领学校"五维联动"的劳动教育实施体系，分级分段落实好"劳动情怀深厚"的人才培养目标。

11.3.2.2　科学处理高校劳动教育"一课"和"一育"的关系

由于高校专业教育本身具有劳动的属性，大学生的专业实习实训和很多第二课堂活动更是直接面向劳动的实践，很多人认为，大学只要组织好各类专业实践或社会服务就好，没有必要专门开设劳动教育必修课。两校的案例均说明，完整的高校劳动教育实施体系既要开好"一课"，又要落实"一育"。池州学院从2011年起就开始建设《大学生劳动素养》课程，并将其纳入学校素养通识教育体系和专业培养，解决了"一课"问题，并随着新时代劳动教育的全面展开，建构了以必修课为核心，以专业课程、公共课程、第二课堂为同心圆的"一核三环"劳动教育课程体系，实现了劳育课程与劳动实践同向同行，劳动教育与专业教育、思政教育和校园文化建设无缝衔接，让劳动教育切实融入人才培养全过程，落实了"一育"。中国劳动关系学院则按照做实增量、优化存量的原则，建构了"五维联动"的劳动教育课程体系。一方面，做实增量，开齐开好必修课，从谁来教、教什么、怎么教三个方明确劳动教育必修课建设标准，切实保障劳动教育"一课"的高质量；另一方面，优化存量，通过思政劳育强铸魂、专业劳育聚合力、实践劳育展风采、学术劳育立根基，努力实现劳动教育在高校人才培养中的全过程、全方位融入，有效解决了劳动教育作为"一育"全面融入高校人才培养体系的问题。

11.3.2.3 切实加强劳动教育的统筹机制建设

劳动教育作为"一育"，带有明显的全员、全过程、全方位育人特征，很容易在高校中成为各个部门都管但实际上都不管的事情，或者出现各个部门自行其是、协同性差等问题。两所高校的做法为解决这一问题提供了有效借鉴。池州学院建立了包括学校总管、教务处主管、二级学院分管、各部门协管（部门联动）、校地共管（实习管理）的五层劳动教育课程管理体系。学校成立了党委领导校长负责的大学生劳动教育领导小组，各二级学院成立了工作小组，为劳动教育提供组织保障。以"五层共管"劳育管理体系协调三层设计的关系与劳育课程实施，实现管理体系对劳动教育实施的协调。中国劳动关系学院则成立由党委书记和校长任组长的学校劳动教育工作领导小组，办公室设在教务处，负责学校劳动教育实施方案和每年劳动教育月活动策划与总结工作，并对应"五维联动"实施体系建立了五个工作组，在学校劳动教育领导小组统筹下开展工作；各二级学院则成立劳动教育工作小组，由院长或书记任组长，主抓本学院专业劳育、实践劳育和学术劳育工作；班级则成立劳动教育实践小组，由辅导员、班主任、班长、团支书和劳动委员组成，负责班级劳动实践活动的创意策划、校级劳动实践活动的组织落实与教育评价。同时，成立劳动教育研究院，作为负责全校劳动教育教学、研究、课程开发的专门机构，形成了"3+1"协同共管的劳动教育统筹协调工作机制。

图书在版编目（CIP）数据

中国劳动教育发展报告. 2024 / 党印，曲霞，杨颖
东主编. -- 北京：社会科学文献出版社，2025.4.
ISBN 978-7-5228-5221-8

Ⅰ. G40-015

中国国家版本馆 CIP 数据核字第 2025LK6760 号

中国劳动教育发展报告（2024）

名誉主编 / 刘向兵　李　珂　王晓燕
主　　编 / 党印　曲霞　杨颖东

出 版 人 / 冀祥德
组稿编辑 / 任文武
责任编辑 / 张丽丽
文稿编辑 / 吴尚昀
责任印制 / 岳　阳

出　　版 / 社会科学文献出版社 · 生态文明分社（010）59367143
　　　　　　地址：北京市北三环中路甲 29 号院华龙大厦　邮编：100029
　　　　　　网址：www.ssap.com.cn
发　　行 / 社会科学文献出版社（010）59367028
印　　装 / 三河市东方印刷有限公司

规　　格 / 开　本：787mm × 1092mm　1/16
　　　　　　印　张：20.25　字　数：258 千字
版　　次 / 2025 年 4 月第 1 版　2025 年 4 月第 1 次印刷
书　　号 / ISBN 978-7-5228-5221-8
定　　价 / 98.00 元

读者服务电话：4008918866